साइबर एनकाउंटर्स

साइबर एनकाउंटर्स

ऑनलाइन अपराधियों के साथ पुलिस की भिड़ंत की सच्ची कहानियाँ

अशोक कुमार, IPS

ओ.पी. मनोचा

प्रभात प्रकाशन

प्रकाशक

प्रभात प्रकाशन प्रा. लि.

4/19 आसफ अली रोड, नई दिल्ली-110002

फोन : 011-23289777 • हेल्पलाइन नं. : 7827007777

इ-मेल : prabhatbooks@gmail.com ❖ वेब ठिकाना : www.prabhatbooks.com

संस्करण

2024

पेपरबैक मूल्य

तीन सौ रुपए

मुद्रक

आर-टेक ऑफसेट प्रिंटर्स, दिल्ली

★

CYBER ENCOUNTERS

by Shri Ashok Kumar, IPS • Shri O.P. Manocha

Published by **PRABHAT PRAKASHAN PVT. LTD.**

4/19 Asaf Ali Road, New Delhi-110002

ISBN 978-93-90372-40-9

₹ 300.00 (PB)

साइबर अपराध के
उन पीड़ितों को समर्पित
जिन्होंने अपनी अज्ञानता और मासूमियत के परिणामस्वरूप
अपनी गाढ़ी कमाई खो दी, साथ ही उन दक्ष पुलिसवालों को भी,
जिन्होंने अपराधियों को
सजा दिलाने में कोई कसर नहीं छोड़ी।

—अशोक कुमार
—ओ.पी. मनोचा

अलकनंदा अशोक को,
निरंतर प्रेरणा और अपने अमूल्य सुझावों के लिए
और हमेशा मेरी ताकत का
एक मजबूत स्तंभ बनने के लिए।

—अशोक कुमार

शक्ति मनोचा को,
लगातार मेरा समर्थन करने और
मेरे रचनात्मक पक्ष को
अनावृत्त करने के लिए।

—ओ.पी. मनोचा

श्री भगवानुवाच

काम एष क्रोध एष रजोगुणसमुद्भवः।
महाशनो महापाप्मा ववदयेनममह वरै रणम॥ 37॥

—भगवद्गीता, अध्याय 3, श्लोक 37

भूमिका

सोशल मीडिया दूसरों के साथ संवाद करने और सूचना प्रसारित करने का एक बहुत ही उपयोगी साधन हो सकता है। फिर भी इसका उपयोग सावधानी से करने की आवश्यकता है। इंटरनेट पर कुछ भी पूर्णतया निजी नहीं होता और एक बार कुछ ऑनलाइन हो गया तो इसके प्रसार को नियंत्रित करना कठिन होता है। यह मान लेना सबसे बड़े साइबर जोखिमों में से एक है कि साइबर अपराध है ही नहीं। उनसे डरने या उन्हें अनदेखा करने के बजाय हमें हमलों के प्रति अपनी साइबर प्रतिरोध क्षमता सुनिश्चित करनी चाहिए। ऐसी मानसिकता कि आप सब कुछ जानते हैं, संभवतः यही बताती है कि साइबर सुरक्षा के क्षेत्र को आप संभवतः अच्छी तरह नहीं जानते हैं।

रोकथाम साइबर सुरक्षा की दिशा में पहला कदम है। ऐसी सलाह दी जाती है कि डेटा की सुरक्षा के लिए आपको मजबूत एन्क्रिप्शन का उपयोग करना चाहिए और प्रतियों को ऑफ-साइट स्टोर करना चाहिए। इंटरनेट का उपयोग करते समय, अवांछित इ-मेल प्रस्तावों से सावधान रहना और अजनबियों से अटैचमेंट स्वीकार करने से परहेज करना बुद्धिमानी होगी।

व्यक्तियों या संगठनों की केवल दो श्रेणियाँ होती हैं—वे, जो पहले से ही जानते हैं कि उन्हें हैक कर लिया गया है और दूसरे वे, जिन्हें इसकी जानकारी नहीं होती। खतरे यह बताते हैं कि सुरक्षा में कमी है। अधिकांश साइबर खतरे हमारी गलतियों का परिणाम होते हैं। निरंतर साइबर प्रतिरोध के लिए डिजिटल और व्यवहार संबंधी कमियों की स्पष्ट समझ आवश्यक है। सुरक्षा एक ऐसा कौशल है, जिसमें सक्षम व्यक्तियों को दक्ष होना चाहिए और यह कोई ऐसी चीज नहीं है, जिसे खरीदा जा सके।

छोटी-छोटी कहानियों और व्यक्तिगत अनुभवों से इस पुस्तक में सारी बातों

को सरल शब्दों में समझाने का प्रयास किया गया है। चूँकि वे वास्तविक घटनाओं पर आधारित हैं, इस कारण वे चिर-परिचित और असामान्य, दोनों प्रकार के साइबर अपराधों पर प्रकाश डालते हुए आँखें खोलने का काम करती हैं। इसे एक प्रतिष्ठित पुलिस अधिकारी और तकनीकी विशेषज्ञ ने लिखा है, जिन्हें साइबर क्राइम सहित सभी प्रकार के अपराधों से निपटने का जीवन भर का विशेष अनुभव है और जो विकासशील डिजिटल तकनीकों का उपयोग करते हैं।

घरेलू और अंतरराष्ट्रीय स्तर पर इंटरनेट के बढ़ते उपयोग के साथ अपराध की आशंका बढ़ी है। लेखक ने स्पष्ट रूप से हमें उनके विषय में बताया है। अपराध स्थलों, जाँच, अपराधियों को पकड़ने और तकनीकी-कानूनी परिस्थिति में उसके बाद जो कुछ होता है, उसका कहानियों में सुस्पष्ट चित्रण है। प्रत्येक कहानी में एक विशेष प्रकार के साइबर अपराध का स्पष्ट चित्रण है और पाठक को यह बताया गया है कि वे इसे होने से कैसे रोक सकते हैं।

लोग साइबर स्पेस में न जाने कहाँ तक जा चुके हैं। सामाजिक, वित्तीय और वाणिज्यिक क्षेत्रों में अधिक-से-अधिक अवसर मिल रहे हैं और इस कारण ही अपराधियों को लगता है कि वे हानिकारक, शत्रुतापूर्ण कार्यों के लिए तकनीकी प्रगति का उपयोग आसानी से कर सकते हैं। मेरा विश्वास है कि व्यवसायों, वरिष्ठ नागरिकों, घर पर रहनेवाले माता-पिता, छात्रों, अधिकारियों, कानून का पालन करानेवाले अधिकारियों और अन्य व्यावसायिक लोगों सहित सभी को इस पुस्तक को पढ़ने से कुछ-न-कुछ प्राप्त होगा।

साइबर अपराध की रोकथाम के अपने लक्ष्य में सफलता के लिए इसे मेरी ओर से ढेर सारी शुभकामनाएँ।

(अमिताभ बच्चन)

23 फरवरी, 2023

'प्रतीक्षा', 10 नॉर्थ-साउथ रोड,
जेवीपीडी स्कीम, जुहू, मुंबई-400049

प्रस्तावना

कंप्यूटरीकरण और दूरसंचार प्रौद्योगिकी के आगमन और इंटरनेट की लगातार बढ़ती गति के साथ, साइबर अपराध में भी तेजी से वृद्धि हुई है और पूरे देश में साइबर अपराध के कई हॉटस्पॉट उभरकर सामने आए हैं। पुलिस के सामने साइबर क्राइम के मामलों को हल करना अपने आप में एक बड़ी चुनौती है। अपने सीमित संसाधनों और तकनीकी क्षमताओं के साथ अकेले इस खतरे से मुकाबला करना पुलिस के लिए बहुत कठिन कार्य है। साइबर खतरा इतना व्यापक हो चुका है कि मुझे लगता है कि भविष्य के युद्ध जमीन, हवा या पानी में होने वाले पारंपरिक युद्धों की बजाय साइबरस्पेस में लड़े जाएँगे।

उत्तराखंड में पहला साइबर क्राइम 2007 में हुआ था, जब एक युवती से फर्जी लॉटरी के नाम पर 21 लाख रुपए की ठगी की गई थी। तब से साइबर अपराध काफी बढ़ चुका है और 2022 में चीनी पावरबैंक ऐप से धोखाधड़ी कर गरीब नागरिकों की गाढ़ी कमाई के कई सौ करोड़ रुपए साइबर ठगों ने विदेशों में भेज दिए। इस पुस्तक में उत्तराखंड पुलिस द्वारा हल किए गए साइबर क्राइम के कई रोमांचक मामले जैसे—सोशल मीडिया पर फर्जी पहचान, रैनसमवेयर, कार्ड क्लोनिंग, सेक्सटॉर्शन और फिशिंग आदि से संबंधित सच्चे अपराधों पर आधारित 12 दिलचस्प कहानियाँ हैं।

पीड़ित युवा एवं बुजुर्ग नागरिक, जिन्होंने इन साइबर जालसाजों के हाथों गाढ़ी कमाई खो दी होती है, जब मुझसे मिलने आते हैं तो मुझे इनके भारी

नुकसान की गाथा सुनकर और इनकी दुर्दशा देखकर बहुत पीड़ा महसूस होती है। ये लोग भावनात्मक और आर्थिक दोनों रूप से पूरी तरह से टूट चुके होते हैं। मेरा दिल उनकी पीड़ा से व्याकुल हो उठता है, इसलिए मेरे मन में यह विचार आया कि पुलिस द्वारा सफलतापूर्वक सुलझाए गए साइबर क्राइम के मामलों को इस पुस्तक के रूप में परिवर्तित कर भोली-भाली जनता को सतर्क और जागरूक किया जाए, ताकि ऐसे अपराधों से बचा जा सके। अपने व्यस्त कार्यक्रम के चलते, मेरे लिए स्वयं इस पुस्तक को लिखना कठिन था, इसलिए मैंने श्री ओ.पी. मनोचा से अनुरोध किया कि वे मेरे साथ पुस्तक का सह-लेखन करें। तो अब आपके समक्ष हमारे गहन अध्ययन और संयुक्त परिश्रम के बाद यह पुस्तक प्रस्तुत है।

यह पुस्तक सच्ची कहानियों पर आधारित है, लेकिन कहानियों को रोमांचक और वास्तविक दुनिया के अपराधों से जोड़ने के लिए कहानियों में लोगों के नाम, पात्र और घटनाएँ काल्पनिक रूप से प्रस्तुत की गई हैं। पुस्तक में किसी व्यक्ति/स्थान/जगह या घटना से कोई भी समानता मात्र एक संयोग होगा। इस पुस्तक का उद्देश्य लोगों को उन अपराधों के बारे में जागरूक करना है, जो कि साइबरस्पेस में हो रहे हैं, तथा समाज द्वारा उन्हें कैसे रोका जा सकता है ? साथ ही, यह पुस्तक इन अपराधों की रिपोर्टिंग के महत्त्व, जाँच के दौरान आनेवाली कठिनाइयाँ और साइबर अपराधियों को ट्रैक करने और पकड़ने में पुलिस जिन चुनौतियों का सामना करती है, उस पर भी प्रकाश डालती है।

पुस्तक पढ़ने के बाद पाठकों को पीड़ितों की मानसिक स्थिति और अपराधियों द्वारा अपनाई जानेवाली चालबाजी और दाँव-पेंच की बेहतर समझ होगी। इस पुस्तक को पढ़ने के बाद आप यह भी जानेंगे कि आप खुद को ठगे जाने से कैसे रोक सकते हैं और पुलिस पीड़ितों की मदद कैसे करती है ! यह पुस्तक आप सभी को यह बताने का प्रयास भी करती है कि साइबर अपराधों में खोए हुए धन की वसूली अपराध की समय पर रिपोर्टिंग करने पर निर्भर है। यह कहानियाँ उन आम लोगों के लिए मार्गदर्शक होंगी, जो अंजाने में साइबर

अपराधों द्वारा अपना वित्तीय नुकसान कर बैठते हैं।

ये कहानियाँ सभी उम्र और सामाजिक पृष्ठभूमि के लोगों के लिए शैक्षिक और सहायक सिद्ध होंगी। साइबर अपराधी अपने लक्षित पीड़ितों की उम्र, लिंग या आर्थिक पृष्ठभूमि के आधार पर चुनाव नहीं करते और सभी को अपना शिकार बनाते हैं। इस पुस्तक को छात्रों, पेशेवरों, पुलिसकर्मियों, व्यापारियों, सरकारी और गैर-सरकारी अधिकारियों, वरिष्ठ नागरिकों, महिलाओं और आम नागरिकों सहित जीवन के सभी क्षेत्र के लोगों द्वारा पढ़ा जाना चाहिए। मुझे उम्मीद है कि यह पुस्तक पाठकों को साइबर अपराधियों से सुरक्षित रखने और उन्हें सुलझाने में पुलिस के समक्ष आनेवाली चुनौतियों को समझने में मददगार साबित होगी।

—**अशोक कुमार**, आई.पी.एस.

आभार

हम उत्तराखंड पुलिस विभाग को प्रदेश में रिपोर्ट किए गए विभिन्न साइबर अपराधों के बारे में हमें जानकारी प्रदान करने के लिए धन्यवाद देते हैं। इस पुस्तक में लिखी गई प्रत्येक कहानी से जुड़े मामले की बारीकियों की समीक्षा करने और पुस्तक के लिए अपने अमूल्य विचार प्रदान करने के लिए हम अंकुश मिश्रा, डी.एस.पी., साइबर थाना का भी आभार व्यक्त करना चाहते हैं।

पांडुलिपि के लेखन और समीक्षा के दौरान अलकनंदा अशोक और शक्ति मनोचा के अमूल्य सहयोग के लिए हम ऋणी हैं। पांडुलिपि का एक-एक शब्द पढ़कर उसकी त्रुटियों को दूर करने के लिए चारुल शर्मा का योगदान सराहनीय है। हम काव्या उनियाल के भी दिल से आभारी हैं, जिन्होंने इस पुस्तक में महत्त्वपूर्ण सुझाव दिए।

पेंसिल आर्टिस्ट सुनीता नेगी ने इस पुस्तक के लिए कई सुंदर चित्र बनाए हैं। हम उनके प्रयासों के लिए उनके आभारी हैं।

अंत में हम अपने प्रिय पाठकों के प्रति अपना आभार व्यक्त करना चाहते हैं, जिन्होंने रुचि लेकर इस पुस्तक को पढ़ा और हमें आगे और ऐसी पुस्तकें लिखने के लिए प्रेरित किया।

अनुक्रम

1

विषकन्या

अजय को शायद पता ही नहीं था कि 65 की उम्र में प्यार करने के लिए उसे 97 लाख रुपए की कीमत चुकानी पड़ेगी!

अजय अकसर शाम को अपने राजपुर रोड स्थित दो बी.एच.के. फ्लैट की बालकनी में बैठा करता था। बालकनी से उसे एक तरफ सड़क और दूसरी तरफ मसूरी की मनोरम पहाड़ियाँ दिखाई देतीं। वहाँ बैठकर जब वह बाइक पर लोगों को मसूरी जाते हुए देखता, तब उसे अपने पुराने दिन याद आते। वह भी अपनी पत्नी दीपाली के साथ अपनी लाल रंग की हीरो होंडा सीडी 100 पर ऐसे ही लैंडोर घूमने जाया करता। लैंडोर, मसूरी में अंग्रेजों के जमाने का एक छावनी वाला शहर है। अपनी बाइक को वे चाय की दुकान के पास पार्क करके लाल टिब्बा ट्रेक पर चले जाते। घूमते-घूमते वे सिस्टर बाजार पहुँच जाते, जहाँ प्रकाश बेकरी के प्रसिद्ध घर पर बने जैम और दालचीनी के रोल्स मिलते थे।

दीपाली का सर्विक्स कैंसर के कारण पाँच साल पहले निधन हो गया था। इस दु:ख से अजय कभी बाहर नहीं आ पाया था। उसके साथ उन दिनों की बहुत अप्रिय यादें जुड़ी थीं, जब वह दीपाली को इलाज के लिए दिल्ली में रोहणी के राजीव गांधी कैंसर अस्पताल ले जाया करता। दीपाली की रेडियोथेरैपी सेशन के लिए अजय ने रोहिणी में 48 वर्ग गज का ग्राउंड फ्लोर पर एक छोटा सा फ्लैट किराए पर लिया था। उसे याद है, दीपाली उससे पूछा

करती थी कि कब भगवान् उसे इस भयानक बीमारी से छुटकारा दिलाएगा? जब डॉक्टरों ने अजय को यह बताया कि उसका कैंसर तीसरी स्टेज में है तो उसकी आँखों में आँसू भर आए और वह अत्यंत दुःखी हो गया। अजय को अपनी पत्नी से बहुत प्यार था। उस समय वह बिल्कुल असहाय महसूस कर रहा था। वह सिर्फ ईश्वर से प्रार्थना करता और किसी चमत्कार के होने की उम्मीद करता, जो कभी न हो सका। बीमारी के पता चलने के एक महीने के भीतर ही दीपाली ने दम तोड़ दिया।

दीपाली की मृत्यु के बाद अजय बहुत अकेलापन महसूस करने लगा। उसका इकलौता 35 वर्षीय बेटा शौर्य, मुंबई में स्थित अर्न्स्ट एंड यंग में वित्तीय विश्लेषक के रूप में कार्य करता था। शौर्य और उसकी पत्नी नैंसी पिछले साल दीवाली पर घर आए थे और उन्होंने अजय को अपना फ्लैट बेच कर उनके साथ मुंबई रहने के लिए बहुत मनाया। लेकिन अजय का देहरादून छोड़कर जाने का बिल्कुल भी मन न था। देहरादून उसका जन्म और कर्म स्थान दोनों ही था, इसलिए इस जगह से उसे गहरा लगाव था।

शौर्य लगभग हर रोज अपने पिता को फोन करता और वह उनके लिए बिल्कुल दोस्त जैसा था। वे दोनों ऑटोमोबाइल और भू-राजनीति जैसे मामलों पर चर्चा करते थे। अजय के सोसाइटी में कुछ अच्छे दोस्त थे, जिनके साथ शाम को वह ताश खेला करता। शौर्य ने अपने पिता के 65वें जन्मदिन पर उन्हें एक 55 इंच का स्मार्ट टीवी गिफ्ट किया था, जिस पर नेटफ्लिक्स पर अजय को फिल्में देखना बहुत पसंद था। बावजूद इसके अजय अवसादग्रस्त था और अकेलापन महसूस करता। अपनी पिछली मुलाकात के दौरान शौर्य ने अजय का एक फेसबुक अकाउंट खोला, ताकि वह अपने परिवार और अन्य लोगों की गतिविधियों से अवगत रहे और साथ ही उनका मन भी लगा रहे। अजय को बहुत ज्यादा कंप्यूटर का ज्ञान नहीं था, लेकिन फिर भी वह फेसबुक के माध्यम से काफी समय ब्राउजिंग में गुजारता।

इसी बीच शौर्य को पुणे की एक नई कंपनी में ठोस वेतन वृद्धि पर नौकरी का ऑफर मिला। जल्द ही उसने यह नौकरी ज्वॉइन कर ली और उसके बाद वह काफी व्यस्त हो गया। इस व्यस्तता के चलते वह अपने पिता को रोज-रोज

फोन नहीं कर पाता था। अब शौर्य अपने पिता को हफ्ते में केवल एक ही बार फोन करता। अजय अपने बेटे की नई नौकरी के प्रति उसकी जिम्मेदारी को बखूबी समझते थे, इसीलिए उन्होंने शौर्य को उसका जीवन जीने दिया और एक बार फिर उनका अकेलापन और सूनापन लौट आया।

एक दिन जब अजय फेसबुक की फीड पर पोस्ट को देख रहा था, तब अचानक उसके मेसेंजर पर एक मैसेज आया। जिसमें लिखा था—"हेलो मिस्टर अजय! आप कैसे हैं?" जिसके बाद अजय ने मैसेज भेजनेवाले की प्रोफाइल देखी, यह चाँदनी थी, जो देहरादून से ही थी और भारतीय सेना में मेजर के पद से सेवानिवृत्त हुई थी। अजय को चाँदनी की प्रोफाइल काफी आकर्षक लगी। उसने उत्साह के साथ 'हैलो' लिखकर मैसेज का जवाब दे दिया। फिर चाँदनी ने एक और मैसेज करके बताया कि वह अजय को नहीं जानती, लेकिन फेसबुक पर उसे अजय की प्रोफाइल काफी दिलचस्प लगी और वह उससे दोस्ती करना चाहेगी।

शौर्य ने फेसबुक पर अजय की प्रोफाइल फोटो भारतीय ध्वज के साथ

लगा रखी थी, जो उन्होंने राजीव चौक, नई दिल्ली में कुछ समय पहले खींची थी। अजय ने सोचा कि एक पूर्व सैनिक के साथ दोस्ती करने में कोई बुराई नहीं। चाँदनी ने अजय को अपना मोबाइल नंबर भेजा और वे दोनों व्हाट्सएप पर चैटिंग करने लगे। जल्द ही वे अच्छे मित्र भी बन गए। चाँदनी ने बताया कि उसके माता-पिता देहरादून के डालनवाला क्षेत्र में रहते थे, लेकिन उनकी मृत्यु के बाद उसने मकान बेच दिया और अपने बीमार करोड़पति चाचा की देखभाल करने के लिए लंदन आ गई। चाँदनी उन्हें लंदन के बारे में बताया करती, वहाँ की अच्छी सड़कें, साइकिल ट्रेक, अच्छे व्यवहार वाले लोग और सार्वजनिक वाहनों की सुविधा इत्यादि। वह यह भी बताती कि कैसे अब वहाँ भी बहुत भीड़भाड़ हो गई है। चाँदनी ने अजय को बताया कि उसके चाचा का लंदन में कई संपत्तियों पर स्वामित्व है, जिसमें एक महलनुमा घर भी शामिल है, जो ओल्ड पार्क रोड पर स्थित है। लंदन में झील संपदा संरक्षण क्षेत्र के बाद वह सबसे अत्यधिक माँग वाले क्षेत्र का हिस्सा था। अजय इससे बहुत प्रभावित हुआ, क्योंकि वह एक बार दीपाली के साथ यूरोप के दौरे पर गया था। हालाँकि वे लंदन सिर्फ एक ही रात रुके थे, लेकिन उन्हें वह जगह बेहद पसंद आई थी। जल्द ही अजय और चाँदनी की मित्रता और गहरी हो गई। अजय भी चाँदनी के साथ अपने दिल का हाल बाँटता और वे दोनों घंटों बातें करने लगे। अजय अब काफी खुश रहने लगा था और वह चाँदनी के फोन का बेसब्री से इंतजार करता था।

अचानक एक दिन अजय को चाँदनी का फोन आया और काँपती आवाज में उसने बताया कि उसके चाचा का दिल का दौरा पड़ने से निधन हो गया है। अजय ने उसे सांत्वना देते हुए समझाया कि जो भी इस दुनिया में आता है, उसे एक दिन जाना ही होता है। इस घटना के बाद चाँदनी ने कुछ दिनों तक अजय से कोई संपर्क नहीं किया। लेकिन फिर एक शाम उसने अजय को फोन किया और बताया कि उसके चाचा की वसीयत के अनुसार वह उनके पार्क रोड वाली संपत्ति की हकदार बन गई है, जिसकी कीमत 4 लाख पाउंड है। उसने यह भी बताया कि एक पूर्व सैनिक होने के नाते उसे संपत्ति आसानी से विरासत में नहीं मिल सकती और वह अगले सोमवार को कुछ दस्तावेजों के काम के लिए भारत आ रही है। उसने अजय से कहा कि इसके लिए उसकी मदद की आवश्यकता पड़ सकती है। अजय ज्यादा सामाजिक व्यक्ति नहीं था। उसके देहरादून में कुछ सीमित ही जानने वाले लोग थे, फिर भी उसने चाँदनी से कहा कि जब वह देहरादून आए तो उसके साथ रह सकती है और वह उसकी हर संभव मदद करेगा।

चाँदनी ने अजय को अपने ब्रिटिश एयरवेज की टिकट की एक कॉपी भेजी, जो कि हीथ्रो एयरपोर्ट से इंदिरा गांधी इंटरनेशनल एयरपोर्ट, दिल्ली के लिए थी। अजय चाँदनी को लेने दिल्ली एयरपोर्ट गया। वह एयरपोर्ट के गेट पर उसका इंतजार करने लगा। इस दौरान उसने भारतीय और ब्रिटिश दोनों देशों के नागरिकों को बाहर आते देखा, लेकिन चाँदनी कहीं नजर नहीं आई! अजय ने चाँदनी को फोन भी किया, लेकिन उसका फोन नहीं लगा। इसके बाद वह वापस अपने होटल की ओर निकल पड़ा।

रास्ते में उसे चाँदनी का फोन आया और उसने अजय से कहा कि उसे एयरपोर्ट पर ही रोक लिया गया है, क्योंकि वह अपने साथ कुछ सोने के गहने ला रही थी। कस्टमवालों ने वह गहने जब्त कर लिये हैं और उन्हें छुड़ाने के लिए कुछ हरजाना देने को बोल रहे हैं। चाँदनी ने कहा कि उसके पास पर्याप्त भारतीय मुद्रा भी नहीं है। उसने एक खाता संख्या अजय को भेजते हुए उसमें 5 लाख रुपए जमा कराने के लिए कहा, जिसे वह उससे

मिलने पर चुका देगी। अजय को चाँदनी के लिए बहुत बुरा लगा। उसने तुरंत कैब ड्राइवर को कहा कि वह उसे निकटतम एस.बी.आई. की ब्रांच में ले जाए। ड्राइवर उसे धौला कुआँ वाली बैंक शाखा में ले गया, जहाँ से अजय ने पैसे ट्रांसफर करके चाँदनी को फोन किया और ट्रांजेक्शन के बारे में जानकारी दी। चाँदनी ने अजय का आभार व्यक्त किया और कहा कि वह अपने होटल पहुँचे, तब तक वह भी कस्टम की औपचारिकताओं को पूरा करके कैब से उसके पास पहुँच जाएगी।

अजय दिल्ली के वसंत विहार स्थित होटल में रुका हुआ था। होटल पहुँचते ही उसे एक और व्यक्ति का फोन आया, जिसने खुद को एनफोर्समेंट निदेशालय का अधिकारी बताया। उसने अजय से कहा कि उसकी दोस्त चाँदनी पर मनी लॉन्ड्रिंग के तहत एक केस दर्ज किया गया है और उसे अब हिरासत में लिया जा रहा है। यह सुनकर अजय बहुत परेशान हो गया, वह चाँदनी को लेकर बहुत संवेदनशील हो गया था। उसने अधिकारी से चाँदनी को रिहा करने की गुहार लगाई और कहा कि वह उसकी जमानत देने को तैयार है। काफी मशक्कत के बाद अधिकारी ने भारत सरकार के एक खाते की जानकारी दी और कहा कि ठीक है, वह उसमें 20 लाख रुपए जमा करा दें। इतनी बड़ी रकम सुनकर अजय ने अधिकारी से कहा कि वह एयरपोर्ट के पुलिस स्टेशन आकर चाँदनी से मिलने के बाद पैसे जमा करवा देगा। लेकिन उस अधिकारी ने अजय को बताया कि चाँदनी अब हवाई अड्डे के एक प्रतिबंधित क्षेत्र में हिरासत में है और यहाँ उसे नहीं आने दिया जाएगा। मजबूरी में अजय ने बताए गए खाते में 20 लाख रुपए जमा करा दिए। इसके बाद चाँदनी फिर अजय को किसी-न-किसी बहाने से और पैसे जमा करने के लिए कहती रही। अजय को यह भनक भी नहीं पड़ी कि वह एक विषकन्या के जाल में फँस रहा है! इसके लिए अजय ने अपनी भविष्य निधि का उपयोग भी किया। उसने अपने बेटे शौर्य से भी कुछ पैसे माँगे और बहाना बनाया कि उसे व्यक्तिगत लोन चुकाने के लिए यह पैसे चाहिए। बिना कुछ ज्यादा पूछे शौर्य ने 5 लाख रुपए अपने

पिता को भेज दिए। पैसे आते ही अजय ने उन्हें भी अधिकारियों द्वारा बताए गए खाते में ट्रांसफर कर दिया।

शाम को अजय के पास चाँदनी का फिर फोन आया और इस बार उसने बताया कि उसे वापस जाना पड़ेगा, क्योंकि उसे दूतावास से क्लीयरेंस नहीं मिला। यह सुनकर अजय को काफी बुरा लगा, क्योंकि वह चाँदनी से मिलने के लिए काफी लंबे समय से इंतजार कर रहा था। कुछ समय बाद चाँदनी ने अजय के फोन और मैसेज का जवाब देना भी बंद कर दिया।

अजय अब बहुत परेशान था और परित्यक्त महसूस कर रहा था। उसे पहली बार आभास हुआ कि उसके साथ धोखा हुआ है। वह कभी सोच भी नहीं सकता था कि चाँदनी इस धोखे की मुख्य किरदार होगी! अजय को चाँदनी एक सच्ची दोस्त लगी थी, जो उसकी बहुत चिंता करने लगी थी। कुछ दिनों तक अजय काफी उदास रहा, लेकिन उसने इस प्रकरण के बारे में किसी को नहीं बताया। अजय ने अपना सारा पैसा और एक अच्छा दोस्त, दोनों ही खो दिए थे। कई दिनों तक न तो वह किसी दोस्त से मिला और न ही उसने किसी का फोन उठाया। एक दिन अचानक उसका बेटा शौर्य बिना उसे बताए घर के दरवाजे पर आ गया। अजय ने दरवाजा खोला और बेटे को देखते ही फूट-फूट कर रोने लगा। शौर्य ने अपने पिता को जोर

से गले लगाया और इस दौरान अजय ने एक ही साँस में सारी कहानी उसे बता दी। शौर्य ने धैर्यपूर्वक उनकी पूरी बात सुनी और उन्हें सांत्वना देकर शांत कराया। वह अपने पिता को मित्र के समान मानता था और उनकी मानसिक स्थिति को अच्छी तरह समझ सकता था। उसने अपने पिता को एक नींद की गोली देकर रात को आराम से सुला दिया।

अगले दिन शौर्य ने अजय के बैंक खातों की जाँच की और पाया कि पिछले एक सप्ताह के दौरान उन्होंने कुल 97 लाख का लेन-देन किया था। शौर्य बहुत हैरान था। अब अजय की सारी जमा पूँजी समाप्त हो चुकी थी। यहाँ तक कि उन्होंने अपनी सारी भविष्य निधि खत्म कर दी थी और शौर्य ने जो शेयर उन्हें खरीदवाए थे, उन्हें भी वे बेच चुके थे। शौर्य ने अपने पिता से कहा कि उन्हें पुलिस स्टेशन जाना चाहिए और चाँदनी के खिलाफ ठगी की शिकायत दर्ज करानी चाहिए। लेकिन अजय को डर था कि लोग उसका मजाक उड़ाएँगे और जो मान-प्रतिष्ठा उसने जीवन भर कमाई थी, वे उसे एक पल में खो देंगे। शौर्य ने किसी तरह अपने पिता को मनाया और उन्हें चाँदनी के खिलाफ मामला दर्ज कराने अपने साथ थाने ले गया।

थाने में इंस्पेक्टर हरीश ने अजय से पूछताछ की और पूरे मामले की जानकारी ली। पुलिस प्रक्रिया के अनुसार यह महत्त्वपूर्ण है कि जाँच अधिकारी पहले अपराध की प्राथमिक जाँच करें, ताकि यह पता रहे कि पीड़ित से जानबूझकर या अंजाने में कोई महत्त्वपूर्ण प्रमाण नष्ट तो नहीं हो गया। शौर्य के कहने पर अजय ने सब कुछ साफ-साफ इंस्पेक्टर हरीश को बता दिया। जिसके बाद प्राथमिक जाँच के आधार पर, इसे आई.टी. अधिनियम एवं आई.पी.सी. की धारा 420 के तहत कपटपूर्ण इरादों के साथ किया गया अपराध माना गया।

इंस्पेक्टर हरीश ने चाँदनी द्वारा फेसबुक पर अजय को भेजे गए फ्रेंड रिक्वेस्ट सहित उन दोनों के बीच हुई चैट की सॉफ्ट कॉपी, उसका दिनांक और समय, और फेसबुक अकाउंट का URL, इन सभी जानकारी को प्राप्त करके एक एफ.आई.आर. दर्ज की। पुलिस ने अजय के फोन

की जाँच करने पर पाया कि उसमें एक सर्विलांस ऐप भी इंस्टॉल था। हरीश ने अजय से पूछा कि यह ऐप आपके मोबाइल में कहाँ से आया? अजय ने कहा कि उसे इस ऐप के बारे में कोई जानकारी नहीं है। फिर उसे याद आया कि एक बार चाँदनी ने उनकी चैट को सुरक्षित बनाने के लिए उसे एक लिंक पर क्लिक करने के लिए कहा था। उसने कभी नहीं सोचा था कि यह चाँदनी की एक चाल थी, जिससे उसके फोन में स्वत: ही एक सर्विलांस ऐप इंस्टॉल हो जाएगी और जालसाजों को अजय की पूरी जानकारी जैसे—वह कहाँ जाता है, उसके द्वारा कॉल किए गए नंबर और यहाँ तक कि उनकी रिकॉर्डिंग भी मिलती रहेगी। इन जानकारियों को हासिल करने के लिए अपराधियों ने सोशल इंजीनियरिंग का उपयोग किया था, जिससे उन्हें अजय को फँसाने में कामयाबी मिली।

पुलिस ने अजय को चाँदनी के संपर्क में रहने के लिए कहा, ताकि वह सतर्क न हो जाए। इसलिए अजय चाँदनी को लगातार भावनात्मक संदेश भेजता रहा। पुलिस ने उसका नंबर भी सर्विलांस पर डाल दिया। अजय ने चाँदनी से कहा कि वह उससे बहुत प्यार करता है, अगर उसे आगे कोई भी परेशानी होती है तो वह उसकी मदद करेगा। चाँदनी उसके मैसेज के छोटे-छोटे उत्तर देती रही। चाँदनी को पुलिस द्वारा उसके फोन पर की जा रही ट्रैकिंग के बारे में कुछ भी भनक नहीं थी और वह अपना फोन लगातार चलाती रही। पुलिस ने अजय से कहा कि वह चाँदनी से व्यक्तिगत तौर पर मिलने को कहे। लेकिन जब भी अजय ने उससे मिलने को कहा तो चाँदनी ने बहाना बनाते हुए कहा कि वह लंदन से बाहर नहीं जा सकती, क्योंकि अब ब्रिटिश सरकार ने उसका पासपोर्ट जब्त कर लिया है।

पुलिस द्वारा इंस्पेक्टर हरीश के नेतृत्व में एक टीम का गठन किया गया और उसने जाँच को आगे बढ़ाने के लिए रणनिति तैयार की। फेसबुक को दंड प्रक्रिया संहिता-1973 की धारा 91 के तहत कानूनी नोटिस जारी किया गया, जिसमें जाँच के लिए चाँदनी के फेसबुक अकाउंट की पूरी जानकारी माँगी गई, जैसेकि आई.पी. एड्रेस डिवाइस, जिसका उसने प्रयोग किया,

लॉगिन करने की तारीख और समय इत्यादि। पुलिस ने 'ओपन सोर्स टूल' का इस्तेमाल करते हुए यह पाया कि चाँदनी जिस फेसबुक अकाउंट का इस्तेमाल कर रही थी, वह किसी भी अन्य सोशल मीडिया जैसे—लिंक्डइन, इंस्टाग्राम या ट्विटर के साथ नहीं जुड़ा था। उससे साफ पता चल रहा था कि यह एक फेक अकाउंट है। जाँच के दौरान पुलिस को यह भी पता चला कि चाँदनी का लंदन वाला नंबर भी फर्जी था। वह किसी प्रॉक्सी सर्वर से वॉयस ओवर इंटरनेट प्रोटोकॉल तकनीक का उपयोग करके कॉल कर रही थी, जिसे ट्रेस करना असंभव था। चाँदनी बहुत चालाक थी। उसने बहुत बारीकी से सारी योजना बनाई थी। पुलिस के लिए इस संदिग्ध महिला को पकड़ना चुनौती बनता जा रहा था, जो खुद को चाँदनी के रूप में प्रस्तुत कर रही थी।

पुलिस को अभी और डिजिटल फुटप्रिंट तलाशने की जरूरत थी। इंस्पेक्टर हरीश ने अजय के बैंक को एक नोटिस जारी किया, जिसमें उन्होंने उसके खाते में हुई पिछले छह महीने के लेन-देन का विवरण माँगा। बैंक के विवरण का आकलन करने के बाद पुलिस ने बैंक से उन सब लाभार्थियों की अकाउंट डिटेल की माँग की, जिनमें धनराशि डाली गई थी। उन्होंने अकाउंट एक्सेस आई.पी. लॉगस और आई.पी. एड्रेस से यह जानकारी प्राप्त की कि डोमेन किसके नाम और पते पर लिया गया है। सी.आर.पी.सी. की धारा 91 के तहत पुलिस ने एक नोटिस जारी किया, जिससे लाभार्थी का पता गाजियाबाद में ट्रेस किया गया। इंस्पेक्टर हरीश यह जानकर हतोत्साहित हुआ कि यह बैंक अकाउंट नकली कागजातों की सहायता से खोला गया था और उस पते पर कोई नहीं रहता था। हरीश ने बैंक से कहा कि वह बिना किसी को बताए अकाउंट को तुरंत फ्रीज कर दे। हरीश अब हताश हो चुका था, क्योंकि न तो उसे सोशल मीडिया से कोई जानकारी मिल रही थी और न ही लाभार्थी के बैंक अकाउंट से कोई सुराग।

एक सुबह इंस्पेक्टर हरीश के दिमाग में विचार आया कि उसे अपराधी को पकड़ने के लिए एक अपराधी की तरह ही सोचना होगा। उसने फेसबुक

पर खुद की एक फेक प्रोफाइल बनाई और चाँदनी को फॉलो करने लगा। हरीश ने चाँदनी के सोशल मीडिया पोस्टों का आँकलन किया और पाया कि वह लगातार सोशल मीडिया पर ऐसे फोटो डालती रहती थी, जिससे वह लोगों को अपने अमीर एन.आर.आई. होने का अहसास दिला सके। चाँदनी फेसबुक पर आलीशान संपत्तियों के साथ अपनी तस्वीरें पोस्ट किया करती थी, जिसे जाँच में पुलिस ने पाया कि वे सब फोटो एडिट करके बदली गई थीं। पुलिस ने चाँदनी के फेसबुक प्रोफाइल का विश्लेषण करने पर पाया कि चाँदनी ने फेसबुक पर कुछ वास्तविक दोस्त भी बनाए थे, ताकि कोई उसकी नकली प्रोफाइल पर शक न करे। पुलिस ने एथिकल हैकिंग के तहत उसके कुछ दोस्तों को स्पूफिंग मैसेज इस उम्मीद से भेजे कि उनमें से कुछ लोग जवाब देंगे तो पुलिस उनके आई.पी. एड्रेस को ट्रेस करके संदिग्ध के साथ उनका कुछ लिंक निकाल सकेगी। पुलिस को बहुत दिनों तक कोई सुराग नहीं मिला, जिससे हरीश की हताशा और बढ़ गई। हरीश दिन-रात इस केस पर काम कर रहा था और इस वजह से उसका अपनी पत्नी के साथ रिश्ता भी तनावपूर्ण हो गया था। इस केस के चलते हरीश की पत्नी उससे अपने परिवार और उनकी आठ साल की बेटी को समय न दे पाने पर नाराज रहने लगी। हरीश के लिए उसका कर्तव्य परिवार से भी बढ़कर था।

एक दिन इंस्पेक्टर हरीश को फेसबुक पर चाँदनी के एक दोस्त का जवाब मिला। हरीश ने उसे मैसेज करके बताया कि वह चाँदनी का मित्र है और उससे उसका मोबाइल नंबर गुम हो गया है। फेसबुक पर भी वह चाँदनी से संपर्क नहीं कर पा रहा है। क्या वह चाँदनी से संपर्क करने में उसकी मदद कर सकता है? चाँदनी का दोस्त हरीश के इस जाल में फँस गया और उसने चाँदनी का मोबाइल नंबर हरीश को भेज दिया। हरीश ने तुरंत मोबाइल सेवा प्रदाता को एक नोटिस भेजा, जिसमें उन्होंने कस्टमर ऐप्लिकेशन फॉर्म, वैकल्पिक नंबर या लैंडलाइन नंबर की जानकारी माँगी, जो कनेक्शन लेते समय उपभोक्ता ने दी होगी। हरीश ने इस नंबर से

जुड़े कॉल रिकॉर्ड डिटेल एवं सेल टावर डिटेल की भी माँग की। हरीश ने पाया कि इस मोबाइल नंबर से हाल में कोई कॉल नहीं की गई थी और वह बंद था। अखिरी कॉल की डिटेल से पता चला कि यह नंबर किसी नानी ताबीन नामक व्यक्ति के नाम से लिया गया था, जो कि सुबनसिरी, अरुणाचल प्रदेश का रहनेवाला था।

इंस्पेक्टर हरीश अपनी टीम के साथ अरुणाचल प्रदेश के लिए निकल पड़ा। उन्होंने नानी ताबीन को, जो अपने चाचा के साथ लोअर सुबनसिरी में रह रहा था, गिरफ्तार कर लिया। जब हरीश ने नानी से पूछताछ की तो उसने कबूल किया कि वह इस धोखाधड़ी में शामिल था और वह अपने अन्य साथियों के साथ मिलकर कुछ और वरिष्ठ नागरिकों के साथ भी ऐसा ही कर रहा था। हरीश ने डिजिटल साक्ष्य ढूँढ़ने के लिए उनके घर की तलाशी ली, जिसमें उन्हें कई सिम और मोबाइल फोन मिले, जिनका इस्तेमाल पीड़ितों को फोन करने में किया जाता था। हरीश ने मानक साक्ष्य संग्रह प्रक्रिया के अंतर्गत सभी साक्ष्य जमा किए, जिसमें मोबाइल फोन, सिम कार्ड, हार्ड डिस्क और कंप्यूटर शामिल थे। फिर उसने एक फर्द बरामदगी तैयार किया। फर्द बरामदगी किसी भी आपराधिक जाँच का एक अनिवार्य हिस्सा होता है। इसका उपयोग जाँच में पाए गए साक्ष्यों के समर्थन में किया जाता है, जिसमें अभियुक्तों से जब्त की गई सामग्री और उसकी पहचान भी शामिल होती है।

आई.एम.ई.आई. (IMEI) नंबर मोबाइल डिवाइस का एक अद्वितीय नंबर होता है, जो कि उस मोबाइल के निर्माता का नाम, देश का नाम और उसका मॉडल नंबर बताता है। इस नंबर का उपयोग खोये हुए मोबाइल को ढूँढ़ने में प्रयोग किया जाता है। इंस्पेक्टर हरीश ने मोबाइल फोन का आई.एम.ई.आई. नंबर प्राप्त किया और उन्हें सेवा प्रदाताओं के पास भेजकर पूछा कि क्या यह आई.एम.ई.आई. नंबर उनमें से किसी के रिकॉर्ड में आया है? उन्होंने पाया कि मोबाइल में आखिरी इस्तेमाल होनेवाला सिम आइडिया का था। हरीश ने आइडिया ऑपरेटर से इस मोबाइल नंबर की

कॉल डिटेल्स हासिल की और पाया कि इस नंबर से कई बार चाँदनी के नंबर पर कॉल किया गया था। पुलिस ने न्यायालय से आवश्यक अनुमति प्राप्त करने के बाद अन्य साक्ष्यों को भी जाँच के लिए फॉरेंसिक लेबोरेटरी भेज दिया। कॉल की विस्तृत रिकॉर्डों का विश्लेषण किया गया और उन्हें चाँदनी की कॉल के साथ जोड़ा गया। इन सब सबूतों के साथ इंस्पेक्टर हरीश न्यायालय के समक्ष अपराध साबित करने में अब सक्षम था। यह इस मामले में एक बड़ी सफलता थी।

जालसाजों के इसी समूह ने अजय के 97 लाख रुपए ठगे थे। पुलिस ने विक्रम सिंघा और जोक बघरा, जो कि नानी के साथी थे, को भी गिरफ्तार किया। वे दोनों पश्चिम सियांग के रहनेवाले थे।

पुलिस ने गहन पड़ताल में पाया कि यह गिरोह एक सामूहिक अपराध का हिस्सा था, जो लोगों को योजनाबद्ध तरीके से धोखा देते थे। पुलिस ने अपराधियों के तौर-तरीकों का खुलासा करते हुए बताया कि अपराधी पीड़ितों को प्रॉक्सी सर्वर के द्वारा कॉल करते थे और वित्तीय फर्म के एजेंट के रूप में इ-मेल भी भेजते थे। पुलिस ने अपराधियों के बैंक में जमा धनराशि और उनके एटीएम द्वारा हो रहे लेन-देन को ट्रेस किया और पाया कि इस समूह के कुछ सदस्यों के तार उड़ीसा और अरुणाचल प्रदेश से जुड़े थे, जिन्हें उत्तराखंड पुलिस टीम ने वहीं जाकर गिरफ्तार किया।

~•~

'हनी ट्रैपिंग' एक प्रकार का साइबर अपराध है, जहाँ अपराधी सोशल मीडिया पर फर्जी अकाउंट बनाते हैं और चैटिंग के लिए स्काइप, व्हाट्सएप, मैसेंजर जैसे ऐप्स का उपयोग करते हैं। फिर वे सोशल इंजीनियरिंग के माध्यम से चुने हुए लोगों को मैसेज भेजते हैं। महिलाओं के नाम से नकली अकाउंट बनाए जाते हैं और उनकी आकर्षक तस्वीरों का उपयोग प्रोफाइल फोटो के रूप में किया जाता है, जिससे पुरुष उनसे दोस्ती करने के लिए प्रोत्साहित हो जाते हैं। यहाँ अपराधी इन अकाउंट के द्वारा फोटो, वीडियो, शादी के प्रस्तावों

का आदान-प्रदान करते हैं और यहाँ तक कि लाइव सेशन भी करते हैं। वे फिर पीड़ितों का पैसा लूटने के लिए उन्हें ब्लैकमेल करते हैं। लगभग 40-50 लाख की धोखाधड़ी प्रतिदिन हनी ट्रैप गिरोह द्वारा की जाती है। कई वरिष्ट अधिकारी भी हनी ट्रैप साइबर क्राइम के शिकार हो सकते हैं, जहाँ अपराधी उनसे गुप्त जानकारियाँ हासिल कर सकते हैं। इन प्राप्त की हुई जानकारी का इस्तेमाल आतंकी हमले और अशांति फैलाने के लिए किया जा सकता है।

साइबर टिप : अपराधियों के मोहक बहकावे में आने से हमेशा बचें। किसी भी अज्ञात व्यक्ति की फ्रेंड रिक्वेस्ट स्वीकार करने से पहले सोचना चाहिए कि उसे यह फ्रेंड रीक्वेस्ट क्यों भेजी जा रही होगी और अपनी व्यक्तिगत जानकारी को सोशल मीडिया प्लेटफॉर्म और अन्य ऑनलाइन खातों पर सीमित रखना चाहिए।

□

2

लॉटरी, जो कभी खेली ही नहीं थी

किसने सोचा था कि अनुराधा के अमीर बनने के सपने का अंत लॉटरी जीतने की जगह एक बड़ी कीमत चुकाकर होगा!

अनुराधा 23 साल की युवती थी, जो प्रथम श्रेणी से कॉमर्स ग्रैजुएशन करने के बाद दो साल से नरेंद्र नगर के एक बड़े होटल में सहायक अकाउंटेंट का काम कर रही थी। उत्तराखंड के ऋषिकेश से सटा नरेंद्र नगर शिवालिक पहाड़ियों की तलहटी पर बसा एक छोटा सुंदर शहर है। होटल से पूरे ऋषिकेश और हरिद्वार को देखा जा सकता है, वहाँ से पहाड़ों से लेकर मैदान तक जाती गंगा भी नजर आती है। यह होटल एक युग से भव्यता और वैभव का प्रतीक रहा है। यह टिहरी गढ़वाल के महाराजा के 1910-1911 काल में बने महल के प्रांगण में स्थित है। अनुराधा को यहाँ काम करने पर गर्व था। अनुराधा को उसी दिन इस कैंपस से प्यार हो गया था, जब वह यहाँ पहली बार सहायक अकाउंटेंट के साक्षात्कार के लिए आई थी। परंतु कुछ समय से अनुराधा अपनी नौकरी से ज्यादा खुश नहीं थी, क्योंकि परिवार का खर्च अब दिन-प्रतिदिन बढ़ता जा रहा था और जितना वेतन उसे मिलता था, वह उसके लिए पर्याप्त नहीं था।

अक्तूबर 2007 की एक शाम 5 बजे, अनुराधा अपना काम समेटने के बाद खिड़की से बाहर देखकर सोच रही थी कि आज वह अपने छोटे भाई योगेंद्र के 19वें जन्मदिन पर उसे क्या गिफ्ट दें? योगेंद्र ऋषिकेश के कॉलेज में स्नातक का छात्र था, वह अपनी पढ़ाई के प्रति बिल्कुल भी गंभीर नहीं था। वह अधिकतर समय गंगा घाटों पर अपने आवारा दोस्तों के साथ घूमने-फिरने में बरबाद कर देता था। अनुराधा के पिता का पिछले साल निधन हो गया था। वह जानती थी कि जब तक योगेंद्र अपनी पढ़ाई पूरी करके नौकरी पर नहीं लग जाता, तब तक उसे अकेले ही परिवार को सँभालना होगा। वह जिम्मेदार और महत्त्वाकांक्षी दोनों ही थी। यही कारण था कि जब भी उसकी माँ उससे शादी के बारे में बात करने की कोशिश करती तो वह बात को काट देती। उसकी माँ कई दिनों से उसकी अनुराग से शादी की बात कर रही थी, जो कि एक चार्टेड अकाउंटेंट था। अनुराधा हर बार बात बदल देती और कहती कि वह जीवन में कुछ बड़ा करना चाहती है।

आज जल्दी घर निकलने के लिए वह 'सिस्टम' बंद कर ही रही थी कि

तभी उसे एक 'इ-मेल' आया। उसने अपना 'मेलबॉक्स' खोला और उस मेल को पढ़ने लगी। उस मेल में लिखा था—"आपने ब्रिटिश लॉटरी में दो लाख पचास हजार पाउंड जीते हैं!" यह पढ़कर उसे अपनी आँखों पर विश्वास नहीं हो रहा था, क्योंकि उसने कभी भी लॉटरी का टिकट खरीदा ही नहीं था! उसने उस मेल को कई बार 'रिफ्रेश' किया। यह मेल उसे mailnatdesk@ eartlinknet मेल 'आई.डी.' से आया था, जो उसे एक अफिशल आइ.डी. लग रही था। उसे लगा, जैसे भगवान् ने उसकी प्रार्थनाओं का उत्तर इस मेल में भेज दिया हो! यही एक ख्वाहिश थी, जो शायद वह हमेशा से पूरे होने की दुआ माँगती थी! वह ख्वाब बुनने लगी कि कैसे वह इस पैसे से अपने परिवार की किस्मत और जीवन को बदल देगी! उसने यह कभी नहीं सोचा था कि वह उत्तराखंड में होनेवाले सबसे पहले साइबर क्राइम की शिकार बननेवाली थी।

बिना वक्त गँवाए अनुराधा ने उस मेल में लॉटरी अधिकारी द्वारा माँगी गई जानकारियों का विवरण भेज दिया। उसके सिस्टम के बंद होने से पहले ही उसके पास एक और मेल आया, जिसमें उसे डिस्पैच ऑफिसर मि. एंड्रयू की मेल आई.डी., फैक्स नंबर और टेलीफोन नंबर दिया गया था और साथ ही उनसे बात करने के लिए कहा गया था। अनुराधा को अब घर जाने की कोई जल्दी नहीं थी। उसने तुरंत एंड्रयू से संपर्क किया, जिसने उसे लॉटरी पर दावा करने के लिए चार विकल्प दिए। अनुराधा ने यह मानते हुए वायर ट्रांसफर का विकल्प चुना कि यह पैसा पाने का सबसे सुरक्षित और तेज तरीका है।

लॉटरी कंपनी की तरफ से अनुराधा को मेल पर इतनी तेजी से जवाब आ रहे थे कि वह घर जाने के लिए ऑफिस से निकल ही नहीं पा रही थी। अनुराधा के केबिन का मुख पश्चिम की ओर था और सामने एक बड़ी खिड़की थी, जहाँ से पहाड़ों के साथ एक खूबसूरत बगीचा भी दिखता था। उसे खिड़की के बाहर का दृश्य इतना सुंदर कभी नहीं लगा था। गहरे नीले रंग का आसमान, सफेद उड़ते बादल और डूबते सूरज की नारंगी छटा, ये सब आज उसका मन मोह रहे थे। उसके डेस्कटॉप पर एंड्रयू की तरफ से फिर

एक मेल आया, जिसमें लिखा था—"कृपया 1,27,000 रुपए का भुगतान पेमेंट अधिकारी, मिस्टर विक्टर केल्विन के खाते में करें।" मेल में बैंक खाता संख्या, आई.एफ.एस.सी. कोड और एक मोबाइल नंबर सहित अन्य विवरण दिए हुए थे। मेल पढ़कर अनुराधा हैरान हुई कि उसे लॉटरी के पैसे देने की जगह उलटा उससे ही भुगतान क्यों माँगा जा रहा है? मेल में आगे लिखा था—"लॉटरी मनी जारी करने के लिए यह धनराशि ब्रिटिश राजस्व विभाग, यूनाइटेड किंगडम को भेजनी है।" क्योंकि लॉटरी की रकम बहुत बड़ी थी, उसके सामने अनुराधा को 1,27,000 रुपए ज्यादा नहीं लगे।

अनुराधा ने अपनी सारी जमा पूँजी का हिसाब लगाना शुरू कर दिया, लेकिन वह निराश हो गई, क्योंकि उसके पास सिर्फ 80,000 रुपए का ही जुगाड़ था। उसे लॉटरी पर दावा करने के लिए और 47 हजार रुपयों की जरूरत थी। अनुराधा सोचने लगी कि बाकी के पैसे कहाँ से आएँगे? इतने में उसके मोबाइल की घंटी बजी, यह उसकी माँ का फोन था। अनुराधा ने कहा, "माँ, मैं अभी ऑफिस से निकल रही हूँ।" उसने अपनी आवाज में खुशी और चिंता दोनों को जाहिर नहीं होने दिया। लॉटरी वाली मेल के चक्कर में वह पूरी तरह से भूल गई थी कि आज उसे योगेंद्र के जन्मदिन के लिए घर समय से पहुँचना था। उसने तुरंत कंप्यूटर बंद किया और अपनी सेकेंड हैंड हीरो प्लेजर स्कूटी पर बैठकर घर के लिए निकल गई।

उस शाम जब योगेंद्र अपने जन्मदिन पर दोस्तों के साथ मस्ती कर रहा था, तब अनुराधा के दिमाग में लगातार उन अतिरिक्त पैसों की चिंता सता रही थी, जो उसे लॉटरी भुगतान के लिए चाहिए थे। पार्टी के बाद घर साफ करते-करते रात के 11:30 बज चुके थे। अनुराधा बहुत थक गई थी और पैसों के बारे में सोचते-सोचते उसे कब नींद आ गई, पता ही नहीं चला। सुबह जब दरवाजे की घंटी बजी, तब वह झटके से जग गई। उसने हमेशा की तरह दूधवाले को कोसा, जो उसे रोज सुबह जल्दी उठा देता था। वह दूध लेने दरवाजे की तरफ चल दी। उसकी माँ ने पास के ही गाँव से यह गाय का दूध लगवाया था। जब वह दूध उबाल रही थी, तभी अचानक उसे याद आया कि

होटल की तिजोरी में बहुत सारी नकदी पड़ी है, जिसे एक साल से किसी ने भी नहीं छुआ है। तिजोरी की चाबियाँ सीनियर अकाउंटेंट विजय अपनी टेबल में कहीं रखता था। विजय ने एक बार अनुराधा से कहा था कि इस तिजोरी में बहुत महत्त्वपूर्ण दस्तावेज रखे हैं और उसे कोई भी उसकी अनुमति के बिना कभी नहीं खोले। पिछले साल, एक शाम जब अनुराधा ओवरटाइम करते हुए हिसाब मिला रही थी, तब उसने विजय को तिजोरी खोलते हुए देखा था। वह यह जानने के लिए उत्सुक थी कि उस तिजोरी में ऐसा क्या है, जो विजय उसे नहीं बताना चाहता? तिजोरी को ठीक से देखने के लिए वह जैसे ही अपनी कुरसी से थोड़ा झुकी, उसने देखा कि तिजोरी रुपयों के बंडलों से भरी है, जिसे देखकर वह हैरान रह गई!

अनुराधा जल्द ही तिजोरी में रखे पैसों के बारे में भूल गई थी, लेकिन आज उसे वही पैसे लॉटरी पाने का एकमात्र जरिया नजर आ रहे थे। उसके दिमाग में विचार आया कि वह तिजोरी से कुछ पैसे लेकर अपनी लॉटरी छुड़वा लेगी, फिर उतने पैसों को वापस तिजोरी में रख देगी। उसके मन में हमेशा के लिए उन पैसों को रखने का कोई इरादा नहीं था। अनुराधा के पिता पंडितजी बहुत ईमानदार व्यक्ति थे और उन्होंने कभी किसी से पैसे नहीं माँगे थे। यही संस्कार उन्होंने अपने बच्चों को भी दिए थे। अनुराधा ने खुद को आश्वस्त किया कि जब तक उसे लॉटरी के पैसे नहीं मिल जाते, तब तक कुछ दिनों के लिए उन पैसों का उपयोग करने में कोई बुराई नहीं है।

उसे आज ही तिजोरी से पैसे निकालने थे, जिससे वह अपनी लॉटरी के पैसे जल्द-से-जल्द प्राप्त कर सके। अनुराधा ने माँ के हाथ के बनाए सैंडविच का एक टुकड़ा मुँह में डाला और जल्दी से ऑफिस के लिए निकल गई। आज अनुराधा आधा घंटा पहले ही ऑफिस पहुँच गई थी और वह विजय के आने का बेसब्री से इंतजार करने लगी। ठीक 9 बजे उसने विजय की मारुति की आवाज सुनी। कंप्यूटर पर व्यस्त होने का नाटक करते हुए वह तिरछी निगाहों से विजय के अंदर आने की राह देखती रही। विजय अपने केबिन में घुसा और शेल्फ पर स्थापित लक्ष्मी माता की मूर्ति के समक्ष हाथ

जोड़ने के बाद उसने कंप्यूटर पर अपना काम करना शुरू कर दिया। अनुराधा अब उस पल का इंतजार करने लगी, जब विजय ऑफिस छोड़कर कहीं बाहर जाएगा और वह तिजोरी से पैसे निकालेगी।

लगभग एक घंटे बाद विजय अनुराधा के केबिन में आया और उसने बताया कि वह बैंक के जरूरी काम से बाहर जा रहा है और तकरीबन 1 बजे तक वापस आ जाएगा। यही वह मौका था, जिसका इंताजर अनुराधा कर रही थी। कल से ही किस्मत अनुराधा का साथ दे रही थी। अनुराधा ने मुसकराते हुए विजय से कहा कि वह ऑफिस की चिंता न करे और आराम से अपना काम निपटाए। जैसे ही विजय होटल के गेट से बाहर निकला, अनुराधा के दिल की धड़कनें बढ़ गईं, वह कूदकर उसके केबिन में गई और टेबल की दराज में व्यग्रतापूर्वक तिजोरी की चाभी ढूँढ़ने लगी।

अनुराधा को तिजोरी की चाभी ढूँढ़ने में ज्यादा वक्त नहीं लगा, वह टेबल की दराज के नीचे दाहिनी तरफ ही रखी थी। यह सुनिश्चित करते हुए कि कोई उसे देख नहीं रहा, उसने चाभी से तिजोरी खोली और वहाँ से 100 रुपए की 5 गड्डियाँ निकाल ली। उसने गड्डियों को जल्दी से अपने सफेद हैंडबैग में ठूँसा और चाभी को अपनी जगह पर वापस रख दिया। उसने विजय के आने का इंतजार नहीं किया। उसने रिसेप्शनिस्ट को बताया कि उसे घर से फोन आया है और किसी जरूरी काम से जाना पड़ रहा है। अपने पैसों से भरे बैग को बगल में दबाकर अनुराधा ऑफिस से अपनी स्कूटी स्टार्ट कर तेजी से निकल गई। उसके चेहरे पर जल्दी अमीर बनने की सुकून भरी मुसकान थी। उसे आज ही अपनी लॉटरी छुड़वाने के लिए बैंक जाकर मिस्टर विक्टर केल्विन के खाते में पैसे जमा करवाने थे।

जब बैंक में पैसे जमा करवाने के बाद अनुराधा वापस ऑफिस पहुँची, तब तक दोपहर हो चुकी थी। उसने तुरंत विक्टर को फोन किया, लेकिन उसका नंबर बंद था। उसने विक्टर को एक मेल लिखा, जिसमें उसने 1,27,000 रुपए के लेन-देन का विवरण भेज दिया। विक्टर ने इस मेल का जवाब भेजते हुए कहा कि वह उसे 24 घंटे के अंदर लॉटरी पार्सल भेज देगा।

अनुराधा बहुत खुश थी। उसे अच्छे से बचपन के वे दिन याद थे, जब वह अपने पिता का हाथ पकड़कर बाजार जाया करती थी। उसे बाजार में लकड़ी की मेज पर सजे रंगीन लॉटरी की टिकटों के बंडल देखने के लिए अपने पैरों को उचकाना पड़ता था। उसे ऐसा लगता था कि ये असली पैसे हैं, जिन्हें बेचने के लिए रखा हुआ है। वह भी एक गड्डी ले जाना चाहती थी, लेकिन पंडितजी उसे यह कहकर घसीट देते कि पैसा कमाने के लिए मेहनत करनी चाहिए, न कि लॉटरी का टिकट खरीदना चाहिए। उनका मानना था कि आसानी से कमाया हुआ धन जल्दी ही नष्ट हो जाता है। उसने सोचा, 'कितने गलत थे मेरा बाबा!' 2,50,000 पाउंड मेरे पास आनेवाले हैं!

शाम के 5 बज रहे थे और वह देर तक ऑफिस में बैठने के मूड में नहीं थी। वह जल्दी ही अमीर बनने के लिए बहुत उत्साहित थी, लेकिन उसने इस बात को किसी से साझा नहीं किया, क्योंकि वह अपनी माँ और योगेंद्र को लॉटरी के पैसे मिलने के बाद सरप्राइज देना चाहती थी।

अगले दिन अनुराधा सुबह जल्दी उठकर ऑफिस चली गई। उसे यह उम्मीद थी कि आज उसे लॉटरी कंपनी की तरफ से पत्र आएगा, जिसमें

लॉटरी के पैसे कब और कैसे मिलेंगे, इस बात की जानकारी दी जाएगी। जब उसने 2,50,000 पाउंड को GBP विनिमय दर से रुपयों में बदलकर देखा तो उसके कैलकुलेटर पर 1,95,60,000 रुपए का आँकड़ा दिखा, जिसे देखकर उसका चेहरा चमक उठा। वह बार-बार सिस्टम पर मेल चेक करती रही, लेकिन पूरा दिन बीतने के बाद भी लॉटरी कंपनी की तरफ से कोई जवाब नहीं आया। वह बहुत परेशान हो गई। वह लगातार विक्टर को कॉल करती रही, लेकिन विक्टर की तरफ से कोई जवाब नहीं मिला। फिर कहीं दो दिनों के बाद जाकर उसे विक्टर का फोन आया। उसने अनुराधा से कहा कि लॉटरी कंपनी के प्रतिनिधि, मि. माइकल विलियम भारत आ रहे हैं और वह एक आई.सी.आई.सी.आई. बैंक अकाउंट में लॉटरी के कूरियर शुल्क के तौर पर 1,20,000 रुपए जमा करा दे। उसने अगले दिन भुगतान करने के लिए हामी भर दी। अनुराधा जानती थी कि अब उसे अतिरिक्त पैसों का प्रबंध करने में कोई समस्या नहीं है, क्योंकि वह आसानी से तिजोरी से और पैसे निकाल सकती है।

अनुराधा ने सही मौका देखकर तिजोरी से 1,20,000 रुपए फिर निकाले और विक्टर के खाते में जमा करवा दिए। कुछ दिनों बाद फिर उसे विक्टर का एक मेल मिला, जिसमें लिखा था कि उसकी लॉटरी की किस्त को संयुक्त राष्ट्र आतंकवाद विरोधी फाउंडेशन द्वारा जब्त कर दिया गया है और उसे लॉटरी धनराशि को मुक्त कराने के लिए 2,38,500 रुपए और जमा करने होंगे। अनुराधा के पास अब अपनी लॉटरी के पैसे छुड़वाने के अतिरिक्त और कोई चारा नहीं था। उसने होटल की तिजोरी से और पैसे चुराकर लॉटरी खाते में जमा करा दिए।

अगले दिन उसे लॉटरी कंपनी के प्रतिनिधि माइकल का फोन आया। उसने अनुराधा को लॉटरी की धनराशि लेने के लिए ऋषिकेश के एक होटल 'माँ गंगा' में मिलने को कहा। अब अनुराधा की खुशी की कोई सीमा नहीं थी! उसने सोचा कि अब तो वह करोड़पति बनी ही समझो। उसके पास बहुत कम छुट्टियाँ बची थीं। उसने ऑफिस में कोई बहाना बनाकर छुट्टी के लिए

आवेदन दिया और अगले दिन माइकल से मिलने चली गई।

होटल 'माँ गंगा', गंगा नदी के किनारे पर बना एक 4 सितारा होटल था, जो अनुराधा के घर से पैदल मात्र की दूरी पर था। अगली सुबह वह बिना नाश्ते किए ही जल्दी घर से निकल गई और कुछ ही देर में पैदल होटल पहुँच गई। उसने होटल के रिसेप्शन पर मि. माइकल के बारे में पूछा। रिसेप्शनिस्ट ने उससे पूछा कि क्या उसके पास कोई अपॉइंटमेंट है ? अनुराधा ने जवाब दिया कि वह माइकल की परिचित है और उन्होंने ही उसे बुलाया है। रिसेप्शनिस्ट ने इंटरकॉम पर एक नंबर डायल किया और संक्षेप में किसी व्यक्ति से कुछ बात की। कुछ देर रुकने के बाद उसने अनुराधा को होटल की दूसरी मंजिल के कमरा नंबर 205 में जाने को कहा। अनुराधा लिफ्ट का इंतजार किए बिना ही सीढ़ियों से दूसरी मंजिल की ओर दौड़ी और कमरा नंबर 205 के बाहर पहुँचकर घंटी बजाई। दरवाजा पहले से ही थोड़ा खुला हुआ था। उसने दरवाजे को धीरे से धकेला और अंदर झाँककर देखा तो एक अधेड़ उम्र का छह फीट लंबा, भूरे काले घुँघराले बालवाला दक्षिण अफ्रीकी आदमी खड़ा था। अनुराधा ने उससे पूछा कि क्या वही माइकल है ? जिस पर सामनेवाले व्यक्ति ने हामी भरते हुए अपना सिर हिलाया और अनुराधा का अभिवादन करते हुए दरवाजा बंद कर सोफे पर बैठने के लिए कहा। अनुराधा अधिक उत्साहित और खुश थी, उसने बिना डरे दरवाजा बंद किया और सोफे पर बैठ गई।

माइकल ने अलमारी की तिजोरी से एक भूरे रंग का ब्रीफकेस निकाला और सोफे के सामने मेज पर रख दिया। उसने लॉक के नंबरों को अँगूठों से घुमाया और अगले ही पल ब्रीफकेस का ताला खुल गया। ब्रीफकेस में नोटों के आकार के पाँच हरे कागज के बंडल रखे थे और कुछ बोतलें थीं, जिनमें तरल पदार्थ था। अनुराधा का दिल तेजी से धड़क रहा था। वह बैचेनी से अपनी लॉटरी के पैसों को पाने का इंतजार कर रही थी। माइकल ने ब्रीफ्कैस में से एक छोटी काँच की बोतल निकाली, जिसमें नीला तरल पदार्थ था और साथ ही बंडल में से एक हरा कागज भी निकाला। उसने मेज के दूसरे कोने पर हरे कागज को बिछाते हुए अनुराधा को ध्यान से देखने के लिए कहा।

उसने कागज पर नीले रंग का घोल लगाया, जिससे वह कागज तुरंत ही 100 डॉलर के नोट में बदल गया!

यह बिल्कुल जादुई था। अनुराधा ने माइकल से पूछा कि वह यहाँ जादू देखने नहीं आई है! उसकी लॉटरी का पैसा कहाँ है? माइकल ने अनुराधा से कहा कि यही उसकी लॉटरी का पैसा है। लॉटरी कंपनी ने पाउंड को डॉलर में बदल दिया है, क्योंकि भारत की सीमा पर लॉटरी के पैसों को लाने की अनुमति नहीं दी जाती, इसलिए कंपनी ने नोटों पर कुछ रसायन लगा दिया, ताकि वे साधारण हरे कागज की तरह दिखाई दें। अनुराधा अब थोड़ी दुविधा में थी, उसके पास माइकल की बात को मानने के सिवा और कोई चारा नहीं था।

माइकल ने उसे बताया कि रसायन की चार और बोतलें थीं, जो कि रास्ते में ब्रीफकेस गिरने से टूट गईं और उसे अब और बोतलें लानी होंगी, जिसके लिए अनुराधा को 6 लाख रुपए और देने होंगे। माइकल ने कहा कि अतिरिक्त रसायन लाने के लिए उसे दिल्ली जाना होगा। अनुराधा ने अपनी आँखों के सामने एक साधारण हरे रंग के कागज को डॉलर में बदलते देखा था, इसलिए माइकल ने जो उससे कहा, उसने बिना संशय उसे मान भी लिया। अनुराधा ने खुद को दिलासा देते हुए कहा कि जल्द ही उसे लॉटरी के पैसे मिल जाएँगे और वह होटल से वापस घर आ गई।

अगले दिन अनुराधा को माइकल का फिर से फ़ोन आया और उसने बताया कि वह दिल्ली की सीमा पर पुलिस द्वारा पकड़ लिया गया है। माइकल ने यह कहा कि विक्टर ने ही पुलिस को सूचना देकर उसे गिरफ्तार करवाया है। अनुराधा ने माइकल से कहा कि वह पुलिस को लॉटरी के बारे में सब सच सच बता दे। माइकल ने अनुराधा से कहा कि वह पुलिस को कुछ नहीं बता सकता है, क्योंकि पुलिस उससे बहुत सारे सवाल पूछेगी, जिससे वह मुश्किल में फँस जाएगा। यह सुनते ही अनुराधा ने विक्टर केल्विन को फोन कर पुलिस को पूरी सच्चाई बताने के लिए कहा, ताकि माइकल रिहा हो जाए और वह रसायन की बोतलें ला सके। विक्टर ने कहा कि ऐसा करने से पुलिस उसे भी पकड़ लेगी। विक्टर ने कहा कि किसी और को रसायन के

साथ भेज रहा है और उसकी यात्रा शुल्क के लिए अनुराधा को कुछ और पैसे बैंक में जमा कराने होंगे। दो दिनों बाद किसी डॉ. एडवर्ड नामक व्यक्ति ने ऋषिकेश के लक्ष्मण झूला रोड स्थित शिवलोक होटल में अनुराधा के नाम पर एक कमरा बुक करवाया। उसने अनुराधा को फोन करके बुलाया और उसे रसायन की दो बोतलें दे दीं।

डॉ. एडवर्ड द्वारा दिए गए निर्देश के अनुसार अनुराधा ने घर पहुँचकर कागजों पर रसायन लगाया और उन्हें फ्रिज में रख दिया, उसे पूरी उम्मीद थी कि हरे कागज डॉलर में बदल जाएँगे। वह हर थोड़ी देर में कागजों की जाँच करती रही, पर उसके हाथ सिर्फ निराशा ही लगी, क्योंकि कोई भी हरा कागज डॉलर में नहीं बदला। यह देखने के बाद पहली बार अनुराधा को अहसास हुआ कि वह धोखाधड़ी का शिकार हुई है। इस बीच वह 5.5 लाख रुपए और दे चुकी थी और अब तक उसने लॉटरी कंपनी को 17 लाख रुपए दे दिए थे, जो कि कोई छोटी रकम नहीं थी।

अगली सुबह अनुराधा ने विक्टर केल्विन को फोन किया और कागजों को डॉलर में न बदलने की शिकायत की। विक्टर ने अनुराधा को आश्वस्त किया कि वह चिंता न करे, अब वह लॉटरी के पैसों की दूसरी किस्त और ताजा रसायन की बोतलें लेकर स्वयं आएगा और इसके लिए अनुराधा को 4 लाख रुपयों के साथ वसंत विहार दिल्ली आना होगा।

अनुराधा दिल्ली के लिए रवाना हो गई और वहाँ पहुँचकर उसने विक्टर से संपर्क करने की कोशिश की। विक्टर का मोबाइल स्विच ऑफ आ रहा था। फिर उसने लॉटरी कंपनी के प्रतिनिधि माइकल को फोन किया, जिसने उसे वसंत विहार की जगह कनॉट प्लेस आने को बोला। लेकिन जब अनुराधा कनॉट प्लेस पहुँची तो माइकल वहाँ नहीं था। अब माइकल ने उसे कनॉट प्लेस की जगह इंडिया गेट आने को कहा। इस तरह वह पूरे दिन दिल्ली में यहाँ से वहाँ भटकती रही, लेकिन उसके हाथ कुछ नहीं लगा। वह विक्टर और माइकल दोनों से ही नहीं मिल पाई थी। परेशान होकर वह रात की बस से वापस ऋषिकेश लौट आई।

अनुराधा बहुत निराश हुई और उसका दिल टूट गया। उसे अहसास हुआ कि वह कितनी बड़ी जालसाजी का शिकार हो गई है! अगली सुबह अनुराधा ने फैसला किया कि जो कुछ भी बीते दिनों में हुआ है, उसे अब अपने सीनियर अकाउंटेंट विजय को बता देगी। विजय अनुराधा की पूरी कहानी सुनकर चौंक गया और उससे पूछा कि वह कैसे इस जाल में फँस सकती है? और तो और, इसके लिए उसने होटल की तिजोरी से 21 लाख रुपए भी चुरा लिये! उसने तुरंत होटल आनंदा के मैनेजर से बात की और उस इलाके के चौकी प्रभारी को फोन कर मामले की पूरी जानकारी दी। मैनेजर ने अशोक कुमार से बात की, जो तब उत्तराखंड पुलिस में डी.आई.जी. पद पर नियुक्त थे। अशोक कुमार ने उन्हें अपने ऑफिस बुलाया और उनसे पूरे मामले की जानकारी ली। अशोक कुमार, जो पीड़ितों के प्रति अपने मानवीय दृष्टिकोण और अपराधियों के प्रति कठोर रुख के लिए जाने जाते हैं, उन्हें यह समझने में एक पल भी नहीं लगा कि अनुराधा के साथ साइबर अपराध

हुआ है। इसलिए उन्होंने विजय और अनुराधा दोनों को प्राथमिकी (FIR) दर्ज कराने की सलाह दी।

अब पुलिस के सामने दो मामले थे—पहला, विजय ने होटल की तरफ से अनुराधा पर होटल से पैसों की चोरी करने का मामला दर्ज कराया और दूसरा, अनुराधा ने माइकल, विक्टर और डॉ. एडवर्ड पर लॉटरी मनी के नाम पर ठगी का मामला दर्ज कराया। यह मुकदमा पुलिस के लिए बहुत महत्त्वपूर्ण था, क्योंकि उत्तराखंड में यह साइबर ठगी का पहला मामला था और डी.आई. जी. अशोक कुमार इसको हल करके आगे इस तरह के अपराधों के फैलने पर रोक लगाना चाहते थे।

डी.आई.जी. अशोक कुमार के द्वारा एक स्पेशल टास्क फोर्स का ग़ठन किया गया, जिसमें डिप्टी एस.पी. सुरजीत को टीम का इंचार्ज बनाया गया और इंस्पेक्टर ऋषि चमोला और दो अन्य कॉन्स्टेबलों को भी उसमें सम्मिलित किया गया। 2007 में आई.टी. अधिनियम के अनुसार साइबर अपराध के लिए जाँच अधिकारी डिप्टी एस.पी. से निचले पद का नहीं होता था। 2008 के बाद साइबर अपराधों की बढ़ती संख्या को देखते हुए इस अधिनियम में संशोधन किया गया और इंस्पेक्टर रैंक के अधिकारी को भी साइबर क्राइम की जाँच के लिए अधिकृत किया गया।

पुलिस के लिए यह एक बहुत ही चुनौतीपूर्ण मामला था। डिप्टी एस.पी. सुरजीत और इंस्पेक्टर चमोला बहुत उत्साहित थे और उन्होंने इसे चुनौती के रूप में स्वीकार किया। उन्होंने अपराधियों को पकड़ने के लिए तीन रणनीतियाँ बनाईं—पहला, उन बैंक खातों की जाँच करना, जिनमें अनुराधा ने पैसे जमा किए थे; दूसरा, उस कंप्यूटर के आई.पी. एड्रेस को ट्रेस करना, जिससे इ-मेल भेजे गए थे; और तीसरा विक्टर, माइकल और एडवर्ड के उन मोबाइल नंबर को ट्रेस करना, जिन पर उनसे अनुराधा बात करती थी।

भारतीय रिजर्व बैंक की RTGS प्रणाली नई फंड ट्रांसफर प्रक्रिया के रूप में हाल ही में शुरू हुई थी। भारत में इसे 26 मार्च, 2004 को लॉन्च किया गया था। तब निजी बैंक पैसे के हस्तांतरण को लेकर बहुत सतर्क नहीं थे और यही

कारण था कि अनुराधा से धोखाधड़ी के पैसे प्राप्त करने के लिए अपराधियों ने एक निजी बैंक को चुना था। पुलिस ने ऋषिकेश के उस प्राइवेट बैंक का दौरा किया, जहाँ से अनुराधा ने RTGS के जरिए लॉटरी पाने के लिए पैसे ट्रांसफर किए थे। निजी बैंक होने के कारण उन्होंने लाभार्थी खाते में धनराशि के आदान-प्रदान की अधिक जानकारी पुलिस को नहीं दी। फिर पुलिस ने मुंबई में स्थित निजी बैंक के हेडक्वाटर से लाभार्थी खाताधारकों की के.वाई. सी. के विवरण की माँग की। पुलिस ने जब जाँच की तो पाया कि लाभार्थी का खाता किसी ऐसे व्यक्ति के ड्राइविंग लाइसेंस और फोटो का इस्तेमाल करके खोला गया था, जो कि वर्ष 2000 में ही मर चुका था!

डी.एस.पी. सुरजीत निराश था, लेकिन पुलिस को एक महत्त्वपूर्ण सुराग मिल चुका था, वह यह था कि वह खाता दिल्ली में सीलमपुर की एक छोटी सी शाखा में खोला गया था। सीलमपुर दिल्ली का एक असुरक्षित इलाका माना जाता है। पुलिस टीम ने दिल्ली के सीलमपुर में बैंक शाखा का दौरा किया, लेकिन वहाँ भी बैंक से कुछ ज्यादा जानकारी नहीं मिल पाई। पुलिस को इस खाते के लेन-देन से यह जानकारी जरूर मिली कि अपराधियों द्वारा पैसा मुंबई के किसी अन्य बैंक खाते में हस्तांतरित कर दिया गया था। यह पुलिस के लिए एक काफी महत्त्वपूर्ण सुराग था।

पुलिस ने अनुराधा को अपराधियों के साथ लगातार संपर्क में रहने को कहा। पुलिस अब इस खाते के हर लेन-देन पर नजर रख रही थी और उन्होंने बैंकिंग अधिकारियों के साथ समन्वय बनाया हुआ था। इंस्पेक्टर चमोला को एक युक्ति सूझी कि जिस खाते का उपयोग अपराधी कर रहा है, अगर उसे जब्त करने की जगह फ्रीज किया जाए तो ज्यादा बेहतर रहेगा। यह करने से उस खाते में पैसा अब भी जमा तो किया जा सकेगा, लेकिन निकाला नहीं जा सकेगा। उसने ऐसा इसलिए सोचा, ताकि अपराधियों को पुलिस के मामले में शामिल होने की जानकारी न हो पाए और पुलिस उन्हें रँगे हाथ पकड़ पाए।

इस बीच जाँच अधिकारी सुरजीत ने निजी बैंक अधिकारियों पर खाताधारकों के बारे में अधिक-से-अधिक जानकारी उपलब्ध कराने का

दबाव डाला। पुलिस को एक सेवानिवृत्त बैंक अकाउंटेंट से कुछ और भी सुराग मिले, जिसने यह खाते खोले थे। पुलिस ने जाँच में पाया कि उनमें से कुछ लोग मुंबई के धारावी क्षेत्र में रहनेवाले थे। इंस्पेक्टर चमोला और उनकी टीम ने मुंबई के लिए उड़ान भरी। धारावी एशिया की सबसे बड़ी आबादी वाली झुग्गी-झोंपड़ी का क्षेत्र है। यह लगभग 2 वर्ग किमी में फैला हुआ है और इसकी आबादी 10 लाख से अधिक है। उत्तराखंड पुलिस के लिए यह एक बहुत बड़ी चुनौती थी। चमोला ने धारावी में संदिग्ध के पते पर रात 2 बजे छापेमारी की योजना बनाई। लेकिन छापेमारी के दौरान उत्तराखंड पुलिस को यह जानकर आश्चर्य हुआ कि अपराधी उस जगह को छोड़कर पहले ही चले गए थे। और उन्हें यह भी पता चला कि छापेमारी की सूचना स्थानीय पुलिस में से किसी ने अपराधियों को पहले ही दे दी थी। फिर एक बार उत्तराखंड पुलिस खाली हाथ ही लौट गई। सुरजीत अब काफी परेशान था, क्योंकि प्रदेश में साइबर क्राइम का पहला मामला था और इस केस को सुलझाने का दबाव लगातार बढ़ता जा रहा था।

पुलिस ने बैंक खाते की और जानकारी निकाली और पाया कि इससे खातों की एक चेन जुड़ी थी, जिसमें इस धनराशि को लगातार एक से दूसरे खाते में ट्रांसफर किया जा रहा था। पुलिस ने यह भी पाया कि लगातार हो रहे ट्रांजेक्शन के बाद यह पूरी धनराशि आठवें खाते में रखी जा रही थी। पुलिस यह जानकर आश्चर्यचकित थी कि वह खाता सड़क किनारे किसी पुचके का ठेला लगानेवाले का था! पुलिस ने जब उस गोलगप्पे वाले से पूछताछ की तो उन्होंने पाया कि उसे इस लेन-देन के बारे में कोई जानकारी नहीं थी। उसने पुलिस को बताया कि उसका अकाउंट कुछ अंजान लोगों द्वारा खोला गया था, जिन्होंने तीन साल पहले उससे कहा था कि इस खाते में उसको सरकार से पेंशन मिलेगी। उसने यह भी बताया कि शुरू के कुछ महीने तो उसके खाते में पेंशन आई, लेकिन उसके बाद से उसे कोई भी पेंशन नहीं मिली। उसे यह जानकार आश्चर्य हुआ कि हाल ही में उसके खाते से 11 लाख की धनराशि का लेन-देन हुआ था! निजी बैंक होने के कारण बैंक ने नियामक संस्था के

नियमों का पालन नहीं किया और लंबे समय से किसी प्रकार का लेन-देन बंद होने के बावजूद भी उस खाते को बंद नहीं किया था। अपराधियों ने बैंकिंग सिस्टम की इसी खामी का फायदा उठाया था।

खाता विवरणों की बारीकी से जाँच करने पर पुलिस ने पाया कि करीब 9 लाख रुपए देश के बाहर कुछ विदेशी बैंक खातों में भेजे गए थे। बैंक के अनुसार, एक और अंतिम प्राप्तकर्ता नागपुर का विनायक कालेलकर था। जब पुलिस टीम उसके पास गई तो उन्हें पता चला कि वह कूरियर सेवा में सहायक के रूप में 5,000 रुपए प्रतिमाह की सैलरी पर कार्यरत है और साथ ही अस्पताल में उसकी एक बीमार माँ भी है। इंस्पेक्टर चमोला ने महसूस किया कि उसके पास इस केस से जुड़ी कोई जानकारी नहीं थी, अगर तब भी उसे पुलिस ने पकड़ा तो उस बेचारे को कोई जमानत दिलाकर बाहर भी नहीं निकाल पाएगा। धोखेबाज इतने होशियार थे कि उन्होंने इस साइबर फ्रॉड के लिए कुछ ऐसे मासूम लोगों को चुना था, जो कागज पर लाभार्थी तो थे, लेकिन उनका खाता वे धोखेबाज खुद संचालित कर रहे थे। अब पुलिस की अगली चुनौती संदिग्धों को उनके फोन नंबर द्वारा ट्रेस करना थी।

इस जाँच प्रक्रिया के बीच अनुराधा को अभी भी लग रहा था कि उसने लॉटरी जीती है। वह पुलिस के कहने पर लगातार संदिग्धों के साथ संपर्क में थी। 2007 में पुलिस को दूरसंचार सेवा प्रदाताओं से डाटा बरामद करने के लिए काफी चुनौतियों का सामना करना पड़ता था; क्योंकि तब कोई परिभाषित डाटा प्रबंधन और साझाकरण नीति नहीं थी। जब यह साइबर केस कोर्ट में चल रहा था, तब मजिस्ट्रेट ने दूरसंचार कंपनी और उत्तराखंड पुलिस के साथ मिलकर डाटा साझा करने के लिए एक एस.ओ.पी. तैयार करवाई।

अधिक तकनीकी जानकारी के लिए उत्तराखंड स्पेशल टास्क फोर्स, पुलिस और एक प्राइवेट साइबर एजेंसी को जाँच की टीम में लिया गया। पुलिस ने पाया कि मोबाइल पर जिन सिम कार्ड्स का इस्तेमाल किया जा रहा था, वे सभी फर्जी आई.डी. से लिये गए थे और इसलिए सिम धारकों को ट्रेस नहीं किया जा सकता था। उन्हें केवल संदिग्धों के लोकेशन की जानकारी

ही मिल पा रही थी। टीम ने पाया कि संदिग्ध देश में मुख्य रूप से दिल्ली से मुंबई और कलकत्ता के बीच यात्रा कर रहे थे। पुलिस ने आगे की कार्यवाही के लिए दूरसंचार कंपनी के साथ समन्वय किया और माइकल, एडवर्ड तथा विक्टर की कॉल को सुनने के लिए कानूनी अनुमति माँगी। एक दिन पुलिस को संदिग्धों की बातचीत सुनते हुए पता चला कि उनमें से एक संदिग्ध अगले दिन मुंबई से दिल्ली के इंदिरा गांधी अंतरराष्ट्रीय हवाई अड्डा पहुँच रहा था। संदिग्ध को गिरफ्त में लेने के लिए यह एक अच्छा मौका था। पुलिस ने हवाई अड्डा अधिकारियों की मदद से इंदिरा गांधी अंतरराष्ट्रीय हवाई अड्डे पर अरेस्ट फील्डिंग लगाई।

जैसे ही मुंबई से एयर इंडिया की फ्लाइट दिल्ली हवाई अड्डे पहुँची, उत्तराखंड पुलिस टीम वायरलेस सेट के साथ पहले से ही हवाई अड्डे के निकासी द्वार पर तैनात थी। पुलिस अनुराधा को अपने साथ ले गई थी, उन्हें उम्मीद थी कि माइकल, एडवर्ड या विक्टर में से कोई एक यात्रा कर रहा होगा और अनुराधा उसे पहचानने में सक्षम होगी। अनुराधा ने दुपट्टे से अपना चेहरा ढँका हुआ था और वह बहुत घबराई हुई थी। पुलिस ने उसे आश्वासन दिया कि उसे बस अपराधी की पहचान करके अपना सिर हिलाना है। अनुराधा यात्रियों को ध्यान से देख रही थी। अचानक सुरजीत ने पाया कि अनुराधा काँपने लगी और उसकी आँखें लाल हो गईं। वह तुरंत समझ गया कि अनुराधा ने संदिग्ध को पहचान लिया है। संदिग्ध घुँघराले हलके भूरे बालोंवाला एक लंबा अफ्रीकी आदमी था। उसके कंधे पर चमड़े का एक काला बैग लटका हुआ था और उसने काले रंग का चश्मा भी पहना हुआ था। सुरजीत जैसे ही उसे पकड़ने के लिए उसके निकट गया, अनुराधा ने अपना सिर न में हिला दिया। यह संदिग्ध नहीं था! सुरजीत ने हताशा की एक गहरी साँस ली और अपनी टीम को पीछे होने का निर्देश दिया। पुलिस की योजना विफल हो गई थी! सुरजीत को बाद में पता चला कि संदिग्धों का प्लान बदल जाने के कारण उन्होंने अपनी यात्रा रद्द कर दी थी। पुलिस के लिए यह एक गहरा झटका था, क्योंकि अपराधी को पड़कने का एक सुनहरा मौका उनके हाथ से निकल चुका था।

इसी बीच अनुराधा को माइकल का फोन आया और उसने माफी माँगते हुए कहा कि वह रसायन और उसकी लॉटरी के पैसे देने के लिए तीन लोगों को ऋषिकेश भेज रहा है। डिप्टी एस.पी. सुरजीत ने अनुराधा को अपराधियों को बातचीत के लूप में रखने के लिए कहा, लेकिन उसे यह भी आगाह किया कि अब वह संदिग्धों को और पैसे बिल्कुल न दे। सुरजीत ने एक टीम बनाई और अनुराधा से कहा कि जब माइकल के सहयोगी ऋषिकेश पहुँचेंगे, तब वे अनुराधा के साथ जाएँगे। अगली सुबह अनुराधा को एक व्यक्ति का फोन आया, जिसने खुद को पीटर बातया। उसने बताया कि डॉ. एडवर्ड ने उसे रसायन की बोतलें और पैसे के बंडल देने के लिए कहा है। वह एक नाइजीरियाई युवक और भारत के उत्तर-पूर्व की एक महिला के साथ ऋषिकेश पहुँचेगा। उसने अनुराधा से पूछा कि वह उसकी पहचान कैसे करेंगे? अनुराधा ने उससे कहा कि वह लाल रंग की शॉल पहनकर आएगी, ताकि वे लोग उसे दूर से ही पहचान लें। यह योजना सुरजीत ने पहले ही बना ली थी। उसने अनुराधा को कहा था कि वह उनसे मिलने शॉल ओढ़कर जाए और माइकल के साथियों की पहचान करने पर अपना शॉल गिरा दे।

अनुराधा डी.एस.पी. सुरजीत की टीम के साथ निर्धारित स्थान पर पहुँची। पुलिस उससे कुछ दूरी पर ही खड़ी थी। शाम के करीब 6 बजे रहे थे। सूरज डूब चुका था और ठंडी हवाएँ चलने लगी थीं। अनुराधा ने लाल रंग का शॉल पहना हुआ था, जो उसे ठंडी हवा से बचने में काफी मदद कर रहा था। अनुराधा को शाम 7 बजे पीटर का फोन आया और उसने कहा कि वे आधे घंटे में ऋषिकेश पहुँच जाएँगे। अनुराधा अब घबराने लगी थी और उसने सुरजीत को कॉल के बारे में जानकारी दी। पुलिस टीम द्वारा तुरंत पीटर के नंबर को सर्विलांस पर डाल दिया गया, उसकी लोकेशन रुड़की आ रही थी। पुलिस लगातार पीटर के नंबर को ट्रैक करती रही। पुलिस को यकीन हो गया था कि संदिग्ध निर्धारित स्थान की तरफ ही आ रहे थे। पुलिस टीम और सतर्क हो गई। सबने अपनी-अपनी जगह ले ली। पुलिस अब अपराधियों से एक कदम आगे चल रही थी।

अनुराधा घबराहट के साथ उनका इंतजार कर रही थी, तभी उसने एक टेंपो को पीटर द्वारा बताए गए स्थान की ओर आते देखा। एक टी प्वाइंट के पास टेंपो रुका और उसमें से तीन लोग बाहर आए, जिनमें से दो बरगंडी घुँघराले बालवाले लंबे अफ्रीकी आदमी थे। उनमें से एक ने नीली जींस और पीले रंग की जैकेट पहनी थी। उनके साथ एक छोटे कद की, सीधे लंबे बालवाली पूर्वी उत्तर प्रदेश की महिला भी थी। अनुराधा ने घबराते हुए उनसे पूछा कि वह कौन है ? नीली जींसवाले आदमी ने खुद को पीटर और अपने साथी आस्कर और प्राची से उसका परिचय कराया। यह सुनिश्चित करने के बाद कि वे वही लोग हैं, जिन्होंने उसे बुलाया था, अनुराधा ने अपने शॉल को गिरा दिया। यह पुलिस के लिए एक संकेत था कि वे उन्हें धर दबोचें। डी.एस.पी. सुरजीत अपनी टीम के साथ पास की चाय की दुकान से निकलकर उनकी तरफ दौड़ा। पुलिस को अपने ओर भागते हुए आता देख पीटर, आस्कर और प्राची अलग-अलग दिशा में भागने लगे। सुरजीत एक मैराथन धावक था, उसने 6 फीट लंबे आस्कर को तेज दौड़कर पकड़ लिया और पुलिस टीम के अन्य सदस्यों ने पीटर और प्राची को भी गिरफ्तार कर लिया।

पुलिस ने उनके पास से एक काला बैग बरामद किया, जिसमें एक लैपटॉप, दो सेलफोन, दो फर्जी पासपोर्ट, दो मोबाइल, पाँच-100 डॉलर के बिल, हरे कागज के कुछ पैकेट और रयासन की बोतलें थीं। उनके द्वारा जब्त किया गया सामान सील करके पुलिस ने मोहर लगा दी, ताकि वे सुनवाई के दौरान इन सबूतों को कोर्ट में पेश कर सकें। संदिग्धों के विदेशी नागरिक होने के कारण उच्चतर पुलिस विभाग के अधिकारियों को इस गिरफ्तारी की सूचना दी गई, जिससे उनके दूतावास को सूचित किया जा सके। देश के सभी अंतरराष्ट्रीय हवाई अड्डों पर अलर्ट जारी किया गया और एक लुकआउट नोटिस भी जारी किया गया, ताकि उनके साथी माइकल, विक्टर और एडवर्ड देश छोड़कर न जा सकें।

पुलिस को पीटर और आस्कर के लिए मजिस्ट्रेट से पाँच दिन की रिमांड मिली, जिन्हें दिल्ली के सरोजिनी नगर थाने के अंतर्गत सफदरजंग एन्क्लेव में डॉ. एडवर्ड के घर ले जाया गया। डॉ. एडवर्ड अपने कमरे में नहीं था। वह किराए पर ऊपर की मंजिल पर रहता था, जिसमें एक कमरा और किचन था। आस्कर ने रसोई में रखे एक ड्रम से डॉ. एडवर्ड के कमरे की चाबी निकाली और कमरे का ताला खोला। पुलिस ने वहाँ से लैपटॉप और पाँच मोबाइल बरामद किए, जिसे आस्कर ने अपना बताया। बाद में पुलिस ने पाया कि इन मोबाइल के IMEI नंबर पुलिस द्वारा ट्रेस किए गए उन लोगों के मोबाइल के IMEI नंबरों के साथ मेल खाते थे। बगल के कमरे को भी खोला गया, जहाँ से पुलिस को एक सिल्वर रंग की बोतल, डॉलर के आकार के हरे कागज के बंडल, एक छोटे पैकेट में रासायनिक पाउडर और पीटर के पास से बरामद हुई जैसी चार छोटी बोतलें भी मिलीं। पुलिस ने मकान मालिक को नोटिस दिया कि कमरे के किसी भी सामान को छुआ न

जाए और डॉ. एडवर्ड के आने पर उन्हें तुरंत सूचित किया जाए।

कुछ दिनों के बाद पुलिस ने उस कंप्यूटर के आई.पी. एड्रेस को भी ट्रेस कर लिया, जिससे लॉटरी का मेल भेजा गया था। पुलिस ने प्रेषक को एक कस्टमर लिंक के साथ इ-मेल भेजा। उन्हें उम्मीद थी कि अगर संदिग्ध उस लिंक पर क्लिक करेंगे तो उनके आई.पी. एड्रेस और लोकेशन ट्रेस हो जाएगी। परंतु संदिग्ध बहुत ही चतुर थे, उन्होंने उस इ-मेल का कोई जवाब नहीं दिया। फिर पुलिस ने अनुराधा को लॉटरी कंपनी को एक मेल भेजने को कहा, जिसका ड्राफ्ट पुलिस ने तैयार किया। सौभाग्य से इस मेल को संदिग्ध द्वारा खोला गया, पुलिस ने कंप्यूटर की लोकेशन ट्रेस कर ली, जो चाणक्यपुरी, नई दिल्ली थी। सुरजीत, जो अंतरराष्ट्रीय संबंधों में शोध कर रहा था, यह जानता था कि कई नाइजीरियाई उस दौरान आपराधिक गतिविधियों में शामिल थे। उनमें से ज्यादातर चाणक्यपुरी, दिल्ली में रह रहे थे। सुरजीत ने दिल्ली पुलिस स्पेशल सेल की सहायता से चाणक्यपुरी क्षेत्र को सर्विलांस पर ले लिया।

अनुराधा और ऋषिकेश होटल स्टाफ द्वारा बताए गए विवरण के अनुसार पुलिस ने संदिग्धों के स्केच तैयार किए और चाणक्यपुरी क्षेत्र में एक लुक आउट सर्कुलर जारी किया। 2007 में सीसीटीवी कैमरे बहुत लोकप्रिय नहीं थे। चाणक्यपुरी दिल्ली में केवल कुछ ही सीसीटीवी कैमरे लगे हुए थे। पुलिस ने हर सीसटीवी कैमरे को खँगाला, लेकिन कहीं से ज्यादा जानकारी नहीं मिल पाई। पुलिस ने अनुराधा को माइकल द्वारा की गई कॉल का पता लगाया और यह पाया कि वह चाणक्यपुरी से की गई थी। अब उन्हें यह निश्चित हो गया था कि माइकल और एडवर्ड चाणक्यपुरी इलाके में ही कहीं हैं। उत्तराखंड पुलिस ने चाणक्यपुरी के रिहायशी इलाकों में तलाशी करनी शुरू कर दी और जल्द ही एक सुरक्षा गार्ड से मिली गुप्त जानकारी की सहायता से माइकल और एडवर्ड दोनों को दिल्ली पुलिस के साथ मिलकर गिरफ्तार कर लिया। उनके घरों से अलग-अलग देशों के फर्जी पासपोर्ट और वीजा भी बरामद किए गए।

संदिग्धों पर ब्रिटिश लॉटरी, कूरियर कंपनी और ब्रिटिश अंतर्देशीय राजस्व की वेबसाइटों के साथ छेड़छाड़ का आरोप लगाया गया। इसके अलावा उन पर धोखाधड़ी, जालसाजी, मुद्रा को विकृत करने जैसे अन्य आरोप भी लगाए गए। इनके खिलाफ भारतीय दंड संहिता की धारा 406, 420, 231, 235, 120 (बी), 489 (ए), 489 (बी) और आई.टी. अधिनियम की धारा 43 (जी), धारा 45, 66, 74 के तहत मामला दर्ज किया गया। पुलिस ने जाँच में यह भी पाया कि पीटर और आस्कर ने उनको झूठा बयान दिया था कि उन्होंने अपने पासपोर्ट नाइजीरियाई एंबेसी में जमा करा दिए हैं। उन्हें यह भी पता चला कि पीटर का वीजा भी एक्सपायर हो गया है। पीटर के खिलाफ फॉरेनर्स ऐक्ट-1946 की धारा 14 के तहत पासपोर्ट और वीजा जैसे वैध दस्तावेज नहीं रखने का मामला भी दर्ज किया गया।

यह उत्तराखंड का पहला साइबर क्राइम था, जिसे उत्तराखंड पुलिस ने सफलतापूर्वक सुलझाया और अपनी कर्मठता का परिचय दिया।

18 मई, 2010 को जिला एवं सत्र न्यायालय, नई टिहरी ने दोषियों को 6 साल का कठोर कारावास और आर्थिक दंड की सजा सुनाई। माननीय न्यायालय ने जेल की अवधि पूरी होने के बाद आरोपियों के निर्वासन का भी आदेश दिया। आगे की जाँच से पता चला कि विक्टर केल्विन के नेतृत्व में पाँच नाइजीरियाई लोगों का एक गिरोह देश में इंटरनेट से इसी तरह के धोखाधड़ी के कृत्यों में सक्रिय था। इस मामले की जड़े 12 राज्यों तक फैली हुई थीं। सभी साक्ष्य एकत्र किए गए और जालसाजों के खिलाफ राज्यव्यापी मामले दर्ज किए गए।

पहली बार साइबर क्राइम का मामला सुलझने के साथ उत्तराखंड पुलिस ने एक एस.ओ.पी. बनाई, जो आज भी साइबर अपराधों की जाँच करने में प्रभावी है। तब से निजी बैंक भी सतर्क हो गए और संदिग्ध खातों में कोई भी गड़बड़ होने पर तुरंत उन्हें फ्रीज कर दिया जाता है।

धोखाधड़ी के मामलों में एक महत्त्वपूर्ण बात यह है कि पीड़ित सिर्फ पैसे ही नहीं गँवाता, बल्कि उसका इंसानियत से भी विश्वास उठ जाता है। किसी भी व्यक्ति को विश्वास और भरोसा बनाने में वर्षों लग जाते हैं, लेकिन धोखाधड़ी वर्षों के उस विश्वास को एक पल में ही तोड़ देती है। अनुराधा की सबसे बड़ी गलती यह थी कि वह परिवार और समाज को यह साबित करना चाहती थी कि वह भी खूब सारा पैसा कमाने में सक्षम है। अनुराधा सदमे में थी, क्योंकि वह अंतिम क्षण तक यही मानती रही कि उसने लॉटरी जीती है, पुलिस ने उसकी इस सदमे से बाहर निकलने के लिए काउंसलिंग करवाई।

साइबर टिप : अनचाहे इ-मेल और फोन कॉल्स से हमेशा सावधान रहें। यदि आपको कभी भी लॉटरी से संबंधित कोई इ-मेल प्राप्त होता है तो लॉटरी की वैधता की पुष्टि करें और अपने पुरस्कार का दावा करने के लिए कभी भी कोई शुल्क न दें।

□

3

पुलिस प्रमुख की ही फेक आई.डी. बना डाली

एक जवान युवक डी.जी.पी. के बहरूपिया के तौर पर खुद को पेश करने की कोशिश में सीधा जेल पहुँचा।

अनुज की मोती बाजार में लगभग छह दशक पुरानी फर्नीचर की एक दुकान थी। उसके दादा सुभाष ने देश के बँटवारे के बाद इसे खरीदा था और तब से उनका परिवार यह दुकान चला रहा था। उत्तराखंड की राजधानी देहरादून में मोती बाजार एक बहुत ही पुराना बाजार है। लोग यहाँ अकसर शादी में लेन-देन का फर्नीचर लेने आते हैं, जो कि उन्हें यहाँ उचित दामों पर मिल जाता है। मोती बाजार का एक छोर पलटन बाजार और दूसरा सब्जी मंडी से जुड़ा है, जो कई दशकों से देहरादून की इकलौती सब्जी मंडी थी, जहाँ स्थानीय लोग अब भी ताजी सब्जियों और फलों के लिए आया करते हैं।

अनुज की दुकान फिल्मिस्तान सिनेमा हॉल के ठीक बगल में थी, जो अब ध्वस्त हो चुका है और उसकी जगह पर एक शॉपिंग कॉम्प्लेक्स बन गया है। वक्त के साथ अनुज ने भी अपनी दुकान को अपग्रेड करके इसे एक बड़े फर्नीचर शोरूम में बदल दिया और अब वह ब्रांडेड फर्नीचर बेचता है। अनुज कई पुलिसकर्मियों से परिचित था, जो पास की कोतवाली से अपनी

पीली चीता मोटरसाइकिल पर नियमित बाजार में गश्त करते थे। उनमें से एक इंस्पेक्टर सुरेश अकसर अनुज के शोरूम पर आया करते थे। सुरेश के पिता, जो पिछले साल ही पुलिस कॉन्स्टेबल के पद से सेवानिवृत्त हुए थे, अनुज के पिता के करीबी मित्र थे। जनसंख्या और यातायात के मामले में उन्होंने इस क्षेत्र को बद से बदतर होते हुए साथ में देखा था।

एक दिन जब अनुज फेसबुक चला रहा था तो नोटिफिकेशन देखकर उसे बड़ी हैरानी हुई! उसे डी.जी.पी. अशोक कुमार की तरफ से फ्रेंड रिक्वेस्ट आई थी! अशोक कुमार ने हाल ही में उत्तराखंड के डी.जी.पी. का पदभार ग्रहण किया था। वे सोशल मीडिया पर काफी सक्रिय हैं और समय-समय पर पुलिस की उपलब्धियों एवं जनता को सतर्क करने के लिए उपयोगी पोस्ट डालते रहते हैं। उनके आधिकारिक फेसबुक पेज 'अशोक कुमार आई.पी.एस.' पर करीब 2,00,000 फॉलोवर हैं और उनके निजी फेसबुक पेज पर 10,000 से अधिक फॉलोवर हैं। वहीं 3,00,000 से अधिक सक्रिय फेसबुक यूजर्स हैं, जिन्होंने उत्तराखंड पुलिस के आधिकारिक पेज को लाइक किया है। अनुज को अपनी आँखों पर विश्वास नहीं हो रहा था, उसने सोचा कि इतने बड़े पद का अधिकारी उसे फ्रेंड रिक्वेस्ट क्यों भेजेगा? सुनिश्चित करने के लिए उसने दोबारा अशोक कुमार की प्रोफाइल फोटो को देखा, जिसमें उन्होंने पुलिस की वर्दी पहनी थी और वे बहुत प्रभावशाली लग रहे थे।

अनुज हमेशा से वर्दी पहननेवालों का बहुत सम्मान करता था। उसने अशोक कुमार को कई बार समाचार चैनलों पर देखा था और उनका बहुत बड़ा प्रशंसक था। उनका प्रशंसक होने के अलावा अनुज ने सोचा कि अगर डी.जी.पी. फेसबुक पर उसके मित्र होंगे तो वह एक अतिरिक्त सुरक्षा महसूस करेगा। उसे अगर किसी ने भी परेशान किया तो वह अपने नए प्रभावशाली मित्र की तस्वीर उसे दिखा देगा। अनुज उत्साहित था, क्योंकि उसे इतने बड़े अधिकारी की फ्रेंड रिक्वेस्ट आई थी! उसने तुरंत फ्रेंड रिक्वेस्ट को स्वीकार कर लिया, जिसके बाद उसने उन्हें इंस्टाग्राम और ट्विटर पर भी फॉलो किया।

अगले दिन जब इंस्पेक्टर सुरेश अनुज से मिलने आए तो उसने गर्व से

बताया कि वह अब फेसबुक पर उत्तराखंड के डी.जी.पी. का मित्र है। सुरेश को काफी हैरानी हुई, लेकिन अनुज को उत्साहित देखकर उसे बधाई भी दी। अनुज ने कभी इस बात पर विचार नहीं किया कि इतना वरिष्ठ अधिकारी, जो राज्य के 25,000 से अधिक पुलिसकर्मियों का नेतृत्व करता है, उसे फेसबुक पर अपना फ्रेंड क्यों बनाएगा ? लेकिन सुरेश को इस बात पर संदेह हो रहा था।

मोती बाजार में ज्यादातर दुकानदारों की अतिक्रमण करने की आदत थी और वे अपने शोरूम का उपयोग गोदाम के रूप में और सामने की सड़क का उपयोग एक शोरूम की तरह करते थे। भले ही अनुज का शोरूम 5,000 वर्ग फीट का था, लेकिन तब भी दिन में सड़क पर उसके कई फर्नीचर सजे रहते थे। इंस्पेक्टर सुरेश ने अनुज को कई बार टोका भी था कि वह ऐसा न किया करे, लेकिन वह नहीं सुनता था और सड़क पर अतिक्रमण के कारण उसे कई बार चालान का सामना भी करना पड़ता था। चालान को लेकर कई बार अनुज को शोरूम में आनेवाले पुलिसकर्मियों से मदद लेनी पड़ती थी और जैसाकि मानव स्वभाव है, कुछ पुलिसकर्मी इस मदद के एवज में अनुज का अनुचित लाभ भी उठाते थे।

जून की एक दोपहर जब चिलचिलाती धूप एवं लू की वजह से बाजार में कोई ग्राहक नहीं था, अनुज आलस्य में फेसबुक ब्राउज कर रहा था। तभी उसे मैसेंजर पर एक संदेश मिला। उसने संदेश को पढ़ने के लिए मैसेंजर खोला। वह पुलिस महानिदेशक अशोक कुमार की तरफ से था, जो अभी हाल ही में फेसबुक पर उसके मित्र बने थे। संदेश में कहा गया था—"अनुज, मुझे एक वेलफेयर ट्रस्ट, जिसे उत्तराखंड पुलिस का सहयोग प्राप्त है, के लिए तुमसे कुछ योगदान की आवश्यकता है।" अनुज काफी हैरान था, लेकिन वह खुद को गौरवान्वित भी महसूस कर रहा था।

मैसेज पढ़ने के बाद अनुज ने कुछ देर तो सोचा, लेकिन फिर उसे लगा कि यह पुलिस विभाग के माध्यम से समाज के लिए योगदान करने का एक

अच्छा अवसर है। इससे दुकानदारों के बीच उसकी छवि तो अच्छी होगी ही, साथ ही वह बाकी दुकानदारों को गर्व के साथ अपनी पुलिस से जान-पहचान के बारे में भी बता पाएगा। अनुज ने तुरंत संदेश का जवाब देते हुए कहा कि उसे यह योगदान करने में बहुत खुशी होगी। उसने यह भी पूछा कि उसको कितना योगदान देना होगा और कैसे देना होगा? अगले दो दिनों तक उसे कोई जवाब नहीं मिला, फिर एक शाम उसे एक संदेश मिला, जिसमें उसे एक एयरटेल पेमेंट बैंक खाते में 10,000 रुपए जमा करने को कहा गया था। चूँकि यह अनुरोध पुलिस प्रमुख की तरफ से था, इसलिए उसे कोई हिचक नहीं हुई। वह पैसे भेजने ही वाला था कि उसके जहन में एकाएक खयाल आया कि क्यों न सुरेश से इस बारे में बात कर ली जाए! उसने तुरंत सुरेश को फोन किया, व्यस्त होने के कारण सुरेश बात नहीं कर पाया और उसने कहा कि वह उसे वापस फोन करेगा।

इंस्पेक्टर सुरेश अगली सुबह अनुज के शोरूम पर गया, जहाँ अनुज ने उसे वह संदेश दिखाया, जो अशोक कुमार की तरफ से भेजा गया था। सुरेश, जो कि अशोक कुमार को बहुत अच्छे से जानता था, बोला कि उसे यह ठीक नहीं लग रहा। प्रदेश के डी.जी.पी. कभी इस प्रकार का योगदान नहीं माँगेंगे। उसने तुरंत अनुज के फोन पर अशोक कुमार की फेसबुक प्रोफाइल चेक की। प्रोफाइल और कवर फोटो दोनों सामान्य लग रहे थे। उनके एफ.बी. पेज पर डिस्क्रिप्शन भी वही था, जो वह काफी समय से देख रहा था। पहली नजर में सब ठीक लग रहा था। सुरेश ने 'अबाउट' टैब पर क्लिक किया और उनके बारे में जानकारी पढ़नी शुरू की, जैसे—कार्य, शिक्षा, रहने की जगह, संपर्क और अन्य बुनियादी जानकारी, जैसे—संबंध, परिवार के सदस्य आदि। उसे कुछ भी असामान्य नहीं दिखा। फिर सुरेश ने उनके मित्रों की लिस्ट खोली, जिसमें मात्र बीस मित्र थे। सुरेश यह देखकर हैरान रह गया! वह जानता था कि अशोक कुमार एक प्रभावशाली व्यक्तित्ववाले व्यक्ति हैं, उनके सोशल मीडिया पर केवल 20 मित्र कैसे हो सकते हैं? कुछ तो गड़बड़ जरूर थी!

सुरेश ने तुरंत साइबर थाने में तैनात इंस्पेक्टर कैलाश को फोन किया,

जिन्होंने उन्हें तुरंत थाने आने के लिए कहा। इस दौरान कैलाश ने डिप्टी एस.पी. और आई.जी. साइबर क्राइम को भी इस बारे में जानकारी दी। विभाग में अफरा-तफरी मच गई। सभी अचंभे में थे। डी.जी.पी. की फर्जी प्रोफाइल! पुलिस के साथ ही साइबर क्राइम! यह एक हैरान करनेवाली बात थी।

इंस्पेक्टर सुरेश और अनुज दस मिनट के अंदर ही साइबर थाने पहुँच गए। हालाँकि अनुज ने व्यवसाय के सिलसिले में कई बार पलटन बाजार वाली कोतवाली का दौरा तो किया था, लेकिन वह पहली बार किसी साइबर थाने गया था। थाने को देखकर वह चकित रह गया! उसे पुराने फर्नीचर के साथ किसी पुरानी इमारत की उम्मीद थी, लेकिन अत्याधुनिक कंप्यूटर, राउटर और हाईटेक डिस्प्ले बोर्ड के साथ यह एक आधुनिक थाना था। सुरेश अनुज को सीधे कमांडिंग ऑफिसर डिप्टी एस.पी. अंकुश के केबिन में ले गया, जो कि एक युवा कर्मठ पुलिस अधिकारी और साइबर विशेषज्ञ हैं।

मामले को जानने के बाद उन्होंने तुरंत इंस्पेक्टर कैलाश को अज्ञात अपराधी के खिलाफ सेक्शन 154 सी.आर.पी.सी. के तहत मामला दर्ज करने को कहा और प्राथमिकी में सूचना प्रौद्योगिकी अधिनियम की धारा 66/66सी/66डी लगाई गई। इंस्पेक्टर कैलाश साइबर क्राइम का विशेषज्ञ था, इसलिए उसे इस संवेदनशील मामले में विवेचक अधिकारी बनाया गया। उसने तुरंत अपनी टीम के साथ जाँच शुरू कर दी। अपराधियों को पकड़ना चुनौतीपूर्ण कार्य था, क्योंकि डिजिटल सबूत सामान्य सबूतों के मुकाबले जल्दी गायब हो जाते हैं और साइबर क्राइम में अपराधी भी गुमनाम होता है।

डिप्टी एस.पी. अंकुश ने एस.एस.पी. को भी इस फर्जी प्रोफाइल की सूचना दी, जिन्होंने आगे डी.जी.पी. अशोक कुमार को सूचित कर दिया। अशोक कुमार के सभी सोशल मीडिया अकाउंट्स पर पोस्ट डाली गई, ताकि उनके 'फॉलोवर्स' इस 'फ्रॉड' से अवगत हो जाएँ। उत्तराखंड पुलिस ने भी अपने फेसबुक पेज पर डी.जी.पी. के नाम से बने फर्जी अकाउंट के बारे में जानकारी डाली और लोगों से आग्रह किया कि वह किसी भी प्रकार के झाँसे में न आएँ। उन्होंने फेसबुक अनुयायियों से कहा कि वे इस फर्जी प्रोफाइल को

अधिक संख्या में फेसबुक पर रिपोर्ट करें। फेसबुक पर एक विकल्प होता है, जिसकी मदद से आप संदिग्ध प्रोफाइल को रिपोर्ट कर सकते हैं। रिपोर्ट करने के कुछ समय बाद ही फेसबुक ने इस फर्जी अकाउंट को निलंबित कर दिया।

पुलिस के पास सबूत के तौर पर केवल एक फर्जी फेसबुक अकाउंट और मैसेंजर पर कुछ चैट मैसेज थे। इसके अलावा उनके पास अन्य कोई जानकारी नहीं थी। धोखेबाजों का जल्दी पकड़े जाना जरूरी था। इंस्पेक्टर कैलाश का पहला काम 'यूनिफॉर्म रिसोर्स लोकेटर' (URL) की जाँच करना था, जो किसी भी इंटरनेट रिसोर्स का 'यूनिक एड्रेस' होता है और इस मामले में यह फर्जी 'फेसबुक प्रोफाइल' का पेज था। कैलाश ने अनुज के मोबाइल पर फर्जी 'प्रोफाइल' पेज का 'स्क्रीनशॉट' लिया और URL https://www.facebook.com/somepage.ab इंगित कर लिया। सबसे पहला भाग 'http' 'प्रोटोकॉल' को इंगित करता है, दूसरा भाग 'होस्ट' का नाम है—इस मामले में फेसबुक और तीसरा पेज 'फाइल' का नाम दरशाता है। इंस्पेक्टर कैलाश ने जालसाजों द्वारा फेसबुक मैसेंजर पर अनुज को भेजे गए संदेशों का 'स्क्रीनशॉट' भी लिया। फिर उसने फेसबुक कानून प्रवर्तन प्रतिक्रिया टीम, यू.एस.ए. को एक 'इ-मेल' भेजा और 91 सी.आर.पी.सी. के तहत जानकारी माँगी। हालाँकि फेसबुक पर लोगों की नकली पहचान बनाने का अपराध आम है, पर यह पहली बार था, जब खुद डी.जी.पी. की फर्जी प्रोफाइल बनाई गई। इंस्पेक्टर कैलाश ने अनुज को भरोसा दिलाया कि जल्दी ही जालसाज पुलिस की गिरफ्त में होंगे।

~•~

अनुज घर लौट आया और उसे साथ ही बहुत बुरा भी लग रहा था कि उसका पुलिस प्रमुख से दोस्ती करने का सपना चकनाचूर हो गया। उसकी पत्नी सुपर्णा ने उसे समझाया और कहा कि कम-से-कम वह साइबर अपराध की रिपोर्टिंग में पुलिस के लिए सहायक बना और उसकी दी हुई जानकारी से पुलिस को अपराधियों को पकड़ने में मदद मिलेगी और क्राइम रुकेगा।

'फेसबुक अकाउंट' बनाने के लिए एक 'इ-मेल आई.डी.' का होना अवश्यक होता है। इंस्पेक्टर कैलाश ने फेसबुक से उस व्यक्ति की प्रोफाइल का विवरण माँगा, जिसने फेक अकाउंट बनाया था। उन्होंने इस अकाउंट से जुड़ी पंजीकृत इ-मेल, प्रोफाइल बनाने की तिथि, फोन नंबर और आई.पी. लॉग जैसी जानकारी भी माँगी। इस जानकारी से पुलिस को उस उपकरण का आई.पी. एड्रेस जानने में मदद मिलेगी, जिससे अपराधियों ने फेसबुक पर लॉगिन किया होगा।

फेसबुक ने माँगी गई सारी जानकारी पुलिस को 10 से 15 दिनों में भेज दी। कैलाश को मालूम चला कि यह फेसबुक अकाउंट एक अस्थायी इ-मेल आई.डी. का उपयोग करके बनाया गया था। इन दिनों कई ऐसी वेबसाइट हैं, जो उपयोगकर्ताओं को निःशुल्क अस्थायी इ-मेल आई.डी. बनाने देती है, जो कुछ समय के बाद स्वयं ही नष्ट हो जाती है। इन अस्थायी 'इ-मेल एड्रेस' को सामान्यतः यूजर्स इंटरनेट पर विभिन्न 'फॉर्म्स', 'वाई-फाई सर्विस प्रोवाइडर' और 'ब्लॉग्स' पर खुद को 'रजिस्टर' कर उनकी 'सर्विसेस' को इस्तेमाल करने के लिए उपयोग करते हैं। लेकिन साइबर अपराधी ज्यादातर इन अस्थायी 'इ-मेल अकाउंट्स' का प्रयोग फर्जी अकाउंट बनाने के लिए करते हैं।

इस दौरान पुलिस विभाग का आई.टी. सेल हरकत में आ गया था। पुलिस ने एयरटेल पेमेंट बैंक अकाउंट से लिंक्ड मोबाइल नंबर भी निकाला, जिस पर अनुज को पैसे ट्रांसफर करने के लिए बोला गया था। पुलिस द्वारा भारतीय साक्ष्य अधिनियम-1972 की धारा 65बी के तहत ग्राहक आवेदन-पत्र (सी.ए.एफ.) और उसके साथ एक प्रमाण-पत्र भी 'टेलीकॉम प्रोवाइडर' से प्राप्त किया गया, जो कि न्यायालय में साक्ष्य पेश करने के लिए आवश्यक होता है। पुलिस ने मोबाइल नंबर ट्रेस किया तो पाया कि इस सिम कार्ड को फर्जी तरीके से लिया गया था और वह अब उपयोग में ही नहीं था। इसके बाद पुलिस ने कॉल लॉग से मोबाइल फोन का IMEI नंबर निकाला, जिसकी मदद से पुलिस को उस मोबाइल फोन पर वर्तमान में प्रयोग किए जा रहे

मोबाइल नंबर का पता चला। यह धोखेबाज के गले में एक फंदा था, क्योंकि यह नंबर सक्रिय था और किसी तौसीफ के नाम पर लिया गया था। इसकी आखिरी लोकेशन भरतपुर, राजस्थान में ट्रेस की गई!

भरतपुर, नई दिल्ली से 180 किमी. की दूरी पर है। इसे राजस्थान के पूर्वी मुख्य द्वार के रूप में जाना जाता है। लोग इस जगह को प्रवासी पक्षियों के स्वर्ग के रूप में भी जानते हैं। साथ ही यह भारत में साइबर अपराधों का प्रमुख केंद्र भी है। कुछ समय पहले एक प्रमुख अखबार द्वारा यह जानकारी दी गई कि देश में होनेवाले 90 प्रतिशत साइबर अपराध के लिंक यहीं से हैं। आज मेवात और भरतपुर दोनों साइबर क्राइम के हब बन गए हैं। अब इन जगहों ने जामताड़ा को भी साइबर अपराध में पछाड़ दिया है। यहाँ से बहुत से मामले आई.पी.एस. अधिकारियों के नकली फेसबुक प्रोफाइल बनाने से संबंधित पाए जाते हैं। जालसाज लोकप्रिय आई.पी.एस. अधिकारियों की नकली प्रोफाइल बनाते हैं और उनके दोस्तों को इस नकली प्रोफाइल से फ्रेंड रिक्वेस्ट भेजकर फेसबुक मैसेंजर या अन्य चैट ऐप्स का इस्तेमाल करके किसी-न-किसी बहाने से पैसे माँगते हैं।

उत्तराखंड पुलिस ने तौसीफ के नए नंबर को सर्विलांस पर डाला और इसकी पुष्टि की गई कि अपराधियों की लोकेशन अभी भी भरतपुर थी। सी.ए.एफ. से मिले नाम और पते का सत्यापन करने के लिए पुलिस द्वारा एक टीम को भरतपुर भेजा गया। इंस्पेक्टर कैलाश इस बात से वाकिफ था कि अपराधियों को उनके मूल स्थान से पकड़ना आसान काम नहीं होगा। कई ऐसे मामले सामने आए थे, जब पुलिस साइबर अपराधियों को गिरफ्तार करने जाती तो भरतपुर के ग्रामीण उनके साथ मारपीट करते। कैलाश को अब एक प्रभावी योजना बनाकर चतुराई से छापा मारना था। उसे गिरफ्तारी ऐसी गोपनीय तरीके से करनी थी कि ग्रामीणों को इसकी भनक भी न लगे।

उत्तराखंड पुलिस ने राजस्थान पुलिस को संदिग्धों की गिरफ्तारी करने के लिए एक संयुक्त अभियान के लिए संपर्क किया। हमारी पुलिस व्यवस्था की एक खामी यह है कि प्रत्येक राज्य चाहता है, उसके राज्य में अपराध

की दर कम रहे। यह आमतौर पर देखा गया है कि अपराधी अपने गृह राज्य से बाहर अपराध करते हैं और शरण लेने वापस अपने राज्य में आ जाते हैं। कभी-कभी स्थानीय पुलिस पकड़े गए अपराधियों को मुक्त कराने के लिए बाहरी राज्यों की पुलिस टीम पर दबाव डालने की कोशिश करती है। हालाँकि भरतपुर थाने को उत्तरखंड पुलिस की छापेमारी के बारे में पूर्व सूचना दी गई थी, लेकिन वहाँ की पुलिस के कुछ कर्मचारी उत्तराखंड पुलिस की सहायता के लिए ज्यादा उत्साहित नहीं थे। ऐसे में उत्तराखंड पुलिस को अपराधियों को ढूँढ़ने में काफी मशक्कत करनी पड़ रही थी।

उत्तराखंड पुलिस के जवान देर रात करीब दो बजे भरतपुर पहुँचे। वह भरतपुर से 5 किमी दूर एक 'सेफ हाउस' में गए, जो कि एक पुरानी झोंपड़ी में बना था। इसमें कई आधुनिक सुविधाएँ पुलिस ने अपने एजेंट द्वारा जुटा रखी थीं। तौसीफ के मोबाइल फोन को सर्विलांस पर रखा गया और उसकी लोकेशन को ट्रेस करना शुरू कर दिया गया। उत्तराखंड स्पेशल टास्क फोर्स लगातार पुलिस टीम को संदिग्ध की स्थिति की जानकारी दे रही थी। सुबह 4 बजे पुलिस को उनकी कंफर्मड लोकेशन मिली। इंस्पेक्टर कैलाश और दो अन्य कॉन्स्टेबल, जो सिविल ड्रेस में थे, पीछे से गोपनीय तरीके से तौसीफ के घर में घुस गए। अचानक उन्हें महिलाओं के एक समूह ने घेर लिया और वह चिल्लाने लगीं। कैलाश के पास अपनी पहचान बताने के अलावा अब कोई विकल्प नहीं था। उसने महिलाओं को उनके छापे के उद्‌देश्य के बारे में बता दिया। उत्तराखंड पुलिस ने पाया कि तौसीफ घर पर नहीं था। पुलिस बहुत हैरान हो गई। स्थानीय पुलिस, जिन्हें कुछ जनप्रतिनिधियों का समर्थन प्राप्त था, उन्होंने गुप्त सूचना मिलने पर तौसीफ को घर से फरार करा दिया था। कैलाश अब स्तब्ध था, उसकी टीम को आगे की कार्यवाही की योजना बनाने के लिए 'सेफ हाउस' वापस लौटना पड़ा। अब तौसीफ का मोबाइल भी स्विच ऑफ आ रहा था और उसकी लोकेशन ट्रेस नहीं हो पा रही थी। कैलाश ने तय किया के वह भरतपुर में डेरा डालेगा और उसने तौसीफ के घर पर नजर रखने के लिए कुछ स्थानीय

मुखबिरों को आसपास सादे कपड़ों में तैनात कर दिया, जो तौसीफ के घर वापस आने का इंतजार करने लगे।

अगले दिन कैलाश को सूचना मिली कि तौसीफ का फोन कुछ समय के लिए ऑन हुआ है और उसकी लोकेशन मध्य प्रदेश में सागर जिले के पास राष्ट्रीय राजमार्ग 44 पर ट्रैक हुई है। तौसीफ दक्षिण भारत की ओर यात्रा कर रहा था। कैलाश तुरंत सब-इंस्पेक्टर रमेश के साथ सागर के लिए रवाना हो गया। सागर, विंध्य रेंज में स्थित है और मध्य प्रदेश के स्विट्जरलैंड के रूप में जाना जाता है। उन्हें सागर पहुँचने में लगभग 8 घंटे लगे और तब तक काफी देर हो चुकी थी। जो लोकेशन उन्हें मिली थी, वे उसके आसपास के सभी होटलों में तौसीफ को तलाशने गए। वह उनमें से किसी भी होटल में नहीं मिला। पुलिस के पास अब रात भर सागर में रुककर प्रतीक्षा करने के अलावा कोई दूसरा विकल्प नहीं था।

अगली सुबह इंस्पेक्टर कैलाश शहर के चारों ओर गया और कुछ और होटलों में भी पूछताछ की, लेकिन सब व्यर्थ रहा। उसे एस.टी.एफ. ने फोन पर बताया कि तौसीफ की लोकेशन फिर से ट्रेस की गई है और वह बालोद, छत्तीसगढ़ में कहीं है। यह सुनते ही कैलाश तुरंत बालोद की ओर चल पड़ा। वहाँ पहुँचने में उसे 11 घंटे लगे। बलोद तंदुला नदी के तट पर स्थित एक बहुत छोटा शहर है। वहाँ कुछ छोटे होटलों को छोड़कर रुकने का और कोई विकल्प नहीं है। कैलाश और उनकी टीम असमंजस में थी और उन्हें लगा, जैसे यह एक निरर्थक खोज है। तौसीफ किस ओर जा रहा था, इसका उन्हें कोई सुराग नहीं था। यह तौसीफ और इंस्पेक्टर कैलाश के बीच एक चोर-पुलिस के खेल की तरह हो गया था।

तौसीफ को पकड़ने के लिए पुलिस को एक युक्ति सूझी। उन्होंने भरतपुर में यह बात फैला दी कि उत्तराखंड पुलिस की टीम वापस लौट गई है। इंस्पेक्टर कैलाश का यह सोचना था कि ऐसा करने से तौसीफ वापस अपने मूल स्थान पर आने के लिए प्रोत्साहित हो जाएगा। कैलाश के पास तौसीफ का कोई सुराग नहीं था। तकरीबन आधी रात को उन्हें फिर से एस.टी.एफ.

का फोन आया, जिन्होंने बताया कि तौसीफ एनएच.-30 पर जगदलपुर की ओर यात्रा कर रहा है। उसका मोबाइल अब लगातार चालू था। कैलाश ने राहत की साँस ली, क्योंकि अब वह तौसीफ का पीछा कर सकता था। उसने अपने गाड़ी की तेल की टंकी भरी और तौसीफ के पीछे निकल पड़ा। रास्ते में उसे यह नई जानकारी मिली कि तौसीफ उड़ीसा के जेपोर के पास है। जगदलपुर में एक छोटा पड़ाव लेते हुए कैलाश ने एनएच-63 लिया और जेपोर की तरफ बढ़ गया।

इंस्पेक्टर कैलाश जेपोर पहुँचा और आसपास के सभी होटलों में पूछताछ की। कैलाश ने तौसीफ की ताजा लोकेशन जानने के लिए एस.टी.एफ. को फोन किया। उन्होंने बताया कि आखिरी लोकेशन जेपोर ही है, क्योंकि पिछले 4 घंटों से तौसीफ का फोन ऑन नहीं हुआ है, इसलिए वे उसे अभी ट्रेस नहीं कर पा रहे हैं। उत्तराखंड पुलिस के जवान पिछले तीन दिनों से लगातार गाड़ी चला रहे थे। कैलाश अब काफी थक चुका था, लेकिन फिर भी उसके मन में एक आशा की किरण थी कि वह जल्द ही तौसीफ को पकड़ लेगा।

शाम के लगभग 7 बज रहे थे और कैलाश और उनकी टीम काफी थक चुकी थी। उन्होंने जेपोर में रुकने का फैसला किया। अब तौसीफ को पकड़ने का जरिया उसकी मोबाइल लोकेशन ही था। दो दिनों के लिए कैलाश और उनकी टीम जेपोर में रुकी रही। फिर एस.टी.एफ. का फोन आया कि तौसीफ को अब विशाखापट्टनम में ट्रेस किया गया है। बिना कुछ खाए-पिए कैलाश और उसकी टीम तुरंत विशाखापट्टनम के लिए निकल गए, जो जेपोर से 200 किमी. दूर था। कैलाश को अंदेशा था कि तौसीफ अब पकड़ा जाएगा। वह काफी तेज चला और विशाखापट्टनम पहुँचा और पोथिनामल्लया पालेम लोकेशन की तरफ चल पड़ा, क्योंकि तौसीफ की आखिरी लोकेशन एस.टी.एफ. ने यहीं की बताई थी। कैलाश ने स्थानीय पुलिस की मदद ली और तौसीफ को तलाश करना शुरू कर दिया। पुलिस चारों तरफ फैल गई और स्थानीय लोगों को तौसीफ की फोटो दिखाकर पूछताछ करने लगी, किंतु उन्हें कोई सुराग नहीं मिला। अब उत्तराखंड पुलिस हताश हो गई थी।

कैलाश बहुत निराश महसूस कर रहा था। पुलिस टीम ने रात बिताने के लिए विशाखापट्टनम में एक छोटा सा होटल लिया।

अगली सुबह कैलाश और उनकी टीम ने प्रत्येक स्थान, होटल और रेस्तराँ में तौसीफ को खोजा, लेकिन वह कहीं नहीं मिला। कैलाश अब सारी उम्मीद खो रहा था। उसने कल वापस लौट जाने का मन बना लिया। अगली सुबह कैलाश को सूचना मिली कि तौसीफ का फोन राजस्थान के जयपुर में ट्रेस हुआ था। यह जानकर कैलाश चौंक गया। वे इस निष्कर्ष पर पहुँचे कि तौसीफ शायद हवाई मार्ग से जयपुर वापस आ गया था। कैलाश ने विशाखापट्टनम से सारी उड़ानें चेक कीं और उसे लगा कि यह संभव था। शाम तक भरतपुर में छोड़े गए मुखबिर ने इंस्पेक्टर कैलाश को फोन करके बताया कि तौसीफ वापस भरतपुर अपने घर पहुँच गया है! तौसीफ को संदेश मिला था कि उत्तराखंड पुलिस भरतपुर से निकल चुकी थी, इसलिए उसने वापस अपने घर लौटने का फैसला किया। पुलिस की तरकीब काम कर गई

थी। कैलाश के मन में तौसीफ को पकड़ने की उम्मीद फिर से जाग गई थी।

भरतपुर से इंस्पेक्टर कैलाश 1,600 किलोमीटर दूर था। उसे वापस पहुँचने में पाँच दिन लगेंगे। उसने अपने मुखबिरों से अपने भरतपुर पहुँचने तक तौसीफ के घर पर नजर रखने को कहा और भरतपुर के लिए तुरंत निकल पड़ा। कैलाश ने एक दिन में लगातार सोलह घंटे तक गाड़ी चलाई और वह तीन दिन के अंदर भरतपुर पहुँच गया। वे बिना आराम किए सेफ हाउस से पुलिस टीम को अपने साथ लेकर रात को तौसीफ के ठिकाने पर छापा मारने पहुँच गए।

पुलिस टीम तौसीफ के घर में घुसी और उन्होंने तौसीफ को धर दबोचा, जो भागने की कोशिश कर रहा था। पूछताछ करने पर तौसीफ ने पुलिस को बताया कि उसके पिता का इसी साल अप्रैल में निधन हो गया था। तब से उनके मोबाइल का इस्तेमाल वह और उसका भाई जावेद कर रहे थे। उन्होंने यह भी स्वीकार किया कि उसने अपने सालों—अरशद और मोहसिन के साथ मिलकर डी.जी.पी. की फर्जी प्रोफाइल बनाई थी, जिसका इस्तेमाल वे लोगों से पैसा माँगने के लिए करते थे। इंस्पेक्टर कैलाश ने उनसे पूछा कि उन्होंने अशोक कुमार की ही पहचान का इस्तेमाल क्यों किया? जिसका उन्होंने उत्तर दिया कि वे एक लोकप्रिय और मददगार व्यक्ति हैं, कोई भी उनके अनुरोध को अस्वीकार नहीं करेगा, इसलिए उन्होंने उनकी ही पहचान का इस्तेमाल किया। कैलाश ने तौसीफ को गिरफ्तार किया और धारा 419/420/120बी के अंतर्गत धोखाधड़ी और जालसाजी का मुकदमा दर्ज कर दिया। उस पर आई.टी. ऐक्ट के सेक्शन 66, 66सी और 66सी भी लगाए गए।

पुलिस ने तौसीफ से अरशद और मोहसिन के मोबाइल नंबर हासिल किए और उनके नंबरों को भी सर्विलांस पर डालकर उनकी लोकेशन का पता लगाया। मोहसिन को भरतपुर से ही गिरफ्तार किया गया, जबकि अरशद को अगले दिन सहारनपुर रेलवे स्टेशन से गिरफ्तार कर लिया गया। वे सब 20 से 30 वर्ष की आयु वर्ग के युवक थे। आरोपियों के मोबाइल सिम सहित सत्यापन के लिए फॉरेंसिक साइंस लेबोरेटरी भेजे गए। पुलिस ने पाया कि जो

सिम कार्ड इस्तेमाल किए जा रहे थे, वे असम के बारपेटा जैसे दूरदराज क्षेत्रों से फर्जी पहचान से खरीदे गए थे। धोखेबाज आमतौर पर स्थानीय सिम नहीं लेते हैं। वे लंबी दूरी के ट्रांसपोर्टर, ज्यादातर ट्रक चालक से दूसरे प्रदेशों से सिम कार्ड मँगवा लेते हैं।

चार्जशीट तैयार की गई और उन्हें देहरादून के जिला न्यायालय में पेश किया गया, जहाँ ट्रायल के बाद उन्हें जेल भेज दिया गया। कैलाश ने राहत की साँस ली, क्योंकि एक बहुत ही महत्त्वपूर्ण साइबर केस था जिसमें उत्तराखंड पुलिस की प्रतिष्ठता दाँव पर थी—धोखेबाजों ने DGP की ही फेक प्रोफाइल बना डाली थी!

साइबर टिप : आमतौर पर सोशल मीडिया पर जो नकली प्रोफाइल होते हैं, उनके सीमित संख्या में दोस्त होते हैं। किसी भी फ्रेंड रिक्वेस्ट को स्वीकार करने से पहले हमेशा उस व्यक्ति के दोस्तों की संख्या और पोस्ट की संख्या का विश्लेषण अवश्य करें। सोशल मीडिया पर अपनी व्यक्तिगत जानकारी को सीमित रखें और किसी प्रकार के पैसे के अनुरोध को अच्छे से सत्यापित करें।

□

4

लालच बुरी बला है

सुनील की पैसा दोगुना करने की चाहत ने 400 करोड़ के पोंजी फ्रॉड का किया खुलासा।

34 साल के सुनील की अंबीवाला, देहरादून के पास एक फोटोकॉपी की दुकान थी। महामारी के दौरान उसकी इकलौती दुकान बंद हो गई थी, जिसकी वजह से उसकी आर्थिक स्थिति बहुत खराब चल रही थी। वह इस बात से काफी परेशान रहता था। उसने निजी बैंक से बड़ी मुश्किल से पर्सनल लोन लेकर अपनी दुकान के लिए फोटोकॉपी की मशीन खरीदी थी। लोन के ब्याज की दर काफी अधिक थी और उसे मूल किश्त के साथ ब्याज चुकाने में परेशानी हो रही थी। उसकी आय का अन्य कोई स्रोत नहीं था और उसके लिए घर का खर्च पूरा करना भी भारी पड़ रहा था। सुनील की पत्नी नेहा लॉकडाउन से पहले ट्यूशन देकर कुछ पॉकेट मनी कमा लेती थी, हालाँकि उसने लॉकडाउन के बाद भी ऑनलाइन ट्यूशन देनी जारी रखी, लेकिन छात्रों की संख्या अब कम हो गई थी और महामारी के चलते वे केवल आधी फीस ही दे पा रहे थे। नेहा अब मुश्किल से 5,000 रुपए प्रति माह ही कमा पा रही थी। सुनील अपनी माली हालत सुधारने के लिए तेजी से पैसे कमाने के तरीके ढूँढ़ रहा था, जिससे वह अपने ऋण और दैनिक खर्चों दोनों का भुगतान आसानी से कर सके।

कोविड लॉकडाउन के दौरान आसान ऋण और निवेश पर ब्याज की

असंभव दरें देने वाले कई ऐप्स गूगल प्ले स्टोर पर अपलोड किए गए। सुनील को सोशल मीडिया के विज्ञापनों के माध्यम से ऐसी कुछ ऐप्स के बारे में जानकारी मिलती रहती थी, लेकिन वह इन्हें आजमाने की हिम्मत नहीं जुटा पा रहा था। ऐसी ही एक ऐप पावर बैंक के बारे में उसके दोस्त अविनाश ने उसे बताया। अविनाश ने यह भी बताया कि इस ऐप के माध्यम से उसने कुछ ही दिनों में काफी अच्छे पैसे कमा लिये थे। यह जानने के बाद सुनील की भी इस ऐप के प्रति दिलचस्पी बढ़ गई और उसने गूगल प्ले स्टोर पर इस ऐप के बारे में और अधिक जानने की कोशिश की।

यह देखकर कि प्ले स्टोर पर पावर बैंक ऐप के लाखों डाउनलोड और हजारों रिव्यू हैं, सुनील हैरान रह गया! इसके रिलीज होने के तीन माह के भीतर ही करीब 10 लाख लोगों ने इसे डाउनलोड किया था। सुनील को ऐसा लगा, जैसे उसने इस ऐप का इस्तेमाल न करके कोई सुनहरा मौका गँवा दिया हो। सुनील ने बैंक से पर्सनल लोन पाने के लिए काफी परेशानियों का सामना किया था। लोन पाने के लिए बैंक में कई दस्तावेज, जैसे—आयकर क्लीयरेंस, संपत्ति विवरण और बिक्री कर क्लीयरेंस इत्यादि जमा करने पड़े थे। इस ऐप में निवेश के नियम और शर्तें उसे बहुत आसान लगे। साथ ही

ऐप के स्क्रीन इंटरफेस भी उसे काफी यूजर फ्रेंडली लगे। इस पावर बैंक ऐप का एक प्रभावी फीचर यह था कि इससे होनेवाली कमाई पर किसी प्रकार का कोई टैक्स नहीं था। सुनील बहुत खुश हुआ, उसने सोचा कि उसके पास जो भी थोड़ा-बहुत पैसा है, वह इस ऐप में इन्वेस्ट कर देगा। सुनील ने तुरंत उस ऐप को अपने मोबाइल पर डाउनलोड कर लिया। पावर बैंक ऐप डाउनलोड होने के बाद उसने बिना सोचे ऐप को कॉन्टेक्ट एक्सेस के साथ अपने मोबाइल की सारी अनुमतियाँ भी दे दीं। उसे अपने बैंक अकाउंट को ऐप से लिंक करने में थोड़ी हिचकिचाहट हुई, इसलिए उसने ऐप को पे-यू वॉलेट से लिंक कर दिया और झट से उसका खाता खुल गया। सुनील अब बहुत खुश था, क्योंकि वह इस ऐप में निवेश करके अपने मित्र अविनाश की तरह तेजी से धन कमा सकता था।

पोंजी स्कैम कोई नई अवधारणा नहीं थी। 1920 में चार्ल्स पोंजी ने इसे यू.एस.ए. में अंजाम दिया था, जहाँ निवेशकों की एक श्रृंखला स्थापित की जाती थी, जिसमें पुराने निवेशकों को नए निवेशकों से प्राप्त धन से भुगतान किया जाता था। वे एक-दो साल इस तरह से निवेशकों को लाभान्वित करते और फिर जब इनके पास निवेशकों के अच्छे पैसे जमा हो जाते, तब वे अचानक एक दिन अपना व्यापार बंद करके सारे पैसे लेकर गायब हो जाते। सुनील काफी सरल व्यक्ति था। उसे ऐसी किसी स्कीम के बारे में कोई जानकारी नहीं थी। उसने यह भी नहीं सोचा था कि वह ऐसी ही एक पोंजी योजना का जल्द ही शिकार होनेवाला था!

सुनील अपने पैसों को लेकर बहुत सतर्क था, इसलिए उसने पहले एक छोटी राशि निवेश करना ही बेहतर समझा। उसने शुरू में 5,000 रुपए का निवेश किया, जो कि 15 दिन बाद उसे ऐप के द्वारा उसके PayU वॉलेट में दोगुना होकर आ गया। उत्तेजित होकर उसने तुरंत 5,000 रुपए का और निवेश किया और यह भी अगले 15 दिनों में दोगुना हो गया। फिर सुनील को यह पता चला कि इस ऐप को किसी और को रेफर करने पर कैशबैक भी मिलता है। सुनील ने अपने चचेरे भाई अनिल और कुछ अन्य मित्रों को

इस ऐप से जुड़ने के लिए आमंत्रित किया, जिसके पारिणामस्वरूप उसे अच्छा-खासा केशबैक प्राप्त हुआ। सुनील को यह ऐप काफी अच्छी लगी।

बिना मेहनत किए अब वह पावर बैंक ऐप से औसतन 300 रुपए प्रतिदिन कमाने लगा। ऐप में निवेश की गणना कुछ ऐसी थी कि एक महीने के भीतर आकर्षक लाभ अर्जित किया जा सकता था। एक दिन सुनील जब ऐप के नियम और शर्तें पढ़ रहा था तो उसमें लिखा था कि इस ऐप में अधिकतम 1.50 लाख रुपए तक ही निवेश किए जा सकते हैं और इसमें एक विकल्प यह भी था, जिसमें 18 प्रतिशत जी.एस.टी. देकर अपनी धनराशि को निकाला भी जा सकता था। सुनील खुश था, क्योंकि उसे ऐसा लग रहा था, मानो भगवान् ने उसकी माली हालत सुधारने के लिए यह ऐप उसे उपहार में दिया है! उसने अब अपने सारे पैसे ऐप में निवेश करने का फैसला कर लिया।

सुनील ने हाल ही में एक प्रमुख समाचार-पत्र के पूरे पेज पर इस ऐप का विज्ञापन देखा था, जहाँ इस ऐप को एक इंवेस्टमेंट एजेंसी के रूप में पेश किया गया था, जो कि आई.आई.टी., आई.आई.एम. और अन्य फाइनेंशियल इंस्टीट्यूशन के ग्रैजुएट छात्रों द्वारा शुरू किए गए स्टार्टअप्स में निवेश करती थी। सुनील इस ऐप से काफी संतुष्ट था और इस विज्ञापन

को देखने के बाद उसका इस ऐप पर विश्वास और गहरा हो गया था। वह राहत भी महसूस कर रहा था, क्योंकि अब वह आसानी से बैंक के ऋण का भुगतान कर सकता था और बचे हुए पैसों से अपना काम इस लॉकडाउन में चला सकता था। सुनील ने जो भी अपने बुरे वक्त के लिए बचाया था, उसे भी इस ऐप में निवेश कर दिया। उसे अपने पैसों को बढ़ते देखकर बहुत प्रसन्नता हो रही थी।

कुछ और धनराशि के निवेश के बाद उसे उम्मीद थी कि अब वह धनराशि बढ़कर 1,00,000 हो जाएगी, लेकिन ऐप ने अचानक मुनाफा दिखाना बंद कर दिया! यह देखकर सुनील काफी बेचैन हो गया और बार-बार ऐप को रिफ्रेश करके अपना बैलेंस चेक करता रहा। अचानक फिर रविवार की रात को ऐप पर एक नोटिफिकेशन आया। अब उसका बैलेंस 1,00,000 रुपए दिखा रहा था। सुनील का चेहरा खुशी से खिल उठा। उसके आखिरी निवेश 20,000 के साथ अब उसका बैलेंस दुगुना हो गया था और वह लखपति बन गया था!

जब सुनील ने नेहा को पावर बैंक ऐप की विशेषताओं के बारे में बताया और यह भी बताया कि कैसे उसका पैसा बढ़ता जा रहा है तो नेहा भी अति उत्साहित हो गई। उन दोनों ने तय किया कि वे मिलकर अब इस ऐप में और पैसे निवेश करेंगे, ताकि बैंक का ऋण चुकाने के बाद भी उनको कुछ अतिरिक्त धनराशि मिल पाए। नेहा ने अपनी छोटी बहन के विवाह के लिए 50,000 रुपए जमा करके रखे थे, लेकिन वह कोविड महामारी की वजह से टल गया। उसके मन में भी लालच आ गया और वह इस सुनहरे मौके का पूरा फायदा उठाना चाहती थी। उसने सुनील से कहा कि वह उसके 50 हजार रुपए भी पावर बैंक ऐप में निवेश कर दे। अब नेहा अपनी छोटी बहन की शादी पर उसको एक डायमंड की अँगूठी उपहार में दे सकती थी। उन दोनों की सारी बचत अब पावर बैंक ऐप में निवेश हो चुकी थी।

सुनील ने सोचा था कि वह कुछ समय तक इस ऐप से पैसे नहीं निकालेगा, क्योंकि उसे लगातार पैसे बढ़ते दिख रहे थे। लेकिन किराना

दुकानदार से उधार चुकाने के लिए बार-बार फोन आ रहा था। सुनील ने दो महीने से राशन के बिल का भुगतान नहीं किया था। एक सुबह जब दुकानदार ने फिर फोन किया तो सुनील ने ऐप से 10 हजार रुपए निकालने का फैसला किया। उसने पैसे निकालने के लिए एक ऑनलाइन फॉर्म भरकर आवेदन किया। अगले ही दिन उसके आवेदन पर रोक लग गई और कारण यह दिया गया कि कुछ जी.एस.टी. के मसले हैं और अभी पैसा उसके वॉलेट में नहीं डाला जा सकता। कुछ दिनों के बाद सुनील ने फिर से ऐप में पैसे निकालने के लिए एक रिमाइंडर भेजा। इस बार उसे संदेश मिला कि आर.बी.आई. द्वारा जारी नए नियमों को पावर बैंक ऐप परिपालन पर लागू किए जाने के कारण उसके पैसे निकासी में कुछ दिनों का विलंब होगा। अगले हफ्ते फिर जब सुनील ने पैसे निकालने की कोशिश की तो उसने पाया कि उसके पास ऐप पर अपने अकाउंट का एक्सेस ही नहीं था!

उसने ऐप को अनइंस्टॉल किया और फिर दोबारा इंस्टॉल किया, ताकि वह फिर से अपने अकाउंट को एक्सेस कर पाए, लेकिन ऐसा नहीं हुआ। सुनील नहीं जानता था कि वह एक पोंजी स्कीम का शिकार हो गया था और इस योजना में बहुत लोगों ने अपने पैसे गँवाए हैं। सुनील के हाथ-पैर ठंडे पढ़ गए और उसे एंजाइना का अटैक आ गया। वह वहीं कुरसी पर बैठ गया। उनकी जो भी थोड़ी-बहुत बचत थी, वह अब डूब गई थी। सुनील को कभी इस बात का अहसास नहीं हुआ था कि जो दिखने में बहुत अच्छा होता है, वह अकसर सत्य नहीं होता। उसे लगा कि काश, वह थोड़ा सतर्क होता!

सुनील ने अगले दिन अपने चचेरे भाई अनिल को फोन किया, जो कनखल, हरिद्वार में रहता था। वह अकसर लोगों को घाटों पर अपने प्रियजनों की अस्थियाँ विसर्जित करते हुए देखता था। वह भावनात्मक रूप से एक मजबूत व्यक्ति था, लेकिन कोविड महामारी ने उसे भी विचलित कर दिया था। अनिल की हरिद्वार के बाहरी क्षेत्र में एक छोटी सी पूजा की सामग्री की दुकान थी। रेलवे लाइन वहाँ की मार्केट रोड के समानंतर चलती थी और कभी-कभी हरा सिग्नल न होने पर ट्रेन उसकी दुकान के

ठीक सामने ही रुक जाती थी। कुछ लोग ट्रेन से वहीं उतर जाते और एक छोटे ट्रैक के रास्ते अनिल की दुकान से कुछ सामान लेते हुए शॉर्टकट से घाटों की ओर निकल जाते। महामारी से यात्रा ठप होने के कारण अनिल ने पिछले 10 दिनों से अपनी दुकान नहीं खोली थी। वह अपने घर से ही कुछ छोटा-मोटा सामान बेच रहा था, लेकिन इससे उसके परिवार के पाँच सदस्यों का खर्चा पूरा नहीं हो पा रहा था। वह सुनील की सुझाई हुई पावर बैंक ऐप से काफी खुश था।

जब सुनील ने उससे फोन पर पूछा कि ऐप कैसी चल रही है तो अनिल ने बताया कि यह ऐप तो बहुत अच्छी है और इससे उसके पैसे लगातार बढ़ रहे हैं और उसने पिछली रात ही ऐप में 50 हजार रुपए निवेश किए हैं। अनिल उसे होल्ड पर रखकर अपना बैलेंस चैक करने लगा। सुनील ने कॉल के दूसरी तरफ से एक चीख सुनी, अनिल अपना बैलेंस शून्य देखकर हैरान था। उसका सिर घूमने लगा और वह कुछ नहीं कह पा रहा था। उसके लगभग 70 हजार रुपए डूब चुके थे! उसने कई बार इस ऐप के कस्टमर केयर सेंटर को फोन करने की कोशिश की, लेकिन उसे हर बार नंबर न मौजूद होने का मैसेज आ रहा था। कुछ समय के बाद अनिल ने फिर लॉगिन करने का प्रयास किया तो उसने पाया कि उसका अकाउंट लॉक हो चुका था। दोनों सुनील और अनिल अब अच्छे से इस बात को समझ गए थे कि वे इस ऐप के द्वारा ठगे गए हैं। सुनील देहरादून के अंबीवाला गुरुद्वारे के पास श्यामपुर में रहता था। उसकी माँ हर रविवार को गुरुद्वारे जाती थी, हालाँकि वह सिख नहीं थी, लेकिन उनका सिख धर्म में मजबूत विश्वास था। वह एक परिपक्व महिला थीं। जब सुनील ने उनको अपने ठगे जाने के बारे में बताया तो उन्होंने सुनील को कहा कि वह धीरज रखे और पुलिस के पास जाए। बाबाजी सब ठीक करेंगे। सुनील ने अनिल से देहरादून आकर साथ में ठगी की रिपोर्ट दर्ज कराने को कहा।

अनिल को अपनी मोटरसाइकिल से देहरादून पहुँचने में एक घंटा लग गया। वह सुनील के साथ थाने पहुँचा। इंस्पेक्टर महेश ड्यूटी पर थे

और उन्होंने उनकी सारी बातें सुनीं। तुरंत आई.पी.सी. की धारा 420 और आई.टी. ऐक्ट की धारा 66सी, 66डी के तहत प्राथमिकी दर्ज की गई, जिसमें फरियादी सुनील और अनिल से 91,200 और 72,860 रुपए की ठगी के बारे में लिखा गया।

पावर बैंक ऐप के खिलाफ उत्तराखंड में यह पहली एफ.आई.आर. थी। पुलिस ने इस मामले में जाँच शुरू कर दी। उत्तराखंड पुलिस के साइबर एक्सपर्ट द्वारा गूगल प्ले स्टोर की जाँच की गई और पाया गया कि ऐसे करीब 30 ऐप्स थे, जो लोगों को निवेश पर भारी रिटर्न देने का वादा कर रहे थे। पुलिस द्वारा एक मेल गूगल प्ले स्टोर को भेजा गया, जिसमें इन ऐप्स को ब्लॉक करने का अनुरोध किया गया। यहाँ तक कि जब हम इस कहानी को लिख रहे थे, तब भी पावर बैंक ऐप के जैसा एक अन्य पावर बैंक 2022 ऐप, गूगल प्ले स्टोर पर उपलब्ध था, जिसे 1 हजार से अधिक लोगों ने डाउनलोड किया हुआ था और उसके 29 रिव्यू थे, जिनमें उसकी रेटिंग केवल 1.9 थी। अधिकतर रिव्यू में 1 स्टार की रेटिंग थी और समीक्षकों ने लोगों को सावधान भी किया था कि उन्होंने इस ऐप से अपने पैसे खोए हैं और वे इसे अपने फोन पर कतई डाउनलोड न करें।

पुलिस को इस मामले की जाँच करते समय कई चुनौतियों का सामना करना पड़ा। उन्हें इस पूरी धोखाधड़ी के पीछे ऐप के मास्टरमाइंड को पकड़ना था। पुलिस ने सुराग पाने के लिए पावर बैंक ऐप डेवलपर को नेट पर तलाशा तो पाया कि यह ऐप किसी चीनी नागरिक द्वारा अपलोड किया गया था। इस योजना के प्रवर्तक का पता लगा पाना बहुत कठिन था, क्योंकि यह ऐप निवेश की पोंजी पिरामिड शैली पर आधारित थी। पुलिस को मनी ट्रेल्स की जाँच करने पर बहुत चौंकानेवाले तथ्य पता चले। निवेशकों का पैसा इस ऐप से विभिन्न पेमेंट गेटवेस के द्वारा कुछ बैंकों के अकाउंट्स में भेजा जा रहा था। इसके बाद यह पैसा इन बैंक अकाउंट्स से कुछ शेल कंपनियों में ट्रांसफर हुआ था, जो फर्जी मोबाइल नंबर और फर्जी दस्तावेजों का उपयोग करके खोली गई थीं। शेल कंपनी वह होती है, जो सिर्फ कागजों

पर ही चलती है, इनकी कोई संपत्ति नहीं होती और इनमें सक्रिय व्यवसाय का संचलान भी नहीं होता। पुलिस ने जब इन कंपनियों की जाँच की तो पाया कि इन शेल कंपनियों को स्थापित करने में छह चार्टर्ड अकाउंटेंट भी शामिल थे।

पुलिस का यह पता कर पाना बहुत मुश्किल था कि आखिरकार शिकायकर्ता का पैसा कहाँ गया? जिस तरह होली में सब लोग अपने रंग लेकर आते हैं और अंत में सभी रंग आपस में मिलकर स्लेटी रंग जैसे नजर आते हैं, इस स्थिति में ऐसा ही सुनील और अनिल के पैसों के साथ भी हुआ था और उनके पैसे भी औरों के पैसों के साथ कहीं लुप्त हो गए थे। इस केस में बहुत सारे बैंक अकाउंट और लाभार्थियों की अनेक परतों के कारण इन पैसों को ट्रेस कर पाना मुश्किल ही नहीं, नामुमकिन था। जालसाजों ने चालाकी से कुछ प्रमुख क्रिप्टो एक्सचेंज का इस्तेमाल कर इन पैसों को क्रिप्टो करेंसी में बदल दिया था। क्रिप्टो करेंसी के माध्यम से बिना किसी पेमेंट गेटवे की भागीदारी के सुरक्षित ऑनलाइन लेन-देन किया जा सकता है। क्रिप्टो करेंसी के माध्यम से पैसों का लेन-देन अति शीघ्र और सस्ती दरों पर होता है। पुलिस ने काफी समय तक इस पर अध्ययन और विश्लेषण किया तो पाया कि इन क्रिप्टो एक्सचेंज का पैसा 10 शेल कंपनियों से लिया जा रहा था। पुलिस के सामने चौंकानेवाली बात यह भी आई कि यह सारी क्रिप्टो करेंसी चीनी मूल के नागरिकों द्वारा खरीदी गई थी।

पुलिस ने एक ऐसे मनी लांड्रिंग के केस को सुलझाना था, जो कि पारंपरिक हवाला के तरीके से नहीं, बल्कि क्रिप्टो करेंसी के माध्यम से की जा रही थी। हवाला में ब्रोकर के माध्यम से पैसा एक शहर से दूसरे शहर ट्रांसफर किया जाता है, जिसमें प्रदाता एक शहर में ब्रोकर को पैसे देता है, जिसके बदले ब्रोकर प्रदाता को एक पासवर्ड देता है। प्रदाता इस पासवर्ड को दूसरे शहर में प्राप्तकर्ता को देता है। प्राप्तकर्ता इस पासवर्ड के माध्यम से दूसरे शहर के ब्रोकर से पैसों को प्राप्त कर सकता हैं। भारत से यह पैसा क्रिप्टो करेंसी द्वारा चीन में विदेशी नागरिकों तक पहुँच रहा था। उत्तराखंड

पुलिस के साइबर क्राइम डिवीजन के लिए यह एक बड़ी सफलता थी।

पुलिस ने कुछ पंजीकृत कंपनियों द्वारा किए गए संदिग्ध लेन-देन के संदर्भ में उन मुख्य ऑनलाइन पेमेंट गेटवेज को नोटिस जारी किया, जिनके द्वारा पेमेंट की गई थी। फिर पेमेंट गेटवेज द्वारा 13 लोग, जो कि उन कंपनियों के वरिष्ठ अधिकारी थे, उन पर मुकदमा दर्ज किया गया। उन्होंने जिस व्यवसाय के लिए अपनी कंपनी को पंजीकृत कराया था, उससे भिन्न कार्य किया और पेमेंट गेटवे का दुरुपयोग करते हुए पैसा पवार बैंक ऐप से इकट्ठा किया।

इस सिलसिले में नोएडा और लखीमपुरखीरी में स्थित दो शेल कंपनियों के निदेशकों को गिरफ्तार किया गया। उनसे 19 लैपटॉप, 5 मोबाइल फोन,

592 सिम कार्ड, 4 डेबिट कार्ड और विभिन्न बैंकों की पासबुक बरामद किए गए। उनके खातों को भी फ्रीज किया गया।

8 जून, 2021 को उत्तराखंड पुलिस द्वारा इस साइबर अपराध के बारे में ट्विट करके लोगों को अवगत कराया गया। उत्तराखंड के पुलिस महानिदेशक द्वारा सभी राज्य के पुलिस महानिदेशकों को पत्र भेजा गया, जिसमें पावर बैंक ऐप द्वारा की जानेवाली धोखाधड़ी के बारे में सतर्क रहने की चेतावनी दी गई। 13 जून, 2021 को कर्नाटक के साइबर क्राइम डिवीजन के सी.आई.डी. ने भी पावर बैंक ऐप द्वारा 290 करोड़ के मनी लॉड्रिंग के बारे में ट्विट किया। एजेंसी द्वारा लोगों से अपील की गई कि जिन्होंने कर्नाटक में पावर बैंक ऐप में अपने पैसे निवेश किए हैं, वे पूरे विवरण के साथ पुलिस से संपर्क करें। यह स्कैम पूरे देश में उजागर हुआ। इस स्कैम में करीब 250 एफ.आई.आर. पंजीकृत की गईं। इसमें मुजरिम तो वही थे, परंतु पीड़ित अलग थे। दिल्ली पुलिस साइबर सेल के द्वारा भी 11 लोगों को 150 करोड़ की ठगी करने के आरोप में गिरफ्तार किया गया। इस तरह यह साइबर अपराध का अनोखा मामला लोगों के सामने आया। अब तक गुजरात, महाराष्ट्र, तेलंगाना, कर्नाटक, दिल्ली सहित अन्य 13 राज्यों में लगभग 350 मामले दर्ज किए गए हैं। पुलिस द्वारा बैनिंग ऑफ अनरेगुलेटेड डिपॉजिट स्कीम ऐक्ट के तहत भी मामले दर्ज किए गए।

क्योंकि यह मामला विदेशी मुद्रा और मनी लॉन्ड्रिंग से संबंधित था, साइबर क्राइम पुलिस, उत्तराखंड ने इंटेलिजेंस एजेंसी और प्रवर्तन निदेशालय के साथ समन्वय किया और कुछ क्रिप्टो एक्सचेंजों को कई सौ करोड़ रुपए विदेशी खातों में भेजने के संदर्भ में नोटिस जारी किए। इन्हीं आरोपों के चलते लगभग 30 और खातों को फ्रीज कर दिया गया, जिससे नागरिकों का 3.5 करोड़ रुपया बचाया जा सका।

उत्तराखंड पुलिस द्वारा परदाफाश किए गए पावरबैंक ऐप मामले ने देश भर में वित्तीय धोखाधड़ी में एक नया अध्याय लिखा है। यह भारत में एक मील का पत्थर बन गया, जिसने लोकप्रिय वॉलेट और पेमेंट गेटवे सहित

फिनटेक कंपनियों से संबंधित वित्तीय नियमों, आर्किटेक्चर और चेक प्रक्रिया को बदल दिया। इस केस से यह भी उजागर हुआ कि क्रिप्टो करेंसी का इस्तेमाल कर हवाला लेन-देन कैसे किया जाता है! इससे देश की अन्य जाँच एजेंसियाँ भी सतर्क हो गईं।

साइबर टिप : कभी भी सोशल मीडिया पर पैसा दोगुना करने और आसान कर्ज देनेवाली योजनाओं के फर्जी विज्ञापन देखकर अपरिचित ऐप डाउनलोड करने के झाँसे में न आएँ। कोई भी आपको मुफ्त में पैसे क्यों देगा? ऐप्स से जुड़े खातों को सुरक्षित रखने के लिए हमेशा किसी मजबूत पासवर्ड का उपयोग करें।

□

5

जब निकाल ली ठगों ने प्लास्टिक मनी की मनी

साइबर क्राइम के इस मामले को सुलझाने के दौरान इंस्पेक्टर राजेश का सामना कुछ ऐसे अदृश्य चोरों से होगा, जो सबूतों के नाम पर केवल डिजिटल फुटप्रिंट ही छोड़ते हैं।

रवि, जो एक फार्मा कंपनी में चिकित्सा प्रतिनिधि के तौर पर काम करता था, 2 जुलाई, 2017 को अपनी हीरो ऐंबिशन बाइक से हरिद्वार से वापस देहरादून आ रहा था। यह उसके लिए एक काफी व्यस्त दिन था। उसने पूरा दिन हरिद्वार के सरकारी अस्पताल में डॉक्टरों को नए-नए फार्मास्युटिकल प्रोडक्ट्स के बारे में जानकारी दी थी और वह काफी थक चुका था। भारी बारिश हो रही थी, जिसके कारण सड़कों के गड्ढों में पानी भर गया था और रवि धीमी गति से बाइक चला रहा था। रास्ते में वह अपने 2 साल के बेटे आरव के बारे में सोच रहा था, जो अधिकतर उसके घर पहुँचने से पहले ही सो चुका होता था। शाम के तकरीबन सात बज रहे थे और उसे घर पहुँचने में काफी देर हो चुकी थी। फिर भी घर के मासिक खर्च के लिए कुछ पैसे निकालने के लिए उसने अपने घर के निकट फाउंटेन चौक, नेहरू कॉलोनी के एटीएम के बाहर बाइक को रोका। यह एटीएम उसके घर से 200 मीटर

की दूरी पर ही था, इसलिए वह अधिकतर यहीं से पैसे निकालता था। रवि तकनीकी के मामले में पुराने खयालोंवाला व्यक्ति था, जो अधिकतर कैश ट्रांजेक्शन में ही विश्वास करता था। उसकी कोशिश रहती थी कि वह महीने में केवल दो बार ही एटीएम से पैसे निकाले। पहला, महीने की 2 तारीख को, जब उसको वेतन मिलता था और दोबारा, महीने के मध्य में, जब उसके पास नकदी समाप्त हो जाती थी। आखिरी बार उसने 15 दिन पहले एटीएम से पैसे निकले थे।

अपनी बाइक एटीएम के बाहर खड़ी करके रवि ने अपना हेलमेट उतारा और टपकते रेनकोट के साथ ही एटीएम के अंदर चला गया। रवि अपने डेबिट कार्ड को लेकर बहुत सावधानी बरतता था और उसे हमेशा एक वाटरप्रूफ कवर में सुरक्षित रखता था। उस दिन रवि ने अपना एटीएम कार्ड जेब से निकाला और उसे अपनी कमीज की बाँह पर साफ करके सुखाया। उसने कार्ड को एटीएम मशीन में डालकर अपने एटीएम का पिन कीबोर्ड पर अंकित किया, जो कि आरव का जन्म वर्ष था। उसने कुल 9,000 रुपए निकाले। ट्रांजेक्शन पूरा करने के बाद उसने कार्ड और पैसे दोनों को सँभालकर जेब में रख दिया। रवि ने अपनी बाइक स्टार्ट की और वहाँ से घर के लिए निकल गया। एटीएम कार्ड के स्लॉट में जहाँ एक हरी लाइट हमेशा ब्लिंक करती रहती है, वहाँ उसका ध्यान बिल्कुल नहीं गया। वह लाइट आज बंद थी!

घर पहुँचते ही रवि ने सबसे पहले कैश और एटीएम कार्ड दोनों को सावधानी से अपनी गोदरेज की लोहे की अलमारी की तिजोरी में रख दिया। आरव अभी भी जाग रहा था। वह दौड़ता हुआ रवि के पास आया और रवि ने उसे गले से लगाया। रवि की पत्नी सुनैना उसे खाना देते हुए बताने लगी कि किस तरह से पड़ोसी का बच्चा आज भी आरव को तंग कर रहा था। रवि काफी थका हुआ था, उसने सुनैना की बात पर ज्यादा ध्यान न देते हुए अपना फोन निकाला और बैंक का मैसेज देखा, जिसमें निकाले गए पैसों का विवरण दिया गया था। कुछ दिन पहले ही उसे अपनी कंपनी से इस साल की पहली

छमाही का स्टार विक्रेता होने के लिए 1 लाख 50 हजार रुपए का बोनस मिला था। रवि के खाते में 1 लाख 90 हजार रुपए का बैलेंस था।

रवि अपनी मेहनत से सफलता पाने में विश्वास रखता था। वह बहुत उसूलों वाला व्यक्ति था और उसे दहेज प्रथा में बिल्कुल विश्वास नहीं था। रवि ने शादी के समय अपने ससुराल पक्ष से कुछ भी दहेज में लेने से मना कर दिया था। उसने सुनैना से वादा किया था कि वह उसे घर का सारा जरूरी सामान अपने पैसों से ही खरीद कर देगा। सुनैना, जो पहली ही नजर में रवि से प्यार करने लगी थी, अच्छे से उसकी भावनाओं को समझती थी। इसी कारण उसने अपने पिता को जबरदस्ती दहेज देने से मना कर दिया था। इस साल जब रवि को बोनस मिला तो उसने सुनैना को एक डाइनिंग टेबल खरीदवाने का वादा किया था। रात को रवि ने सोने से पहले हमेशा की तरह अपने फोन को साइलेंट मोड पर रख दिया। उसे सुबह जल्दी उठना था, क्योंकि अगले दिन उसे दून हॉस्पिटल के मुख्य चिकित्सा अधिकारी से मिलना था।

अगली सुबह रवि नींद से अचानक चौंककर उठा। उसे आज कुछ ठीक नहीं लग रहा था। वह हमेशा की तरह अपना मोबाइल लेकर वॉशरूम गया। रवि को सुबह-सवेरे अपने फोन पर मैसेजों को पढ़ने की आदत थी। इससे वह अपने नित्यकर्म को पूरा करने के साथ ही दिनभर के कामों की योजना भी बना लेता था। फोन पर मैसेजों को खोलते ही रवि दंग रह गया! उसके मोबाइल में बैंक के 21 संदेश आए थे और प्रत्येक संदेश में 9,000 रुपए निकालने का अलर्ट था। अंतिम संदेश में लिखा था—'ट्रांजेक्शन इनकंप्लीट, पर्याप्त बैलेंस नहीं है।' रवि का फाइनल बैलेंस अब मात्र 1,000 रुपए ही था।

रवि की आँखों के सामने अँधेरा छा गया और उसके दिल की धड़कनें तेज हो गईं। उसके हाथ से फोन गिर गया और वह मुश्किल से वॉशरूम से बाहर आया। रवि ने घबराते हुए सुनैना को बुलाया, जो दौड़ती हुई आई और उसने रवि को सहारा देकर सोफे पर बिठा दिया। रवि को पानी पिलाते हुए उसके माथे से बह रहे पसीने को पोंछा। कुछ होश में आने के बाद रवि ने सुनैना को सारे मैसेजों के बारे में बताया, जिसे सुनकर वह भी बहुत हैरान हुई।

रवि और सुनैना दोनों को विश्वास नहीं हो रहा था कि उनके खाते में से एक रात में ही 21 बार एटीएम ट्रांजेक्शन करके 1,89,000 रुपए निकाले गए थे। रवि ने तो केवल कल शाम को सिर्फ एक ही ट्रांजेक्शन किया था। उसने एटीएम कार्ड के दुरुपयोग के कई किस्से सुने थे, इसीलिए वह हमेशा अपने एटीएम कार्ड को लेकर बहुत सतर्क रहता था। उसने कभी अपना डेबिट कार्ड किसी को नहीं दिया था, यहाँ तक कि अपने किसी परिवारवालों को भी नहीं। उसने हमेशा केवल विश्वसनीय वेबसाइटों से ऑनलाइन खरीदारी की थी, जिनके URL की शुरुआत https से होती है, जहाँ 's' यह बताता कि वह साइट सुरक्षित है और सभी जानकारी ऑनलाइन प्रेषित करने से पहले एन्क्रिप्ट

की जाती है। उसने कभी अपने एटीएम कार्ड का उपयोग पेट्रोल पंप या रेस्टोरेंट्स पर भी नहीं किया था। और फिर कल रात को तो उसका कार्ड लॉकर में सुरक्षित पड़ा था तो यह लेन-देन कैसे हुआ? ऐसा कौन कर सकता था? रवि हैरान और परेशान था। उसके मन में ये सारे सवाल उठ रहे थे।

रवि तुरंत बैंक गया, जहाँ उसका खाता था। बैंक अभी खुल ही रहा था और रवि पहला शख्स था, जो वहाँ पहुँचा था। रवि ने सीधे मैनेजर के केबिन में जाकर उसे दु:खी होकर अपने खाते से निकाले गए पैसों के बारे में बताया। मैनेजर ने रवि को धैर्य रखने के लिए कहा और उसके खाते की लेन-देन के विवरण को कंप्यूटर पर जाँचा। विवरण को देखते ही मैनेजर के चेहरे का रंग बदल गया। मैनेजर ने अपनी भौंहे उठाईं और चिंतित स्वर में रवि को बताया कि वास्तव में यह लेन-देन कल रात उसके खाते से हुआ था और ये सारे पैसे अलग-अलग बैंकों के एटीएम से निकाले गए हैं, जो कि देहरादून से बाहर के हैं। मैनेजर ने उसे समझाया कि चूँकि आजकल अधिकतर लेन-देन ऑनलाइन किए जा रहे हैं, वित्तीय डाटा का उल्लंघन, पहचान की चोरी और डेबिट/क्रेडिट कार्ड की क्लोनिंग जैसे कई साइबर अपराध आम हो गए हैं। बहुत से लोग ऐसे साइबर क्राइम के शिकार हुए हैं और अपने लाखों रुपए गँवा चुके हैं।

मैनेजर ने रवि को समझाया कि यह एक साइबर क्राइम का मामला है और वह बिना विलंब किए पुलिस थाने जाकर इस मामले की शिकायत दर्ज कराए। रवि तुरंत नेहरू कॉलोनी गया और थाना प्रभारी इंस्पेक्टर राजेश से मिला। इंस्पेक्टर राजेश की उम्र तकरीबन 40 वर्ष की थी। अपनी तनी हुई मूँछों और मजबूत शरीर से वह बहुत रौबदार लगता था। राजेश ने तुरंत रवि से उसके मोबाइल पर प्राप्त बैंक संदेश के स्क्रीनशॉट, एटीएम कार्ड का नंबर, बैंक खाता संख्या, लेन-देन विवरण आदि सभी जानकारियाँ प्राप्त कीं। इंस्पेक्टर राजेश ने अज्ञात के खिलाफ रवि के बैंक से 1,89,000 रुपए निकालने के जुर्म में आई.पी.सी. की धारा 379, 411, 420, 467, 468, 471, 120(बी) और सूचना प्रौद्योगिकी अधिनियम की धारा 66, 66डी के तहत प्राथमिकी दर्ज कर दी।

इंस्पेक्टर राजेश ने अगले ही पल मामले पर कार्यवाही शुरू कर दी। उसने नेहरू कॉलेनी में स्थित उस बैंक के मैनेजर को बुलाया, जिससे रवि का एटीएम संलग्न था। राजेश ने बैंक मैनेजर से रवि के खातों के ट्रांजेक्शन विवरण माँगे और उन एटीएमों का विवरण भी माँगा, जिनसे उस रात पैसे निकाले गए थे। तत्पश्चात् उसने रवि को सांत्वना देते हुए अपने घर जाने के लिए कहा और साथ ही किसी तरह की जानकारी मिलने पर उसे सूचित करने को कहा। रवि काफी निराश था, उसके खून पसीने की कमाई एक रात में ही गायब हो गई थी। वह दुःखी मन से अपने घर वापस चला गया।

अभी रवि ने थाना छोड़ा ही था कि इतने में एक सीनियर सिटीजन भी अपने खाते से अनधिकृत तरीके से पैसे निकालने की शिकायत दर्ज कराने राजेश के पास थाने पहुँचे। उन्होंने बताया कि कल किसी एटीएम से उनके खाते से कई बार पैसे निकाले गए, जबकि डेबिट कार्ड उन्हीं के पास था। इंस्पेक्टर राजेश ने पाया कि यह मामला बिल्कुल रवि के मामले की तरह था। उन्होंने वृद्ध की भी शिकायत दर्ज कर ली। राजेश तब हैरान रह गया, जब अगले तीन दिन के अंदर इसी तरह के 100 से अधिक मामले उसके पास थाने में दर्ज किए गए। इसमें से करीब 80 मामले नेहरू कॉलेनी क्षेत्र के अंतर्गत थे। अगले दिन कुछ इसी तरह के मामले पिथौरागढ़ और पौड़ी के निवासियों द्वारा भी दर्ज कराए गए। इन पीड़ितों ने भी पिछले कुछ दिनों में देहरादून में ही अपने एटीएम कार्ड का उपयोग किया था। इंस्पेक्टर राजेश को यकीन हो गया था कि यह एक गंभीर अपराध है, जो इतने बड़े पैमाने पर किसी आपराधिक गिरोह द्वारा किया जा रहा था।

मामला उत्तराखंड पुलिस के डी.जी.पी. के संज्ञान में लाया गया, जिन्होंने इसे कानून व्यवस्था का मामला घोषित कर दिया। डी.जी. लॉ ऐंड ऑर्डर ने एक आपातकालीन बैठक बुलाई और तुरंत जाँच के आदेश दिए। अपराधों की संख्या देखते हुए स्थानीय थानों, एस.टी.एफ. और साइबर अपराध अनुभाग की कई टीमों का गठन किया गया। धोखाधड़ी का पैमाना इतना बड़ा था कि अन्य पहाड़ी जिलों के इंस्पेक्टरों को भी इस मामले की जाँच में शामिल

किया गया। इस मामले को पुलिस अधिकारियों में इस तरह बाँट दिया गया कि प्रत्येक इंस्पेक्टर को 10 मामले सौंपे गए। पुलिस तेजी से जाँच करने में जुट गई।

पुलिस टीमों को अपराध के सुराग खोजने के लिए बैंक, एटीएम और अन्य स्थानों पर भेजा गया। इंस्पेक्टर राजेश भी एक टीम का इनचार्ज था। उसने बैंकों को पीड़ितों के खातों के लेन-देन का विवरण प्राप्त करने के लिए नोटिस जारी किया। जब पुलिस ने बैंक द्वारा प्राप्त जानकारी का विश्लेषण किया तो उन्होंने पाया कि सभी मामलों में एक समानता थी। सभी पीड़ितों ने रवि की तरह 20 जून को नेहरू कॉलोनी के एटीएम का उपयोग किया था! पुलिस के लिए यह एक महत्त्वपूर्ण सुराग था। इंस्पेक्टर राजेश ने सोचा कि जरूर नेहरू कॉलोनी के एटीएम और पीड़ितों के बीच कोई संबंध है। वह इस एटीएम की जाँच करने के लिए नेहरू कॉलोनी निकल पड़ा।

इंस्पेक्टर राजेश का संदेह सही निकला। पुलिस ने पाया कि नेहरू कॉलोनी की एटीएम मशीन के साथ छेड़छाड़ की गई थी। उसका सीसीटीवी

कैमरा भी छेड़ा गया था और एक दोतरफा टेप भी एटीएम कीबोर्ड के ठीक ऊपर चिपका हुआ था। ऐसा प्रतीत हो रहा था कि जैसे वहाँ से कुछ निकाला गया हो। राजेश तुरंत समझ गया कि धोखेबाजों ने कीपैड के ऊपर एक कैमरा चिपकाया होगा, जो कि अब निकाल दिया गया था। पुलिस ने एटीएम कार्ड स्लॉट की भी जाँच की और पाया कि उसमें कई खरोंचें पड़ी हुई थीं। पुलिस ने तुरंत फॉरेंसिक विशेषज्ञों को बुलाया, जिन्होंने एटीएम की तस्वीरें खींचीं और वहाँ से सारे महत्त्वपूर्ण साक्ष्य एकत्र किए। पुलिस ने पाया कि एटीएम को स्किम किया गया था और यह एक कार्ड क्लोनिंग का मामला था। लेकिन पुलिस को इस बात की हैरानी हुई कि आखिर बैंककर्मियों का एटीएम पर ध्यान कैसे नहीं गया? पूछताछ करने पर बैंक ने अपनी सफाई में कहा कि सीसीटीवी की रिकॉर्डिंग की बारीकी से जाँच तभी की जाती है, जब कोई असामान्य घटना घटती है और अभी तक इस मामले का उनको कोई संज्ञान नहीं था।

~•~

हरियाणा का एक जिला झज्जर पश्चिमी दिल्ली से तकरीबन 55 किलोमीटर की दूरी पर स्थित है। यह अपनी वीरता और साहस के लिए काफी लोकप्रिय है। भारतीय सेना के कई सैनिक इसी क्षेत्र से आते हैं। इसका एक प्रसिद्ध उदाहरण हमारी सेना के पूर्व चीफ जनरल दलबीर सिंह सुहाग हैं।

मुन्ना, जिसकी उम्र तकरीबन बीस वर्ष थी, झज्जर का रहनेवाला था। वह एक स्कूल ड्रॉपआउट होने के बावजूद बहुत महत्त्वाकांक्षी और तेज-तर्रार लड़का था। उसके पिता दिल्ली के ओखला क्षेत्र में एक पॉलीबैग की निर्माण कंपनी में काम करते थे और बहुत शराब पीते थे। वे जो भी थोड़ा-बहुत कमाते, उसे भी शराब में खर्च कर देते। इस कारण मुन्ना अपनी पढ़ाई पूरी नहीं कर पाया था।

मुन्ना हमेशा बड़े सपने देखा करता था। उसने कभी अपने पिता के छोटे से खेत की देखभाल में कोई दिलचस्पी नहीं दिखाई। वह बिना काम

किए कम समय में अधिक धन कमाना चाहता था। मुन्ना के स्कूल का सिर्फ एक ही मित्र था, टीटू। दिल्ली में सीलमपुर चले जाने के बाद टीटू ने वहाँ इलेक्ट्रॉनिक्स में आई.टी.आई. किया और अपनी इलेक्ट्रॉनिक्स के सामान की मरम्मत की दुकान खोली। टीटू का इलेक्ट्रॉनिक्स के प्रति अलग जुनून था। वह लाल किले के पास के चोर बाजार से सस्ते दामों पर इलेक्ट्रॉनिक्स चिप्स और पुरजे लाता, फिर नए-नए तरह के सर्किट डिजाइन करता।

मुन्ना की एक 24 साल की खूबसूरत गर्लफ्रेंड थी, जिसका नाम स्वीटी था। वह रोहतक में रहती थी और अकसर अपनी मौसी से मिलने झज्जर आया करती थी। मुन्ना, जो उसकी मौसी के पड़ोस में रहता था, स्वीटी से उसे प्यार हो गया था। वह उसे अकसर अपनी सेकेंड हैंड रॉयल एनफील्ड पर बिठाकर दिल्ली घुमाने के लिए ले जाता था। वे दोनों सीलमपुर में टीटू से मिलने जाया करते थे। वे तीनों साथ में बैठकर बिना मेहनत किए अमीर होने के सपने देखते थे। मुन्ना का एक और दोस्त नरेंद्र, देहरादून में रहता था और खनन ठेकेदार के रूप में काम करता था। नरेंद्र के कई लोगों से संपर्क थे और वह एक प्रभावशाली व्यक्ति था। मुन्ना एक बार जब देहरादून घूमने आया था, तब उसकी दोस्ती नरेंद्र से हुई और धीरे-धीरे यह मित्रता घनिष्ठ हो गई।

एक दिन जब मुन्ना टीटू से मिलने उसकी दुकान पर गया तो उसने टीटू को एक कॉम्पैक्ट इलेक्ट्रॉनिक सर्किट पर काम करते हुए देखा। मुन्ना ने उत्सुक होकर पूछा कि यह क्या है? टीटू ने उसे बताया कि यह एक स्किमर डिवाइस है, जो मरम्मत के लिए उसके पास आई है। टीटू ने मुन्ना को बताया कि यह डिवाइस किसी भी डेबिट/क्रेडिट कार्ड की गुप्त जानकारी पढ़ लेती है। यह सुनकर मुन्ना के दिमाग में तुरंत एक आइडिया आया। उसे लगा कि अगर ऐसी मशीन उसे भी मिल जाए तो वह आसानी से कार्ड्स को क्लोन करके अच्छे पैसे बना सकता है! उसने टीटू से कहा कि उसे भी एक ऐसी मशीन चाहिए और वह इसे कहाँ से प्राप्त कर सकता है? टीटू ने कहा कि चाँदनी चौक की इलेक्ट्रॉनिक मार्केट से ऐसी मशीन को ढूँढ़ा जा सकता है।

अगले दिन वे दोनों दोस्त चाँदनी चौक गए और काफी खोजबीन करने के बाद आखिर उनके हाथ एक विदेशी स्किमर मशीन लग गई। यही वह समय था, जब उन दोनों ने एक ऐसे साइबर क्राइम की योजना बनाई, जिसमें आगे चलकर करीब 100 कार्ड क्लोन किए जाने थे और उनको इस्तेमाल करके उन्हें कम-से-कम 10 लाख रुपए मिल जाते।

मुन्ना और टीटू ने इस स्किमर डिवाइस को ऐसे एटीएम मशीन में लगाने की योजना बनाई, जहाँ काफी संख्या में लोग पैसे निकलाने जाते हों। मुन्ना ने टीटू से कहा कि उन्हें देहरादून में कोई नहीं जानता, इसलिए वह वहाँ किसी ऐसी एटीएम मशीन में यह स्कीमर डिवाइस लगा सकते हैं और वहाँ उसका दोस्त नरेंद्र भी उनकी मदद कर देगा। एक बार कार्ड स्किम हो गए तो फिर वे काड्‌र्स की डिटेल्स से क्लोन कार्ड बनाकर अलग-अलग एटीएम से पैसे निकाल लेंगे। मुन्ना और टीटू उपयुक्त एटीएम मशीन की टोह लेने देहरादून गए और इस काम के लिए उन्होंने देहरादून में नरेंद्र को विश्वास में लेते हुए अपने साथ शामिल होने को कहा।

उत्तराखंड में हाल ही में राज्य सरकार ने कुछ समय के लिए खनन पर प्रतिबंध लगाया था, जिसके कारण नरेंद्र का काम-धंधा अच्छा नहीं चल रहा था। नरेंद्र को मुन्ना और टीटू की यह योजना पसंद आई और वह उनका साथ देने के लिए राजी हो गया। नरेंद्र ने सुझाव दिया कि स्कीमर लगाने के लिए सबसे अच्छा नेहरू कॉलोनी का ही कोई एटीएम होगा, क्योंकि बहुत से रक्षा से सेवानिवृत्त लोग और वेतनभोगी कर्मचारी उस क्षेत्र में रहते हैं और उन्हें इस एटीएम में स्किमर लगाकर अच्छा-खासा डाटा मिल जाएगा। अगली सुबह नरेंद्र, मुन्ना और टीटू को अपनी सफेद आई 10 हुंडई में बैठाकर कुछ एटीएम दिखाने ले गया। उन्होंने पाया कि उस क्षेत्र में 5 एटीएम थे, जिनमें से दो में लोगों का बड़ी संख्या में आना-जाना था। बस अब उनको एक उचित समय पर इनमें से एक एटीएम में स्किमर लगाना था।

अगले दिन शाम को मुन्ना नरेंद्र की हौंडा बाइक पर उनके द्वारा चुने हुए एटीएम में से एक पर गया। उसने गाड़ी बंद की और साइड स्टैंड लगाकर

बाहर सड़क पर गाड़ी खड़ी कर दी। मुन्ना ने भूरे रंग के जूते, नीली रंग की जींस और काली जैकेट पहनी थी। उसने एक पल के लिए चारों तरफ देखा और अपनी जैकेट की जेब से गोल्ड फ्लैक सिगरेट का पैकेट निकालकर उसमें से एक सिगरेट निकाली। वह अपनी जेबों में लाइटर तलाशने लगा, लेकिन उसे लाइटर नहीं मिला। मुन्ना ड्यूटी पर तैनात गार्ड की तरफ लाइटर माँगने के लिए बढ़ा। एटीएम के बाहर तैनात गार्ड अधेड़ उम्र का अधपके बालोंवाला व्यक्ति था, जिसने काले जूते और ऑलिव ग्रीन रंग का स्वेटर पहना था। मोटापे के कारण गार्ड का पेट स्वेटर से बाहर निकलता हुआ दिख रहा था। ऐसा लग रहा था कि मानो बेल्ट ने उसके पेट को गिरने से रोका हुआ है। गार्ड के स्वेटर पर सुनहरे रंग के धागे से उसका नाम संतोष कढ़ा था। उसके कंधे पर एक डबल बैरल राइफल थी, जिसके वजन से उसका कंधा एक तरफ कुछ झुक सा गया था। गार्ड की आँखें लाल थीं और ऐसा प्रतीत हो रहा था, जैसे वह कई रातों से सोया नहीं था। मुन्ना ने गार्ड के पास जाकर उसके नाम संतोष से संबोधित करते हुए उससे लाइटर माँगा।

संतोष, जो अभी-अभी अपनी नाइट ड्यूटी पर आया था, उसने अपनी पैंट की जेब से माचिस की डिब्बी निकाली और मुन्ना को दे दी। मुन्ना ने अपनी सिगरेट जलाई और एक गहरा कश लिया। उसने संतोष से पूछा कि क्या वह भी सिगरेट लेगा? संतोष ने झिझकते हुए सिर हाँ में हिलाया। मुन्ना ने सिगरेट की डिब्बी संतोष की तरफ बढ़ा दी। संतोष ने डिब्बी में से एक सिगरेट निकाली और उसे जलाया। दोनों ने सिगरेट के गहरे कश लगाए। अकसर यह देखा गया है कि जब लोग साथ में धूम्रपान करते हैं या शराब पीते हैं तो वे जल्दी ही मित्र हो जाते हैं। यहाँ भी कुछ ऐसा ही हुआ। मुन्ना ने बातों-ही-बातों में संतोष से उसके परिवार और निजी जीवन के बारे में जानकारी ली। उसने पाया कि संतोष दिन में अपनी एक छोटी स्टेशनरी की दुकान पर भी काम करता था। यह दुकान उसने अपने रिटायरमेंट फंड से खोली थी। संतोष ने उसे यह भी बताया कि वह कभी-कभी रात में गार्ड ड्यूटी से ब्रेक लेता है और नींद की एक छोटी झपकी लेने अपने घर चला जाता है। बस!

यही जानकारी मुन्ना के लिए पर्याप्त थी। वह सिगरेट खत्म करके एटीएम से 500 रुपए निकालकर अपने नए दोस्त को बाय कहते हुए बाइक स्टार्ट कर, वहाँ से निकाल गया। संतोष ने बाइक की आवाज को रात के सन्नाटे में लुप्त होते सुना और सिगरेट खत्म करके अपनी कुरसी पर जाकर बैठ गया।

इस महत्त्वपूर्ण जानकारी को मुन्ना ने अपने दोस्तों के साथ साझा किया और नरेंद्र को गार्ड पर नजर रखने के लिए कहा। नरेंद्र ने संतोष पर नजर रखना शुरू कर दिया और पाया कि वह हर रविवार को रात करीब 1 बजे अपने घर जाता है और फिर 4 बजे वापस आता है। यही वह समय था,

जिसकी तलाश मुन्ना को थी। मुन्ना ने टीटू और नरेंद्र के साथ प्लान बनाया कि अगले रविवार को वह अपना काम कर देंगे। रविवार को रात 2 बजे नरेंद्र मुन्ना और टीटू को लेकर अपनी सफेद आई 10 में उस एटीएम पर पहुँचा। आसपास किसी को न देखकर मुन्ना और टीटू एटीएम में चले गए, जबकि नरेंद्र एटीएम के बाहर गाड़ी में नजर रखने के लिए बैठा रहा। दोनों ने नकाब से अपना चेहरा ढँक लिया और टोपियाँ पहन लीं, जिससे उनका चेहरा छिप गया। मुन्ना ने एक बंदर के चित्र वाली टी-शर्ट पहनी हुई थी। एटीएम में घुसते ही मुन्ना ने सीसीटीवी कैमरे को काले टेप से ढँक दिया और टीटू ने जल्दी से बैग से स्किमर मशीन निकाली और उसे एटीएम के कार्ड स्लॉट पर फिट कर दिया। उसने एक माइक्रो कैमरा भी एटीएम के पिन कीपैड के ठीक ऊपर डबल साइड टेप से चिपका दिया। वे दोनों अपना काम निपटाकर जल्दी से एटीएम से निकले और बाहर गाड़ी में बैठ गए, जिसे नरेंद्र ने पहले ही स्टार्ट करके रखा था।

20 जून की सुबह मुन्ना एटीएम पर यह देखने आया कि स्किमर डिवाइस स्लाट में सुरक्षित है या नहीं। उसने पाया कि डिवाइस वहीं पर लगा था। शाम तक उन्हें दिनभर के जितने भी कार्ड स्वाइप किए जाएँगे, उन सबके पिन कोड और अन्य जानकारी मिल जाएगी। वह वापस होटल में गया और शाम को तीनों ने एक शानदार पार्टी की। अब वे जल्द ही अमीर बननेवाले थे!

मुन्ना को स्किमर और कैमरा हटाने के लिए अगले रविवार तक इंतजार करने कि आवश्यकता नहीं थी, यह कुछ ही मिनटों का काम था। अगली शाम मुन्ना एटीएम पर गया। उसने वहाँ के गार्ड और अपने मित्र संतोष का हालचाल पूछा और एटीएम में जाकर उसने जल्दी से स्लॉट से स्किमर निकाला और कैमरा खींचकर निकाल दिया। उसने एटीएम मशीन पर अपने खाते की शेष राशि की जाँच करने का नाटक किया और संतोष की ओर देखे बिना जल्दी से वहाँ से चला गया। वह जो चाहता था, उसे मिल गया था! अब उसने इस स्किमर को टीटू को देना था, जो इसमें से गुप्त डाटा निकालकर दूसरे काड्र्स पर क्लोन करेगा।

अगली सुबह मुन्ना और टीटू वापस दिल्ली चले गए। उन्होंने स्किमिंग डिवाइस से मेमोरी कार्ड निकाला और उसे लैपटॉप में लगाया। कार्ड में से निकला डाटा देखकर वे खुशी से उछल पड़े। उनके पास करीब 150 एटीएम कार्ड की डिटेल्स आ गई थीं। हालाँकि कुछ काड्‌र्स के पिन नंबर कैमरे में ठीक से रिकॉर्ड नहीं हो पाए थे, फिर भी उनके पास 120 कार्ड ऐसे थे, जिन्हें वे क्लोन कर सकते थे। यह एक बड़ी संख्या थी! उन्होंने क्लोनिंग मशीन को लैपटॉप से जोड़ा और स्किमिंग डिवाइस द्वारा कैप्चर की गई जानकारी को उन खाली डेबिट काड्‌र्स पर लिखना शुरू किया, जो कि टीटू ने जुगाड़ से हासिल किए थे।

कार्ड प्रोग्राम किए जाने के बाद मुन्ना उनमें से एक कार्ड की जाँच करने के लिए पास के एटीएम से 100 रुपए निकालने गया। उसके उत्साह का कोई ठिकाना नहीं रहा, जब उस कार्ड का पिन डालने पर एटीएम से तुरंत पैसे निकल गए। वापस आकर उन तीनों ने आपस में काड्‌र्स को बाँट लिया और महीने की शुरुआत का इंतजार करने लगे, जब लोगों के खातों में त्वनख्वाह आएगी और वे इन काड्‌र्स से पैसे निकालेंगे। टीटू ने पहले से ही दिल्ली और जयपुर के कुछ एटीएम की पहचान कर रखी थी, जहाँ से उन्हें पैसे निकालने थे।

~•~

पुलिस को निश्चित रूप से इन सबकी जानकारी नहीं थी। उन्होंने 91 सी.आर.पी.सी. के तहत बैंक को नोटिस जारी किया और नेहरू कॉलोनी के उस एटीएम के सीसीटीवी फुटेज प्राप्त किए, जहाँ से रवि और अन्य शिकायतकर्ताओं ने पैसे निकाले थे। सीसीटीवी रिकॉर्डिंग खँगालने पर पता चला कि एक नकाबपोश संदिग्ध, जिसने अपना चेहरा ढँका हुआ था और एक बंदर के चित्र वाली टी-शर्ट पहनी थी, कैमरे के करीब आया, जिसके बाद रिकॉर्डिंग ब्लैंक हो गई थी। पुलिस समझ गई थी कि जरूर संदिग्ध ने कैमरे के लेंस को ढक दिया होगा, ताकि एटीएम से छेड़छाड़ का कोई सबूत न मिल पाए। धोखेबाजों को स्कीमिंग मशीन लगाते समय यह नहीं पता था

कि यातायात पुलिस द्वारा पास के चौराहे पर कुछ कैमरे लगाए गए थे। पुलिस ने पास की दुकानों और ट्रैफिक जंक्शनों से भी इस समय के आसपास का सीसीटीवी फुटेज माँगा। यही चोरों की योजना की सबसे कमजोर कड़ी थी, जिससे वे पकड़े जाएँगे। पुलिस ने ट्रैफिक चौराहों से प्राप्त सीसीटीवी फुटेज में पाया कि तीन लोग एक साथ नरेंद्र की सफेद आई 10 कार में 20 और 21 जून को इसी क्षेत्र में घूम रहे थे!

पुलिस द्वारा आसपास के दो अन्य एटीएम की सीसीटीवी फुटेज से पता चला कि उनमें भी कुछ छेड़छाड़ करके गड़बड़ी की गई थी। यही कारण था कि स्किम किए गए एटीएम पर उस दिन अधिक संख्या में लोग आए थे। पुलिस को इन खराब एटीएम के सीसीटीवी फुटेज से यह भी मालूम चला कि टोपी पहने एक नकाबपोश व्यक्ति एटीएम के कीपैड पर कुछ चिपका रहा था।

इसी दौरान एस.टी.एफ. द्वारा इस क्षेत्र में 20 जून को की गई कॉल्स का विश्लेषण किया गया। पुलिस ने यह भी पाया कि कुछ नंबर, जो उस दिन लगातार इस्तेमाल किए जा रहे थे, वे अन्य शहर के थे। उन्हें मोबाइलों के IMEI नंबर द्वारा ट्रेस किया गया। पुलिस ने पाया कि इनमें से कुछ नंबर रोहतक, दिल्ली और जयपुर में सक्रिय थे। यह पुलिस के लिए अहम सुराग था। पुलिस को यह पता चल गया कि अपराध किसी बाहरी व्यक्ति के द्वारा किया गया है, जो उस दौरान देहरादून में ही था।

पुलिस ने जब उन लोगों के बैंक खातों का विश्लेषण किया, जिन्होंने अपने खातों से पैसे निकाले जाने की शिकायत दर्ज कराई थी तो यह पाया कि उन सभी खातों से नरेला और जयपुर में स्थित एटीएम के माध्यम से पैसे निकाले गए थे। नरेला, हरियाणा और दिल्ली की सीमा पर स्थित है और झज्जर से लगभग 65 किलोमीटर दूरी पर है। इन एटीएम पर पुलिस टीम जाँच के लिए भेजी गई। पुलिस ने इन सभी एटीएम के सीसीटीवी फुटेज हासिल किए और फुटेज में उन्हीं दो लोगों की पहचान की गई, जिन्होंने देहरादून के एटीएम से छेड़छाड़ की थी।

एक सीसीटीवी फुटेज में पुलिस ने एक एटीएम से बाहर निकलते पुरुषों के साथ एक महिला को भी देखा। पुलिस ने जयपुर हाइवे के टोल गेट की सीसीटीवी फुटेज का भी विश्लेषण किया और पाया कि यह तीन लोग एक नई बोलेरो से आए थे। फुटेज की बारीकी से जाँच करने पर पुलिस ने बोलेरो की नंबर प्लेट पर एक अस्थायी रजिस्ट्रेशन नंबर पढ़ लिया। पुलिस ने जब इस नंबर को खँगाला तो उन्हें पता चला कि इस बोलेरो को पिछले महीने रोहतक में एक महिंद्रा एजेंसी के डीलर द्वारा बेचा गया था। वाहन के दस्तावेजों से पुलिस को गाड़ी के खरीदार के पैन और आधार कार्ड की जानकारी प्राप्त हुई। इन सभी पर मुन्ना का नाम पाया गया। अब पुलिस को एक अपराधी का नाम और पता मिल गया था। उनके लिए यह एक महत्त्वपूर्ण सफलता थी।

दूसरी तरफ बैंक खातों की जाँच कर रही एस.टी.एफ. की टीम ने पाया कि पैसे लगातार अलग-अलग खातों से होते हुए अंत में सुनीता नाम की किसी महिला के खाते में जमा हो रहे थे। सुनीता के खाते में दो खातों से कुल 35 लाख रुपए आए थे। यह लेन-देन स्वीटी और टीटू के खातों से किया गया था। पुलिस ने मुन्ना के बैंक अकाउंट को ट्रेस किया और पाया कि उसने स्वयं स्वीटी के खाते में बहुत सारा पैसा जमा किया था, जो कि बाद में सुनीता के खाते में ट्रांसफर कर दिया गया। पुलिस का अब मुजरिमों को पकड़ने के लिए सुनीता को ट्रेस करना आवश्यक था।

पुलिस ने सुनीता के बैंक से उसका पता निकाल लिया। पूछताछ करने पर सुनीता ने पुलिस को बताया कि उसका इस अपराध से कोई लेना-देना नहीं है। उसने यह भी बताया कि उसने तो मुन्ना और उसके दोस्त को जमीन का एक टुकड़ा बेचा था, जिसके लिए उसे 35 लाख रुपए का भुगतान किया गया। सुनीता ने आगे बताया कि 3 जुलाई को मुन्ना और टीटू ने 15 लाख रुपए उसे नकद में भी दिए थे। पुलिस ने सुनीता के पास से 15 लाख नकद बरामद किए और उसे पुलिस कोषागार में जमा करा दिया।

पुलिस ने जाँच-पड़ताल करके स्वीटी का पता रोहतक में ट्रेस कर लिया। पुलिस द्वारा उसके घर के आसपास कुछ मुखबिर तैनात कर दिए गए, जिसके

फलस्वरूप तीन दिन के अंदर ही स्वीटी को उसके फ्लैट से गिरफ्तार कर लिया गया। स्वीटी के फ्लैट से एक नीली टोपी, बंदर की तस्वीर वाली टी-शर्ट, मुन्ना, टीटू और स्वीटी के नाम की चेकबुक्स और कुछ पासबुक भी बरामद की गईं। पूछताछ करने पर स्वीटी ने पुलिस को बताया कि अगले महीने उसकी मुन्ना से शादी होनेवाली है और उसने यह भी कबूल किया कि इस घोटाले में टीटू और नरेंद्र भी शामिल थे। उसने यह भी खुलासा किया कि टीटू और मुन्ना ने मिलकर सुनीता से 50 लाख में एक जमीन खरीदी थी, जिसका भुगतान उन्होंने कार्ड क्लोनिंग करके लोगों के खातों से निकाले हुए पैसों से किया था। स्वीटी ने पुलिस को यह भी बताया कि मुन्ना ने 10 लाख की एक बोलेरो भी खरीदी थी। अब पुलिस के पास क्लोनिंग के जरिए अलग-अलग एटीएम से निकाले गए 60 लाख की स्पष्ट तस्वीर थी। इन पैसों से संदिग्धों ने 50 लाख की जमीन और 10 लाख की गाड़ी खरीदी थी। इस जाँच से पुलिस को सब स्पष्ट होने लगा था और मुन्ना कानून के शिकंजे में कसता जा रहा था।

इस बीच मुन्ना को पकड़ने के लिए पुलिस की एक टीम को झज्जर भेजा गया। जब पुलिस मुन्ना के घर गई तो उसके माता-पिता ने कहा कि मुन्ना कहाँ है, इस बात की उनको कोई जानकारी नहीं है। पुलिस ने कुछ स्थानीय खुफियाँ एजेंसियों को मुन्ना के घर पर नजर रखने के लिए तैनात कर दिया, जिससे वह जब भी घर वापस आए तो उसे गिरफ्तार कर लिया जाए। कुछ दिनों बाद पुलिस को जानकारी मिली कि मुन्ना अपने दोस्त टीटू के साथ कोल्हापुर में पाया गया था। पुलिस ने कोल्हापुर के एक फ्लैट से मुन्ना और टीटू को पार्टी करते हुए गिरफ्तार कर लिया।

दोनों संदिग्धों की ट्रांजिट रिमांड ली गई और उन्हें देहरादून लाया गया। जब उन्हें मजिस्ट्रेट के समक्ष पेश किया गया तो उन्होंने कबूल किया कि वे दोनों स्किमर लगाने के लिए एटीएम की जाँच करने नेहरू कॉलोनी गए थे और वहाँ राजपुर के एक होटल में रुके भी थे। अपराध के दृश्य को दोबारा बनाने के लिए पुलिस उन्हें अपने साथ देहरादून के उस होटल ले गई। जब वहाँ पुलिस ने उनके द्वारा कमरा बुक करते समय जमा कराई गई आई.डी.

की जाँच की तो पाया कि यही दोनों व्यक्ति 20 से 23 जून के दौरान होटल में रुके थे! होटल के कर्मचारियों के बयान से भी इस बात की पुष्टि की गई।

पुलिस ने मुन्ना और टीटू दोनों को एक सप्ताह के लिए रिमांड पर ले लिया। वे संदिग्धों को झज्जर और रोहतक ले गए, जहाँ से क्लोन किए गए वे एटीएम कार्ड बरामद किए, जिनके उपयोग से विभिन्न एटीएम से पैसे निकाले गए थे। 2017 में एटीएम कार्ड में चिप नहीं होती थी, उस दौरान कार्ड में लगी एक मैग्नेटिक स्ट्रीप पर ही उपयोगकर्ता का डाटा स्टोरेड रहता था। इस मामले के बाद ही उत्तराखंड पुलिस द्वारा बैंकों को एटीएम कार्ड अपग्रेड करने का सुझाव दिया गया था और उन्हें और सुरक्षित बनाया गया। बैंकों को और अधिक सतर्क रहने के निर्देश भी दिए गए, साथ ही बैंकों को सीसीटीवी स्कैनिंग के लिए एक एस.ओ.पी. बनाने के लिए भी सुझाव दिया गया। देश में कार्ड क्लोनिंग अपराधों पर अंकुश लगाने के लिए यह उत्तराखंड पुलिस का एक बड़ा कदम था। इस मामले के बाद बैंकों का कानून प्रवर्तन एजेंसियों के प्रति रवैया भी बदला और सहयोग के लिए प्रत्येक बैंक में नोडल अधिकारी नियुक्त किए गए, जो पुलिस द्वारा माँगी गई आवश्यक जानकारी को उन्हें प्रदान करते हैं। इससे पुलिस को लाभार्थी के खातों का विवरण प्राप्त करने में अब कठिनाई का सामना नहीं होगा।

पुलिस ने पेचकश, सरौता, दोतरफा टेप और अन्य उपकरण, जो एटीएम में स्किमिंग मशीन व माइक्रो कैमरा स्थापित करने में उपयोग किए गए थे, उन्हें बरामद किया। सारा बरामद किया हुआ सामान आगे की जाँच के लिए केंद्रीय फॉरेंसिक विज्ञान प्रयोगशाला, चंडीगढ़ भेजा गया।

कार्ड क्लोनिंग एक बड़े पैमाने पर साइबर अपराध का मामला था। इसे सुलझाकर उत्तराखंड पुलिस ने टीमवर्क और कर्मठता का एक उत्कृष्ट उदाहरण दिया था, जिसमें चार विभिन्न टीमों—हरियाणा पुलिस, दिल्ली पुलिस, महाराष्ट्र पुलिस और दूरसंचार सेवा प्रदाता के साथ समन्वय बनाकर काम किया था और अपराधियों को गिरफ्तार करवाया। पुलिस की पहल पर कोर्ट ने बैंकों से पीड़ितों के पैसे को प्रतिपूर्ति करने के लिए कहा, क्योंकि

इसमें पीड़ितों की कोई गलती नहीं थी। पुलिस के आला अधिकारियों ने इस मामले में जाँचकर्ताओं को हरसंभव समर्थन दिया, यहाँ तक कि मामले को प्राथमिकता से सुलझाने के लिए गुप्तचरों के हवाई यात्रा को भी स्वीकृत किया, जिससे जाँच टीम को ट्रेन में यात्रा न करनी पड़े और जाँच में विलंब न हो।

पुलिस ने सभी चश्मदीदों के बयान दर्ज किए और मुन्ना, टीटू, नरेंद्र और स्वीटी के खिलाफ चार्जशीट बनाई। इस मामले को कोर्ट में पेश किया गया, जहाँ मजिस्ट्रेट ने उन्हें जेल भेज दिया। सुनीता से बरामद धन को उन पीड़ितों को लौटा दिया गया, जिनके कार्ड क्लोन किए गए थे। इंस्पेक्टर राजेश और उनकी टीम को सबसे बड़े साइबर घोटालों में से एक को हल करने के लिए पुलिस मेडल से सम्मानित किया गया।

आज देश में करीब 50 लाख एटीएम और पी.ओ.एस. मशीन हैं। कार्ड क्लोनिंग एक साइबर अपराध है, जो 2017 और 2019 के बीच काफी प्रचलित था। लोग बढ़ती संख्या में डेबिट और क्रेडिट कार्ड का उपयोग खरीदारी करने के लिए कर रहे थे। कार्ड क्लोनिंग में अपराधी एटीएम कार्ड

स्लॉट में एक स्किमर डिवाइस लगा देते थे। जब भी कोई व्यक्ति उस एटीएम में अपना कार्ड स्वाइप करता, तो स्किमर कार्ड की चुंबकीय पट्टी पर संगृहीत जानकारी को पढ़ लेता और इसे एक माइक्रो-स्टोरेज डिवाइस में स्टोर कर लेता था। डिवाइस में दो से तीन दिनों तक का बैटरी बैकअप भी होता था। अपराधी साथ ही, पिन कीपैड के ऊपर एक माइक्रो कैमरा भी लगा देते हैं, जिसमें एक मेमोरी कार्ड भी होता था। कैमरा कार्ड उपयोगकर्ता द्वारा एटीएम में दर्ज किए गए पिन को रिकॉर्ड करता और मेमोरी कार्ड पर डाटा संगृहीत करता था। इस जानकारी का उपयोग अपराधी कार्ड की क्लोनिंग कर उस नए कार्ड से पीड़ित के खाते से पैसे निकाल लेते थे। एटीएम कार्ड क्लोनिंग एक ऐसा साइबर अपराध है, जहाँ यदि पीड़ित द्वारा तीन दिनों के भीतर इसकी सूचना दी जाती है तो खोए गए पैसों की धन वापसी करने के लिए बैंक बाध्य होते हैं। अन्य साइबर अपराधों को लापरवाही माना जाता है और इसलिए बैंक उनके प्रति जवाबदेह नहीं होते हैं।

साइबर टिप : अपना डेबिट या क्रेडिट कार्ड किसी भी एटीएम या पी.ओ.एस. टर्मिनल पर स्वाइप करने से पहले यह सावधानी से जाँच लें कि उसमें कोई भी संदिग्ध उपकरण संलग्न तो नहीं है। हमेशा चिप-सक्षम कार्ड का ही उपयोग करें और अपने कार्ड की जानकारी किसी के साथ साझा न करें। कार्ड का पिन चुपके से दर्ज करें, ताकि कोई भी छुपा कैमरा इसे पढ़ न पाए।

□

6

दुनिया का सबसे महँगा पिल्ला!

इंसान के सबसे अच्छे दोस्त के लिए मधु की बेटी का प्यार और उसकी खुद की मासूमियत ने उसे 66 लाख की जालसाजी का शिकार बना दिया।

रिपब्लिक ऑफ कैमरून पश्चिम मध्य अफ्रीका का एक छोटा सा देश है, जिसकी सीमा रिपब्लिक ऑफ कांगो और नाइजीरिया से लगती है। इसकी आबादी 2.5 करोड़ है और यह अपनी भौगोलिक, भाषा और सांस्कृतिक विविधता के लिए 'अफ्रीका इन मिनिएचर' के नाम से भी जाना जाता है। बहुत कम लोग जानते हैं कि कई साइबर अपराध इस सुदूर देश से होते हैं।

डिप्टी कमांडेंट अजय जब अपनी पत्नी मधु और दोनों बेटियों—दीया और साक्षी के साथ पौड़ी से तीर्थयात्रा करके लौट रहे थे, उसी दौरान एक खतरनाक कार दुर्घटना में उनकी मृत्यु हो गई। मधु और उसकी दोनों बेटियाँ चालक सहित सकुशल बच गईं। अजय की मृत्यु से मधु को गहरा सदमा लगा था, जिससे वह एक महीने बाद भी बाहर नहीं निकाल पाई थी। वह भावनात्मक रूप से बिल्कुल टूट चुकी थी। मधु की बड़ी बेटी दीया, जो कि 15 साल की थी, कक्षा 9 में पढ़ती थी। वह अपने पिता की मृत्यु के सदमे से काफी शांत हो गई थी। वह उदास रहती थी और उसने पहले की तरह टीवी देखना और ऑनलाइन गेम्स खेलना भी बंद कर दिया था। उसकी बहन

साक्षी, जो उससे दो साल छोटी थी, अब उसकी एकमात्र दोस्त थी।

कोरोना के डर से उन दिनों लोग घरों के अंदर रहना ही ठीक समझते थे। चारों तरफ एक डर का माहौल था और लगातार लोगों की मौतें हो रही थीं। घर में पड़े पड़े युवा और बुजुर्ग ही नहीं, बल्कि बच्चे भी अवसाद के शिकार हो रहे थे। स्कूल बंद होने के कारण दीया की क्लासेस भी ऑनलाइन ही होती थीं। एक दिन दीया ने मधु से कहा, "माँ, मेरा कोई दोस्त नहीं है और न ही मैं कहीं घूमने जा सकती हूँ। मैं किसके साथ खेलूँ? पीहू के पास तो इतनी प्यारी बीगल है, तुम भी मेरे लिए एक कुत्ता क्यों नहीं लातीं?" मधु हमेशा से कुत्ते को घर में रखने से घबराती थी, क्योंकि उसने अपनी बहन सानवी और उसकी बेटी पीहू की दुर्दशा देखी थी, जिनके पास तीन साल की एक मादा बीगल थी, जो उन्हें काफी परेशान करती थी। हर हफ्ते डेजी को नहलाना पड़ता था और उसकी ग्रूमिंग करनी पड़ती थी। बरसातों में तो डेजी को बार-बार पशु चिकित्सक के पास ले जाना पड़ता था, क्योंकि उसे हर वक्त गार्डन में जो खेलना होता था। वह गार्डन से अपने पैर गीले कर लाती और उनमें फंगल इंफेक्शन हो जाता। साथ ही सानवी को दिन में तीन बार डेजी को टहलाने के लिए भी जरूर ले जाना पड़ता था। मधु को लगता था कि पति की मृत्यु के बाद उसके ऊपर घर की काफी जिम्मेदारियाँ आ गई हैं और ऊपर से अगर एक कुत्ता भी आ गया तो उसका ध्यान कौन रखेगा? इस कारण से वह हमेशा दीया की कुत्ता पालने की बात को टाल देती थी।

एक दिन जब मधु दीया के साथ अपने घर की बालकनी में बैठी थी, तभी उसे अपनी दोस्त नेहा का फोन आया, जिसने उसे बताया कि उनकी सोसाइटी में रहनेवाली उसकी पड़ोसन की 12 साल की बेटी का कोविड से निधन हो गया है। यह सुनकर मधु का दिल दहल गया, उसने फोन नीचे रखा और दीया की तरफ भारी मन से देखने लगी। दीया ने पूछा, "क्या हुआ माँ, सब ठीक तो है न?" मधु ने उस लड़की के बारे में बताया तो हालाँकि दीया उसे जानती तो नहीं थी, लेकिन यह सुनकर उसका शरीर भय से थर्रा गया। उसने अपनी माँ को गले लगाया और पूछा, "क्या हम भी इस महामारी से मर जाएँगे?" यह

सुनकर मधु अपने आँसुओं को रोक नहीं पाई। उसने दीया को प्यार करते हुए कहा, "नहीं बेटी, भगवान् इतना निर्दयी कभी नहीं हो सकता।"

दीया की इस बात ने मधु को उसके कुत्ते की माँग के बारे में दोबारा सोचने पर मजबूर कर दिया। पंद्रह दिन बाद दीया का पंद्रहवाँ जन्मदिन था, वह कक्षा 10वीं में जानेवाली थी और अगले साल उसके बोर्ड की परीक्षाएँ थीं। मधु ने सोचा कि दीया पहले से ही काफी उदास रहती है और ऊपर से परीक्षाओं का भी स्ट्रेस होगा तो ऐसे में कुत्ता दीया का मन बहलाने में मदद करेगा और साथ ही उसे तनावमुक्त भी रखेगा। आखिरकार मधु ने फैसला कर लिया कि वह दीया को जन्मदिन पर उसे एक कुत्ता लाकर देगी।

मधु हर छोटी-बड़ी चीज के लिए अपनी बड़ी बहन सानवी से विचार-विमर्श करती थी। मधु ने सानवी को फोन किया और दीया को कुत्ता खरीदवाने के बारे में बताया। सानवी ने उसे सलाह दी कि वह एक छोटे ब्रीड वाला कुत्ता ही खरीदे, क्योंकि वह फ्लैट में रहती है और बड़े कुत्ते को घूमने के लिए अधिक जगह चाहिए होती है। उसने मधु को कॉकर स्पेनियल ब्रीड का कुत्ता खरीदने की सलाह दी, जो कि एक चंचल और प्यारी प्रजाति है। मधु

ने अगले दिन ही कॉकर स्पेनिल पप्पी की खोज शुरू कर दी। उसने अपने व्हाट्सएप ग्रुप में एक मैसेज डालकर पूछा कि क्या किसी के पास कॉकर स्पेनिल पप्पी अपलब्ध है? साथ ही उसने गूगल पर भी पप्पी की खोज जारी रखी, जहाँ उसे लोकल सर्च इंजन वेबसाइट पर कुछ कुत्तों के विक्रेताओं के नंबर उपलब्ध हुए। मधु का हमेशा से यह मानना था कि इंटरनेट पर उपलब्ध जानकारी हमेशा सही होती है। वेबसाइट की पहली लिस्टिंग में ही एक कॉकर स्पेनिल पप्पी की प्यारी सी तस्वीर लगी थी। मधु की आँखें ऐसे चमक उठीं, मानो उसे कोई सोने की खान मिल गई हो! विक्रेता ने पेड रिव्यू के माध्यम से वेबसाइट की अच्छी रेटिंग हासिल कर ली थी और गूगल सर्च लिस्ट में उसने चोटी का स्थान भी प्राप्त कर लिया था। उस कुत्ते के पिल्ले की तस्वीर इतनी प्यारी थी कि कुत्तों से कभी प्यार न करनेवाले का भी दिल उस पर आ जाए।

अगले दिन रविवार को सुबह से ही काफी गरमी थी। देहरादून में जून का महीना सबसे गरम होता है और इस दौरान तापमान 40 डिग्री तक पहुँच जाता है। बच्चों के लिए नाश्ता बनाने के बाद मधु ने ए.सी. की ठंडी हवा में बैठकर, जो नंबर उसने कल रात को वेबसाइट से निकाला था, उस पर फोन किया। उसने विक्रेता से व्हाट्सएप पर संपर्क करना बेहतर समझा, क्योंकि इसमें भविष्य में किसी भी संदर्भ के लिए मैसेज सुरक्षित रहते हैं। मधु ने विक्रेता को मैसेज भेजकर कुत्ते के पिल्ले का पूरा विवरण माँगा। तुरंत दूसरी ओर से किसी श्वेता नाम की लड़की का जवाब आया, जिसने खुद को कुत्तों की ब्रीडर बताया। उसने कुत्ते के पिल्ले की कई प्यारी तस्वीरें भेजीं, जिन्हें देखकर मधु मंत्रमुग्ध हो गई। उसे लगा, मानो वह कुत्ते का बच्चा अपनी भोली आँखों से कह रहा हो, "प्लीज, मुझे गोद ले लो न!" उसने तुरंत श्वेता को मैसेज करके उसकी कीमत और उपलब्धता के बारे में पूछा। श्वेता ने बताया कि यह शुद्ध नस्ल का काकर स्पेनियल है और 'केनेल क्लब ऑफ इंडिया' में इसका पंजीकरण भी शीघ्र हो जाएगा। उसने मधु को उस पप्पी की कीमत 15,000 रुपए बताई, जिसमें से 5,000 रुपए पहले एडवांस के रूप में देने होंगे और बाकी पेमेंट कुत्ते का पिल्ला मिलने के बाद करनी होगी। मधु तुरंत मान गई और उसने गूगल-पे के द्वारा 5,000 रुपए श्वेता के बताए हुए नंबर पर भेज दिए। मधु ने दीया को जब इस बारे में बताया तो वह खुशी से उछल पड़ी। उसकी खुशी देखकर मधु भी आत्मविभोर हो गई।

दो दिन बाद, 22 जून को मधु को ब्रीडर का एक इ-मेल मिला, जिसमें 1,03,300 रुपए का एक बिल था और एक स्टेट बैंक खाते का विवरण भी दिया था, जिसमें पैसे जमा कराने थे। बिल में पिल्ले की कीमत, कोविड हैंडलिंग शुल्क, टीकाकरण शुल्क, फीडिंग शुल्क और परिवहन व्यय का विवरण दिया गया था। मेल में कहा गया था कि यह पैसा एक सिक्योरिटी डिपॉजिट है और पिल्ले की डिलीवरी पर वापस कर दिए जाएँगे। पूरे खर्चे का वहन विक्रेता ही करेगा और मधु को केवल कुत्ते के पिल्ले की कीमत ही चुकानी पड़ेगी।

श्वेता से इस बारे में बात करने के बाद जब वह आश्वस्त हो गई तो उसने बताए हुए खाते में पैसे ट्रांसफर कर दिए। उसने ट्रांजेक्शन का स्क्रीनशॉट लिया और श्वेता को व्हाट्सएप पर भेज दिया। इसके बाद मधु को एक संदेश मिला, जिसमें लिखा था कि पिल्ले के बीमा की प्रकिया कल ही शुरू हो जाएगी और जल्द ही कुत्ते का पिल्ला उसके पास पहुँच जाएगा। अगले दिन उसे ब्रीडर का एक और मेल आया, जिसमें उससे कैनरा बैंक में फिर से 1,03,300 रुपए ट्रांसफर करने के लिए कहा गया था। उसमें लिखा था कि विक्रेता के खाते में कुछ समस्या हो जाने के कारण पहला खाता भारतीय स्टेट बैंक के द्वारा अस्थायी रूप से निलंबित कर दिया गया था। उसे साथ ही यह भी आश्वासन दिया गया कि कुल 2,06,600 रुपए की राशि उसे बीमा प्रक्रिया पूरी हो जाने के बाद तुरंत वापस कर दी जाएगी। मधु इस भोले से दिखनेवाले कुत्ते को बहुत चाहने लगी थी, वह इस माँग को मना नहीं कर पाई।

मधु लगातार श्वेता के साथ व्हाट्सएप कॉल पर संपर्क में थी, जिसने किसी बहाने से मधु से 3 लाख रुपए और निकलवा लिये। पहले उसने कहा कि KCI रजिस्ट्रेशन की प्रक्रिया चल रही है और विक्रेता उसे KCI रजिस्ट्रेशन के डॉक्यूमेंट और प्रमाण-पत्र मेल पर जल्दी भेज देगा। फिर अगली बार ब्रीडर ने कहा कि केनाइन के गले में एक माइक्रोचिप लगाई जाएगी, जिसमें उसकी पूरी जानकारी होगी और मधु को उसकी फीस KCI को देनी होगी। मधु, जो कि अपने पति की मृत्यु और महामारी के चलते मानसिक रूप से काफी कमजोर हो गई थी, वह इस जाल में फँसती ही जा रही थी। उसे यह अहसास भी नहीं हुआ कि वह 15,000 के पिल्ले के लिए 5 लाख से अधिक की धनराशि दे चुकी थी। मधु ने इस बारे में किसी को नहीं बताया, क्योंकि उसने सोचा कि लोग उसका उपहास उड़ाएँगे, क्योंकि 5 लाख कोई छोटी रकम नहीं है और उसे यह भी लग रहा था कि वैसे भी यह तो रिफंडबेल है और उसे वापस मिल ही जाएगी।

पैसे देने के एक घंटे के अंदर ही मधु को एक और मेल आया, जिसे

पढ़कर वह हैरान रह गई। उसमें लिखा था कि उसे एक अस्थायी जमानत के तौर पर अभी 6 लाख रुपए एच.डी.एफ.सी. बैंक के एक खाते में जमा करने होंगे और बाद में उसे कुल 11 लाख रुपए वापस कर दिए जाएँगे। अब मधु का धैर्य टूट गया था। उसने तुरंत श्वेता को फोन किया, लेकिन फोन नहीं लगा। उसने मैसेज भेजकर श्वेता से कुत्ते के पिल्ले की स्थिति पूछी। श्वेता ने जवाब दिया कि सब कुछ योजना के अनुसार चल रहा है और कुत्ते का पिल्ला एक या दो दिन में उसके पास भेज दिया जाएगा और वह कतई भी परेशान न हो। मधु ने रिफंड के बारे में भी पूछा, जिस पर श्वेता ने उसे आश्वस्त करते हुए कहा कि वह भी उसे जल्द ही कर दिया जाएगा।

मधु कार एक्सीडेंट के बाद शारीरिक एवं मानसिक रूप दोनों से कमजोर पड़ गई थी और दवाओं के कारण उसकी सोचने की क्षमता क्षीण हो गई थी। वह अब इस सौदे में बहुत आगे निकल चुकी थी और ऐसी अवस्था में थी, जहाँ से उसके लिए वापस जाना संभव नहीं था। वह विक्रेता की इ-मेल द्वारा की गई माँगों को मानती रही और अब तक उसने 28 लाख रुपए दाँव पर लगा दिए थे। इसका भुगतान ब्रीडर को मधु ने अपने दिवंगत पति के साथ अपने ज्वाइंट अकाउंट से किया था। यह वह पैसा था, जो अजय की मृत्यु के बाद उसे आखिरी सेटलमेंट के रूप में मिला था। मधु को अब मालूम था कि दीया और किसी कुत्ते को पसंद नहीं करेगी। उसने तो कुत्ते के बच्चे का नाम 'जो' रखने का फैसला भी कर लिया था। दीया बहुत उत्साहित थी और बेसब्री से अपने जन्मदिन का इंतजार कर रही थी, जब उसे वह कुत्ते का पिल्ला मिलनेवाला था। मधु ने उसके लिए 'A3 साइज' की 'जो' की रंगीन तस्वीर भी छपवा ली थी, जिसको दीया ने अपने पलंग के सामने दीवार पर चिपका दिया था। दीया पूरे दिन 'जो' की तस्वीर देखती और उससे बातें करती। 'जो' अब उसका सबसे अच्छा दोस्त बननेवाला था।

मधु चौंक गई, जब 1 जुलाई को उसे एक और इ-मेल आया, जिसमें उसे 25 लाख रुपए इंडसइंड बैंक में जमा करने के लिए कहा गया और

उसमें कुल 53,39,600 रुपए रिफंड करने की बात भी कही गई थी। मधु ने यह कहावत तो सुनी थी कि 'पैसा पैसे को खींचता है', लेकिन उसने यह कभी नहीं सोचा था कि उसे अपने पैसे वापस पाने के लिए ढेर सारे पैसे और लगाने पड़ेंगे! उसने एकदम श्वेता को कॉल किया। इस बार श्वेता ने मधु का फोन पहली घंटी में ही उठा लिया। मधु गुस्से से फूट पड़ी और उसने चिल्लाते हुए श्वेता से पूछा कि यह किस तरह का मजाक है ? श्वेता ने मधु को धैर्यपूर्वक सुना और फिर एक बार विक्रेता के पक्ष में कहानियाँ बनाकर उसे अपने वश में कर लिया।

श्वेता ने उसे फुसलाया कि यह अखिरी धनराशि है, जिसका उसे भुगतान करना होगा, इसके बाद कुत्ते के पिल्ले को उसके पास देहरादून भेज दिया जाएगा। यहाँ तक कि उसने मधु को कुत्ते के पिल्ले की एक नकली एयर टिकट भी भेजी और एक वीडियो भी भेजी, जिसमें कुछ विदेशी लोग

कुत्ते के पिल्ले को एक पिंजरे में डालकर एयरपोर्ट ले जाते हुए दिखाई दे रहे थे। श्वेता ने मधु से कहा कि कुत्ते का पिल्ला 3 जुलाई तक उसके पते पर अवश्य पहुँच जाएगा। मधु, श्वेता की आश्वासन भरी बातों में आ गई और उसका विरोध नहीं कर पाई। मधु ने सोचा कि चलो ठीक है, दीया का जन्मदिन 6 जुलाई को है, वैसे भी उसके पास ब्रीडर से अपना धन प्राप्त करने के लिए अब यह भुगतान करने के अलावा दूसरा कोई विकल्प नहीं था। उसने 25 लाख रुपए का भुगतान भी कर दिया और ट्रांजेक्शन आई.डी. श्वेता को भेज दी। श्वेता ने उसे कहा कि बस उसे अब और कोई पैसे नहीं देने है और एक पुष्टीकरण रसीद भेजी। साथ ही, उसने कहा कि मधु के खाते में 53,39,600 रुपए जल्दी वापस कर दिए जाएँगे।

4 जुलाई को मधु को एक और इ-मेल आया, जिसमें लिखा था— 'वर्सिटाइल बैंकिग ट्रांजेक्शन ऑर' होने के कारण मधु को 13 लाख रुपए और देने होंगे। यह धनराशि बाकी पैसों के साथ उसे रिफंड कर दी जाएगी। मधु ने सोचा कि अब तो एयर टिकट भी बुक हो चुकी है और कुत्ता ट्रांसिट में है, यह पेमेंट भी कर ही देती हूँ। उसके पास कोई और विकल्प भी नहीं था, अब उसे अपना कुत्ता और पैसे दोनों कैसे भी हो, चाहिए थे।

अगले दिन मधु को श्वेता का मैसेज आया कि कुत्ते का पिल्ला देहरादून के जॉलीग्रांट एयरपोर्ट पर पहुँच चुका है और 5 जुलाई को एयरपोर्ट पर पशु चिकित्सक द्वारा चेकअप करने के बाद उसके घर पर भेज दिया जाएगा। अगर वह चाहे तो पप्पी को लेने खुद भी जा सकती है और शाम तक उसके पैसे भी रिफंड हो जाएँगे।

अब मधु की खुशी की कोई सीमा नहीं थी। उसने राहत की साँस ली, क्योंकि डील पूरी हो चुकी थी। अगले दिन मधु और दीया दोनों बेसब्री से पिल्ले के पहुँचने का इंजतार करने लगे। लेकिन पिल्ला लेकर कोई भी नहीं आया। मधु ने श्वेता को संपर्क करने का प्रयास किया, लेकिन वह भी नहीं हो पाया। उसके व्हाट्सएप टेक्स्ट मैसेज पर भी डबल टिक नहीं आ रहा था।

अगले दिन दीया का जन्मदिन था, मधु के उठने से पहले ही दीया बिस्तर पर बैठी थी। उसने कहा, "माँ मुझे पता है कि तुमने 'जो' को कहीं छिपा रखा है, ताकि तुम मुझे सरप्राइज दे सको।" मधु एक शब्द भी नहीं कह पाई। उसने एक बनावटी हँसी के साथ दीया को जन्मदिन की बधाई दी। उसने रात को ही मन बना लिया था कि वह आज एयरपोर्ट जाएगी और कुत्ते के पिल्ले को स्वयं लेकर आएगी। मधु ने दीया को यह बोलकर स्कूल भेज दिया कि दोपहर को जब वह स्कूल से लौटेगी, तब पिल्ला जरूर उसके पास होगा।

इस बीच मधु को एक और मेल आया, जिसमें उससे उज्जीवन स्मॉल फाइनेंस बैंक और कोटक महिंद्रा बैंक में 17 लाख रुपए जमा करने को कहा गया था और यह भी लिखा था कि वे कुत्ते का पिल्ला डिस्पैच कर रहे हैं। मधु बहुत हैरान थी और उलझन में पड़ गई। आखिर पिल्ले के लिए उसे कितने पैसे देने पड़ेंगे? तब उसे अहसास हुआ कि उसके साथ एक बहुत बड़ा धोखा हुआ है। उसे अपने ऊपर विश्वास नहीं हो रहा था कि कैसे उसने एक पिल्ले के लिए इतने पैसे दे दिए थे! उसने सपने में भी कभी नहीं सोचा था कि उसके साथ भी कोई धोखा कर सकता है! आज तक उसने कभी किसी का दिल नहीं दुखाया था, फिर भगवान् उसके साथ ही ऐसा क्यों करेंगे? पहले उससे उसका पति छीन लिया और फिर अब उसके सारे पैसे! प्रभु की यह कैसी विडंबना थी? उसने दोपहर में दीया को स्कूल से लिया और सीधे नेहरू कॉलोनी पुलिस चौकी पहुँची। दीया समझ गई कि कुछ बड़ी गड़बड़ है, लेकिन माँ को इतना परेशान देखकर उसकी कुछ पूछने की हिम्मत नहीं हुई।

कॉन्स्टेबल पवार, जो एक अधेड़ उम्र का ऊँचे कद का व्यक्ति था, थाने के प्रवेश द्वार के पास ही बैठा था। वह हाथ से लिखे कुछ पन्नों को पलटकर देख रहा था। मधु ने घबराते हुए पवार को ही पूरी कहानी बताई और कहा कि वह उसकी मदद करे। यूँ तो सभी थानों पर साइबर क्राइम के खिलाफ शिकायत दर्ज की जा सकती है, फिर भी मधु की पूरी बात

सुनकर पवार ने उसे साइबर थाने जाने की सलाह दी, क्योंकि यह एक साइबर क्राइम का जटिल मामला था।

मधु, जो अब हताश हो गई थी, अपनी शिकायत दर्ज कराने साइबर थाने गई। मधु ने कभी नहीं सोचा था कि एक थाना किसी कॉरपोरेट ऑफिस की तरह दिख सकता है। वहाँ आधुनिक आई.टी. हार्डवेयर, ब्लिंकिग मोडम और उच्च गति के नेटवर्क वाले राउटर लगे थे। इंस्पेक्टर नाभियाल, जो उस समय पर ड्यूटी पर थे, उन्होंने मधु और दीया दोनों को बैठने के लिए कहा। उसने ध्यान से मधु की पूरी बात सुनी। नाभियाल से अपनी बात कहते-कहते वह फूट-फूट कर रोने लगी, उसके हाथ काँप रहे थे। देवेंद्र नाभियाल एक बहुत ईमानदार पुलिस अधिकारी था। वह अपनी वित्त विभाग की नौकरी छोड़कर 2002 में सब-इंस्पेक्टर के पद पर पुलिस बल में शामिल हो गया था। वह पीड़ितों की सेवा करना चाहता था। उसने मधु को एक गिलास पानी पिलाया और शांत होने के लिए कहा। मधु एफ.आई. आर. करने में डर रही थी, क्योंकि वह नहीं चाहती थी कि लोगों को पता चले कि वह इतने बड़े धोखे की शिकार हुई है! पति के खोने का गम और ऊपर से महामारी, दोनों ने मधु की मानसिक हालत ऐसे कर दी थी कि उसे लगा, कोई भी उसकी मनःस्थिति नहीं समझ पाएगा और उल्टा लोग उसका उपहास उड़ाएँगे।

इंस्पेक्टर नाभियाल, जो कि बहुत सुलझा हुआ इंसान था, उसने मधु को समझाया और उसका हौसला बढ़ाया। उसकी बात सुनकर मधु प्राथमिकी दर्ज कराने के लिए मान गई। मधु ने पुलिस को जालसाजों का पूरा विवरण दिया। 6 जुलाई, 2021 को सी.आर.पी.सी. की धारा 154 के तहत जालसाजों के खिलाफ प्राथमिकी दर्ज की गई। नाभियाल ने मधु से कहा कि वह लगातार श्वेता से बात करती रहे, ताकि उसे बिल्कुल पता न चले कि यह मामला पुलिस के पास पहुँच चुका है। इससे वह किसी भी तरह से सबूतों को नष्ट नहीं कर सकेगी और पुलिस को जाँच करने में कठिनाई नहीं होगी।

पुलिस द्वारा आई.टी. अधिनियम की धारा 66(डी) के तहत कंप्यूटर

से धोखाधड़ी, भारतीय दंड संहिता की धारा 120 (बी) के तहत अपराधिक साजिश और धारा 420 के तहत धोखधड़ी और बेईमानी का मामला दर्ज किया गया। यह श्वेता और अज्ञात के खिलाफ कुत्ते के पिल्ले के नाम पर पीड़िता से बहला-फुसलाकर 66,39,600 रुपयों की धोखाधड़ी का अपराधिक मामला था।

उत्तराखंड पुलिस की तीन राज्य इकाइयाँ हैं—'स्पेशल टास्क फोर्स फॉर ऑर्गनाइज्ड क्राइम', 'एंटी ड्रग टास्क फोर्स' और 'साइबर क्राइम एवं फाइनेंशियल धोखाधड़ी'। यह मामला एस.टी.एफ. के 'साइबर क्राइम और फाइनेंशियल फ्रॉड', गढ़वाल क्षेत्र के दायरे में था। एक बड़ी धनराशि का मामला होने के कारण आई.जी., एस.टी.एफ. ने डिप्टी एस.पी., साइबर क्राइम और अन्य अधिकारियों के साथ बैठक करके एक जाँच टीम का गठन किया और जाँच की जिम्मेदारी साइबर पुलिस इंस्पेक्टर देवेंद्र नाभियाल को ही दी गई। सब-इंस्पेक्टर आशीष गोसाई, जो कि पहले भी साइबर क्राइम के मामलों को सुलझा चुका था, उसे भी इस टीम में शामिल किया गया। टीम के अन्य सदस्य भी साइबर क्राइम से परिचित थे और सभी ने उत्तराखंड पुलिस द्वारा समय-समय पर आयोजित साइबर प्रशिक्षण भी प्राप्त किया हुआ था।

उत्तराखंड पुलिस देश में लगातार बढ़ते साइबर क्राइम से भलीभाँति अवगत थी। हाल ही में पश्चिमी अफ्रीका से आए कुछ कैमरूनी नागरिक दिल्ली और बेंगलुरु में ड्रग्स से संबंधित कई अपराधों और ऑनलाइन धोखाधड़ी के मामलों में शामिल पाए गए थे। पुलिस जानती थी कि भारत में यूरोप और अमेरिका की तुलना में शिक्षा सस्ती होने के कारण कैमरूनी यहाँ पढ़ने आते हैं। कॉलेजों में प्रवेश लेने के बाद वे आमतौर पर पूर्वोत्तर राज्यों की सीधी-सादी लड़कियों को अपने जाल में फँसाकर उनकी आई.डी. का इस्तेमाल जालसाजी के लिए करते हैं और उससे पैसे कमाते हैं। वे इन पैसों को रेव पार्टियाँ, ड्रग्स और अन्य मौज-मस्ती पर खर्च करते हैं।

अन्य अपराधों में जैसे अपराधी जमीनी सबूत छोड़ जाते हैं, वैसे ही

साइबर क्राइम के अपराधी अंजाने में कुछ डिजिटल सबूत छोड़ जाते हैं। साइबर अपराध के मामलों को सुलझाने के लिए पुलिस को अपनी जाँच को तेज और बहुआयामी करना पड़ता है, क्योंकि डिजिटल सबूत जल्दी ही गायब हो जाते हैं। इंस्पेक्टर नाभियाल ने अपनी टीम को तुरंत इस केस की जाँच में लगा दिया।

सबसे पहला काम श्वेता के नंबर को ट्रेस करना और उन इ-मेल एवं बैंक खातों का विश्लेषण करना था, जिसमें मधु ने पैसे ट्रांसफर किए थे। सब-इंस्पेक्टर आशीष ने मधु द्वारा प्राप्त सभी इ-मेल की कॉपी ली और श्वेता के नंबर पर फोन करने की कोशिश की, जो उसे बंद मिला। उसने बी.एस.एन.एल. से उस नंबर की कॉल डिटेल का रिकॉर्ड माँगा। पुलिस द्वारा भारतीय साक्ष्य अधिनियम की धारा 65 के तहत डिजिटल रिकॉर्ड प्राप्त करने के लिए बी.एस.एन.एल. से प्रमाण-पत्र प्राप्त किया गया। जाँच टीम ने उस मोबाइल नंबर के पिछले 15 दिनों के कॉल डिटेल रिकॉर्ड का विश्लेषण किया। उन्हें इससे कुछ ज्यादा जानकारी प्राप्त नहीं हुई, सिवाय कुछ रिचार्ज के मैसेज के, क्योंकि इस नंबर से कोई सामान्य कॉल नहीं हुई थी। पुलिस ने निष्कर्ष निकाला कि सभी कॉल व्हाट्सएप के माध्यम से की गई थीं। व्हाट्सएप कॉल को ट्रेस करना बहुत कठिन होता है। अपराधी बहुत चालाक होते हैं, वे सिम किसी एक मोबाइल पर इस्तेमाल करते हैं और फिर ओ.टी.पी. का उपयोग करके व्हाट्सएप दूसरे मोबाइल पर चलाते हैं।

अब जाँच टीम के सामने एक बड़ी चुनौती थी, क्योंकि उन्हें किसी व्यक्ति विशेष को नहीं, बल्कि एक मोबाइल को पकड़ना था! पुलिस ने बी.एस.एन.एल. की मदद से उस सिम से जुड़े फोन का IMEI नंबर ट्रेस किया और पाया कि उस पर इस्तेमाल होनेवाला सिम कार्ड हर दो से तीन दिनों में बदला जा रहा था। इन नंबरों से सबसे अधिक कॉल बेंगलुरु से रिसीव की जा रही थी। मोबाइल के IMEI नंबर से लिंक्ड के.वाई.सी. की मदद से पुलिस को मालूम चला कि यह मोबाइल किसी त्रिपुरा के बीरचंद्र

नगर में रहनेवाले सबापन नामक व्यक्ति का था। बीरचंद्र नगर दक्षिण त्रिपुरा जिले के बोकाफा ब्लॉक में एक छोटा सा गाँव है। पुलिस हैरान थी कि त्रिपुरा का एक निवासी देहरादून में साइबर क्राइम कैसे कर सकता है? उत्तराखंड पुलिस द्वारा तुरंत त्रिपुरा पुलिस से संपर्क साधा गया और जाँच टीम को फोटोग्राफ के साथ सबापन के पते पर भेजा गया। पुलिस ने पाया कि वहाँ कोई सबापन नहीं रहता था, वह मोबाइल किसी फर्जी नाम से लिया गया था। त्रिपुरा से खरीदा हुआ यह मोबाइल बेंगलुरु में इस्तेमाल किया जा रहा था। पुलिस अब अँधेरे में थी और उन्हें मुजरिम को पकड़ने के लिए कोई अन्य सुराग ढूँढ़ना था।

इंस्पेक्टर नाभियाल की टीम उन सभी खातों को भी समानांतर रूप से ट्रेस कर रही थी, जिसमें मधु द्वारा पैसे जमा कराए गए थे। पुलिस द्वारा भारतीय स्टेट बैंक, एक्सिस बैंक, केनरा बैंक, एच.डी.एफ.सी. बैंक, इंडसइंड बैंक, उज्जीवन स्मॉल फाइनेंस बैंक और कोटक महिंद्रा के प्रबंधक और नोडल अधिकारियों से संपर्क स्थापित किया गया और इन खातों के खोले जानेवाले फॉर्म और खाताधारकों के के.वाई.सी. के विवरण प्राप्त किए गए। पुलिस को अब उन खाताधारकों को ढूँढ़ना था, जो इस क्राइम में असली लाभार्थी थे। पुलिस ने इन दस्तावेजों में दिए गए मोबाइल नंबरों को भी जाँचा। यह सारे नंबर या तो बंद थे या फिर फर्जी तौर से लिये गए थे। यह सब खाते गरीब लोगों को किसी राष्ट्रीय सरकारी योजना की झूठी लालच देकर खुलवाए गए थे। उन्हें कहा गया था कि सरकार की तरफ से उनके खातों में हर महीने पैसे आएँगे और बहाने से उनके एटीएम कार्ड जब्त कर लिये गए थे। जालसाजों ने इन गरीब लोगों के एटीएम कार्ड का प्रयोग मधु से ठगे गए पैसे निकालने में किया था। इंस्पेक्टर नाभियाल और उसकी टीम को अब अपराधियों को पकड़ने के लिए एक नई रणनीति बनानी थी।

एक शाम जब नाभियाल पुलिस थाने में बैठा इसी उधेड़बुन में था कि कैसे उन खाताधारकों तक पहुँचा जाए, तभी उसे अपने बैंक से एक ट्रांजेक्शन का मैसेज आया, जो उसने कुछ देर पहले किया था। अचानक

उसके दिमाग में घंटी बजी कि जो मोबाइल नंबर उसने खाता खोलते समय बैंक को दिया था, वह अलग था और जिस पर उसे ट्रांजेक्शन का मैसेज मिला, वह नंबर अलग है। फिर उसे याद आया कि हाल ही में जब वह सनशाइन अपार्टमेंट में अपने नए फ्लैट में शिफ्ट हुआ था, वहाँ बी.एस.एन.एल. के सिग्नल ठीक से नहीं आते थे। इस कारण उसने अपने बैंक खाते से जुड़े उस नंबर को बदलकर अपने नए 'जियो' का नंबर अपडेट कराया था, जिससे उसे बैंक ट्रांसजेक्शन के मैसेज बराबर प्राप्त होते रहें।

नाभियाल ने तुरंत उन बैंकों से संपर्क किया, जिनके खातों की जाँच की जा रही थी और पूछा कि क्या उनमें से किसी भी खाते से जुड़े मोबाइल नंबर को खाता खोलने के बाद अपडेट किया गया है? कुछ ही घंटों में उसे स्टेट बैंक और केनरा बैंक के नोडल अधिकारियों का फोन आया कि उन दोनों बैंक में जाँच किए जानेवाले खातों के खुलने के एक हफ्ते के अंदर ही उनसे जुड़े मोबाइल नंबरों को खाताधारकों द्वारा बदल दिया गया था। बैंक द्वारा दी गई यह सूचना इस केस के लिए अति महत्त्वपूर्ण थी।

इंस्पेक्टर नाभियाल ने तुरंत टेलीकॉम कंपनियों से संपर्क किया और पाया कि इनमें से एक खाता मिजोरम निवासी पीटर की बेटी लीसा के नाम पर था। मिजोरम पुलिस के साथ संपर्क स्थापित किया गया और पुष्टि की गई। इस खाते से जुड़े नंबर की आखिरी टावर कनेक्टिविटी बेंगलुरु में थी। पुलिस को बैंक स्टेटमेंट से भी यह जानकारी मिली कि पैसे जालसाजों ने बेंगलुरु स्थित एटीएम से निकाले हैं। उत्तराखंड साइबर पुलिस ने कर्नाटक पुलिस से संपर्क स्थापित किया और जिन एटीएम मशीनों से पैसे निकाले गए थे, वहाँ की सीसीटीवी फुटेज माँगी। उत्तराखंड पुलिस की तत्परता से फुटेज प्राप्त हो गई, अन्यथा सीसीटीवी की वीडियो रिकॉर्डिंग बैंक केवल तीन महीने के लिए संगृहीत करते हैं। जाँच में किसी भी तरह की देरी से महत्त्वपूर्ण फुटेज खो सकती थी। बेंगलुरु के बैंक के एटीएम की फुटेज खँगालने पर पुलिस ने पाया कि एक ऊँचे कद का अफ्रीकी व्यक्ति, जिसने टोपी से अपना चेहरा छिपाया हुआ था, पुलिस द्वारा प्राप्त बैंक स्टेटमेंट के

अनुसार बताए गए दिन और समय पर उस एटीएम से पैसे निकाल रहा था! अब पुलिस को जालसाज की कुछ जानकारी मिल गई थी।

पुलिस के पास कुछ कैमरूनी नागरिकों के बारे में गुप्त जानकारी थी, जिन्होंने बेंगलुरु में पहले कुछ ड्रग्स संबंधी अपराध किए थे और वह दक्षिण बेंगलुरु में कहीं रहते थे। इंस्पेक्टर नाभियाल फौरन अपनी टीम के साथ बेंगलुरु के लिए रवाना हुए। पवन और दो अन्य सिपाहियों को सादे कपड़ों में बेंगलुरु के उस एटीएम के बाहर तैनात कर दिया गया, जहाँ से पैसे निकाले जा रहे थे और उस एटीएम के सुरक्षा गार्ड को भी अलर्ट कर दिया गया। पुलिसकर्मियों ने लगातार 10 दिन तक एटीएम पर नजर रखी, लेकिन कोई वहाँ कैमरूनियन पैसे निकालने नहीं आया।

अब अपराधी को पकड़ने के लिए पुलिस को कोई और रास्ता खोजना था। नाभियाल और उनकी टीम ने दोबारा एटीएम के सीसीटीवी फुटेज के उस हिस्से को बारीकी से देखा, जिसमें टोपी पहने व्यक्ति पैसे निकालने आया था। पुलिस को उसके बारे में एक बहुत ही दिल्चस्प बात पता चली, जिस पर सामान्यतः किसी का ध्यान नहीं जाता, जालसाज का बायाँ पैर थोड़ा मुड़ा हुआ था और वह हलका लँगड़ा रहा था! इंस्पेक्टर नाभियाल ने तुरंत एक पुलिस टीम को बेंगलुरु के उस क्षेत्र में भेजा, जहाँ कैमरूनियन नागरिक रहते थे और वहाँ के हर हड्डी रोग चिकित्सक और फिजियोथैरेपी केंद्रों से पूछा कि क्या ऐसा कोई व्यक्ति उनके पास इलाज के लिए कभी आया है? ऑर्थो फिजियो केयर फिजियोथैरेपी केंद्र के डॉ. हेगड़े ने पुलिस को बताया कि उनके पास माइकल नाम का एक कैमरूनियन आया था, जिसके बाएँ पैर के फेमउर में कुछ समस्या थी। लेकिन दुर्भाग्य से डॉ. हेगड़े के पास माइकल का पता नहीं था।

इंस्पेक्टर नाभियाल और उसकी टीम ने हिम्मत नहीं हारी। अब वे अपराधी को पकड़ने के काफी करीब थे। आसपास की कॉलोनियों में जहाँ कैमरूनियन रहते थे, पुलिस ने माइकल की फोटो दिखाकर लोगों से पूछताछ शुरू कर दी। एक दिन सुबह एक कॉलोनी के गार्ड ने माइकल का फोटो

पहचान लिया और पुलिस को बताया कि वह इसी कॉलोनी में रहता है। सादे कपड़ों में उत्तराखंड और बेंगलुरु पुलिस की एक टीम ने गार्ड द्वारा बताए हुए अपार्टमेंट पर छापा मारा। पुलिस ने 'बड्डी' स्कीम का उपयोग किया और दो पुलिसकर्मी एक साथ माइकल के घर गए। उन्होंने घंटी बजाई तो दरवाजे के सामने एक ऊँचा घुँघराले बालवाला कैमरूनियन खड़ा पाया। उस आदमी के बाएँ पैर में हलका लँगड़ापन था। इंस्पेक्टर नाभियाल की आँखें चमक उठी और उसने सब-इंस्पेक्टर आशीष को बुदबुदाते हुए बताया कि यही हमारा मुजरिम है!

इतनी देर में कुछ और पुलिसकर्मी भी कमरे में दाखिल हुए और माइकल को अपनी आई.डी. दिखाते हुए एक तरफ धकेला और उसे घेर लिया। नाभियाल ने माइकल का मोबाइल जब्त कर लिया, यह वही एप्पल का मॉडल था, जो पुलिस टीम ने IMEI नंबर के जरिए ट्रेस किया था। नाभियाल ने माइकल को हाथ से पकड़ लिया और कहा, "मैं आपको हिरासत में लेता हूँ।" माइकल ने खुद को मुक्त कराने का प्रयास किया और कहा, "आप मुझे गिरफ्तार नहीं कर सकते, मैं एक विदेशी नागरिक हूँ और प्रतिरक्षा के अंतर्गत सुरक्षित हूँ।" नाभियाल अच्छे से जानता था कि केवल राजनयिकों के पास ही प्रतिरक्षा का विशेषाधिकार होता है, हर विदेशी नागरिक के पास नहीं। इंस्पेक्टर नाभियाल ने उसे अपना पासपोर्ट दिखाने के लिए कहा और पाया कि उसकी वैद्यता 2018 में ही समाप्त हो गई थी! माइकल का मेडिकल वीजा भी एक्सपायर हो चुका था। नाभियाल जानता था कि अब माइकल पर फॉरेनर्स ऐक्ट की धारा 14 के अंतर्गत भी कार्यवाही की जा सकती है। माइकल के पास अब खुद को बचाने का कोई रास्ता नहीं था। इस बीच बेंगलुरु पुलिस की टीम भी वर्दी में वहाँ आ पहुँची और माइकल को गिरफ्तार कर लिया गया।

पुलिस टीम ने अपार्टमेंट की तलाशी ली और वहाँ से 4 मोबाइल फोन, 1 लैपटॉप, विभिन्न सेवा प्रदाता के 5 सिम जब्त किए, जो बाद में काल्पनिक नामों पर लिये हुए पाए गए। सर्च ऑपरेशन के दौरान कर्नाटक

और महाराष्ट्र राज्य के विभिन्न बैंकों के तीन एटीएम कार्ड भी बरामद किए गए। पुलिस द्वारा बैंकों के नोडल अधिकारियों से संपर्क करके तकरीबन 14 लाख रुपए की राशि को विभिन्न खातों में फ्रीज किया गया। यह वह धनराशि थी, जो जालसाजों द्वारा अभी निकाली नहीं गई थी।

माइकल को निकटतम पुलिस स्टेशन, जो कि हन्नूर में था, पेश किया गया। हन्नूर के सरकारी अस्पताल में उसकी मेडिकल जाँच कराई गई और पुलिस प्रक्रिया के अनुसार उसके दोस्तों और रिश्तेदारों को उसकी गिरफ्तारी की सूचना भेजी गई। अब इंस्पेक्टर नाभियाल को सी.आर.पी.सी. की धारा 57 के तहत माइकल को 24 घंटे के अंदर बेंगलुरु में मजिस्ट्रेट के सामने पेश करके देहरादून ले जाने के लिए ट्रांजिट रिमांड लेनी थी। पुलिस को अपराधियों को पकड़ने के बाद भी चुनौतियों का सामना करना पड़ता है। उन्हें मुजरिम को मजिस्ट्रेट के सामने पेश करने तक सुरक्षित रखना होता है। उस रात के लिए माइकल को हन्नूर के स्थानीय थाने के लॉकअप में रखा गया और अगली सुबह उसे मजिस्ट्रेट के सामने पेश किया गया, जिन्होंने माइकल की पाँच दिन की लीगल ट्रांजिट रिमांड मंजूर कर दी।

अब माइकल को देहरादून सुरक्षित लाना भी पुलिस के लिए एक चुनौती थी। देहरादून वापसी की कन्फर्मड टिकट के लिए पुलिस को तीन दिन इंतजार करना पड़ा। यात्रा के दिन बेंगलुरु और देहरादून के रास्ते में आनेवाले अन्य राज्यों की जी.आर.पी. और आर.पी.एफ. को अपराधी के देहरादून ले जाने के बारे में सूचित किया गया। माइकल 6 फीट 6 इंच ऊँचा था, और उसका वजन करीब 120 किलो था। सब-इंस्पेक्टर आशीष, जो कि एक ब्राह्मण था, उसे माइकल के पास बैठने में मुश्किल हो रही थी, क्योंकि माइकल केवल नॉनवेज ही खाता था। आशीष मजबूर था, माइकल बड़ी मुश्किल से पुलिस की पकड़ में आया था और उसे एक पल के लिए भी अकेला नहीं छोड़ा जा सकता था। जी.आर.पी. और आर.पी.एफ. के जवान लगातार चौकसी पर थे और सभी प्रमुख स्टेशनों पर उत्तराखंड पुलिस टीम को उनके कंपार्टमेंट में मिलने आते रहे।

आखिकार नाभियाल और उनकी टीम देहरादून पहुँची और माइकल को अपने साथ साइबर थाने ले आई। उसका दोबारा मेडिकल कराया गया और एक आर.टी.-पी.सी.आर. कोविड टेस्ट भी किया गया। माइकल को देहरादून मजिस्ट्रेट ने 14 दिन की पुलिस रिमांड में भेज दिया। पूछताछ के दौरान माइकल ने अपना अपराध स्वीकार किया और अपने अन्य साथियों के नामों का भी खुलासा किया। कुछ दिनों बाद पुलिस ने तीन और लोगों को गिरफ्तार कर लिया गया। माइकल ने बताया कि मिजोरम की एक लड़की, जो मधु के साथ फ्रंट एंड इंटरफेस के रूप में शामिल थी, वह भी उनके गिरोह की सदस्या है। पुलिस ने बाद में पाया कि वही श्वेता के रूप में खुद को प्रस्तुत कर रही थी। संदिग्धों ने खुलासा किया कि जो पैसा उन्होंने धोखाधड़ी से कमाया था, वे उसे ड्रग्स, वेश्यावृत्ति और रेव पार्टियों में खर्च करते थे और कुछ पैसा अपने देश में भी भेज देते थे। उन्होंने पुलिस को यह भी बताया कि वे अपराध करने से इसलिए नहीं हिचकिचाते, क्योंकि उन्हें पता था कि उन्हें दो या तीन साल की सजा होगी और फिर वे जेल से छूट जाएँगे।

यह कहानी आई.टी. अधिनियम की बाधाओं को सामने लाती है, जिनमें अधिकांश क्राइम में जमानतें हो जाती हैं; क्योंकि साइबर क्राइम में धोखाधड़ी भी शामिल होती है, इसमें आई.टी. ऐक्ट की धाराओं के अलावा आई.पी.सी. की धारा 420 भी लागू होती है, जो कि गैर-जमानती होती है और सजा भी गंभीर होती है। माइकल को अदालत में पेश किया गया, जहाँ उसने अपराध में अपनी भूमिका को स्वीकार किया और उसे जेल भेज दिया गया।

उत्तराखंड पुलिस ने पाया कि आरोपी के खिलाफ देश भर में करीब 36 मुकदमे दर्ज थे। अन्य राज्यों द्वारा भी माइकल के खिलाफ मुकदमे दर्ज किए गए। माइकल वर्तमान में देहरादून जेल में सजा काट रहा है।

मधु, जो इस मामले का करीबी से अनुसरण कर रही थी, को जब यह पता चला तो उसने राहत की साँस ली। उसने इंस्पेक्टर नाभियाल को फोन किया और अपने पैसों के बारे में पूछा। इंस्पेक्टर नाभियाल ने मधु को

समझाया कि पुलिस का काम अपराधियों को पकड़कर कानून के दायरे में लाना होता है। वह आरोपियों से जबरन पैसे वसूलकर पीड़ितों को नहीं दे सकती। लेकिन साथ ही नाभियाल ने उसे आश्वासन दिया कि संबंधित बैंकों द्वारा उचित कार्यवाही की गई है और आरोपियों के अकाउंट फ्रीज कर दिए गए हैं। समय आने पर उसका पैसा उसे मिल जाएगा।

साइबर टिप : प्रतिष्ठित वेबसाइटों पर ही ऑनलाइन शॉपिंग करें और हमेशा कोई भी भुगतान करने से पहले व्यवसाय की वैधता की पुष्टि अवश्य करें। संभव हो तो विक्रेता से मिलें और व्यक्तिगत रूप से उनके साथ कोई भी बड़ा सौदा करने से पहले प्रामाणिकता स्थापित करें और उसके बाद ही उनके साथ व्यापार करें।

□

7

फर्जी काल सेंटर लूट रहे विदेशियों को

क्या हजारों मील से भी कुछ युवक फोन कॉल से अमेरिकी नागरिकों को 300 करोड़ रुपए का चूना लगा सकते हैं?

हैडली, पेंसिल्वेनिया के लेंचेस्टर में स्थित अपने 15वें माले के अपार्टमेंट की विशाल खिड़की से बाहर शहर की सुनसान सड़कों को देख रहा था। वह संयुक्त राज्य अमेरिका के शिक्षा विभाग, फोर्सिथ से सेवानिवृत्त हुआ था और लेंचेस्टर में जाकर बस गया था, क्योंकि यहाँ पर टैक्स लाभ बेहतर थे और स्टेट के द्वारा वरिष्ठ नागरिकों को बेहतर स्वास्थ्य व्यवस्था भी उपलब्ध थी।

पिछले कुछ दिनों में महामारी खतरनाक स्तर पर पहुँच गई थी। अमेरिका में दिन-प्रतिदिन कोविड के मामले बढ़ रहे थे और हैडली भी अपने स्वास्थ्य को लेकर काफी चिंतित था। वह घर पर ही रहना ठीक समझता था। हैडली अमेरिका में महामारी की दूसरी लहर के बारे में सोच ही रहा था कि उसके बेटे जैकब का वीडियो कॉल आ गया। जैकब इलेक्ट्रिक व्हिकल और रोबोटिक्स, SEON ग्रुप में प्रोडक्ट मार्केटिंग मैनेजर के रूप में काम करता था। वह अधिकतर समय काम के सिलसिले में यात्रा पर ही रहता था। व्यस्त रहते हुए भी वह सप्ताह में एक बार अपने पिता को फोन जरूर किया करता था। हैडली की आँखें उम्र के साथ कमजोर हो रही थीं, इसलिए उसे मोबाइल के बजाय लैपटॉप पर उससे वीडियो कॉल करना सुविधाजनक लगता था। लैपटॉप की बड़ी स्क्रीन पर उसे अपने बेटे का चेहरा साफ दिखाई देता था।

पिछले कुछ दिनों से उसके लैपटॉप के फ्रंट कैमरे में कुछ समस्या आ रही थी और वह रुक-रुककर काम कर रहा था। आज फिर लैपटॉप का कैमरा चालू नहीं हुआ और हैडली कॉल के दौरान अपने बेटे को देख नहीं सका। इससे वह बहुत परेशान हो गया और कॉल डिस्कनेक्ट करने के बाद उसने तुरंत इंटरनेट पर कंप्यूटर मैंटेनेंस सर्विस प्रोवाइडर का नंबर ढूँढ़ा। उसे 'कंप्यूटर गीक्स' नाम की एक वेबसाइट सर्च सूची में मिली, जो काफी अच्छी तरह से डिजाइन की गई थी। इस वेबसाइट के शुरू में ही दो टोल-फ्री ग्राहक सेवा नंबर दरशाए गए थे। वेबसाइट में उल्लेख किया गया था कि वे सर्टिफाइड माइक्रोसॉफ्ट और एंटीवायरस सर्विस प्रोवाइडर हैं और सभी प्रकार के हार्डवेयर और सॉफ्टवेयर के रखरखाव की सेवा देते हैं।

हैडली ने तुरंत लिस्ट में दिए गए पहले टोल-फ्री नंबर पर कॉल किया और स्पष्ट अमेरिकी उच्चारणवाले एक एग्जीक्यूटिव ने उसकी कॉल का

उत्तर दिया। ग्राहक एग्जीक्यूटिव ने अपना परिचय ओलिवर के रूप में दिया और हैडली से पूछा कि वह उनके लिए क्या कर सकता है? बुजुर्ग ने ओलिवर को बताया कि उसके लैपटॉप का फ्रंट कैमरा काम नहीं कर रहा है और उसका लैपटॉप दिन-प्रतिदिन धीमा भी होता जा रहा है। साथ ही उसका सिस्टम बूट करने में भी आजकल काफी समय ले रहा है। ओलिवर ने हैडली से लैपटॉप का मेक, मॉडल, ऑपरेटिंग सिस्टम वर्जन आदि कुछ विवरण लिये और कहा कि जब तक वह अपने सिस्टम में शिकायत दर्ज कर रहा है, वे कुछ देर होल्ड पर रहें। थोड़ी देर में वह कॉल पर वापस आया और उसने हैडली से उसका 'सोशल सिक्योरिटी नंबर' माँगा।

अमेरिका में प्रत्येक नागरिक का एक सोशल सिक्योरिटी नंबर (SSN) होता है, जो कि नौ अंकों का एक आइडेंटिटी नंबर होता है। इस संख्या से नागरिक की स्वास्थ्य, वित्तीय विवरण जैसे—बैंक खाता, क्रेडिट/डेबिट कार्ड नंबर और अन्य सामाजिक जानकारी सहित व्यक्तिगत जानकारी जुड़ी होती है। यह भारतीय नागरिकों के आधार कार्ड के जैसा होता है। हैडली ने ओलिवर से पूछा कि उसे उसका एस.एस.एन. क्यों चाहिए? जिस पर ओलिवर ने जवाब दिया कि सिस्टम पर शिकायत दर्ज करने के लिए ग्राहक की व्यक्तिगत विवरण की जानकारी चाहिए होती है। हैडली ने उससे अपना एस.एस.एन. साझा किया और कुछ सेकंड के बाद ओलिवर ने बताया कि उनकी शिकायत दर्ज कर ली गई है। फिर ओलिवर ने कहा कि उसके लैपटॉप पर रिमोट डायग्नोस्टिक चलाना पड़ेगा, जिससे यह पता चल सके कि उसके लैपटॉप में क्या गड़बड़ है? ओलिवर ने बताया कि इसके लिए हैडली को कहीं नहीं आना होगा और न ही किसी इंजीनियर को उसके घर पर भेजा जाएगा। यह सब ऑनलाइन ही किया जा सकता है। उसे बस हैडली के लैपटॉप पर जाँच करने के लिए कुछ सॉफ्टवेयर इंस्टॉल करने होंगे, जिससे उसे हैडली के लैपटॉप का रिमोट एक्सेस प्राप्त हो जाएगा। हैडली ने सोचा कि चलो ठीक है, इस महामारी में कम-से-कम लोगों से मिलना ही बेहतर है और उसने ओलिवर से कहा कि उसे जो भी जरूरी है, वह करे, लेकिन उसका लैपटॉप ठीक तरीके से काम करना चाहिए।

ओलिवर ने हैडली से कहा कि वह उसकी इ-मेल आई.डी. पर एक लिंक भेज रहा है, जिस पर वह क्लिक करे, ताकि उसे लैपटॉप पर रिमोट एक्सेस की अनुमति मिल सके। हैडली लैपटॉप को ठीक कराने के लिए इतना बेताब था कि उसने लिंक पर क्लिक करने से पहले कुछ नहीं सोचा और एक 'एनी-डेस्क' नामक सॉफ्टवेयर के इंस्टॉलेशन लिंक पर क्लिक कर दिया, जो कि ओलिवर ने उसे मेल पर भेजा था। हैडली को यह पता ही नहीं थी कि यह सॉफ्टवेयर ओलिवर को अन्य जानकारी के साथ उसके लैपटॉप में स्टोरड व्यक्तिगत डाटा और ब्राउजर हिस्ट्री को भी साझा कर देगा!

थोड़ी देर में ओलिवर ने हैडली को कॉल करके बताया कि उसके लैपटॉप में हुई गड़बड़ी का पता चल गया है और उसका ऑपरेटिंग सिस्टम अपग्रेड करना होगा। इसके लिए हैडली को उनकी वेबसाइट पर दिए गए

एक लिंक पर क्लिक करना होगा। यह करने से स्वत: ही हैडली के लैपटॉप में माइक्रोसॉफ्ट विंडोज का एक नया वर्जन इंस्टॉल होना शुरू हो जाएगा। इसके लिए ओलिवर ने इंस्टॉलेशन के लिए दर्ज होनेवाला एक कोड भी हैडली को भेजा। ओलिवर ने हैडली को बताया कि वैसे तो इस अपग्रेड की कीमत ज्यादा है, लेकिन आज की तारीख में कंपनी डिस्काउंट दे रही है और उसे इसके लिए केवल 100 यू.एस. डॉलर का ही भुगतान करना होगा। उसने हैडली को बताया कि एक भुगतान लिंक पर जाकर हैडली को भुगतान करना होगा और जैसे ही राशि का भुगतान हो जाएगा, उसके लैपटॉप पर ऑपरेटिंग सिस्टम के अपग्रेड की डाउनलोडिंग भी शुरू हो जाएगी।

ओलिवर ने कहा कि इस प्रकिया में कुछ घंटे लगेंगे, इसके बाद हैडली को अपना सिस्टम रीबूट करना होगा। उसने हैडली से कहा कि उसे अपना सिस्टम चालू रखना होगा और उस समय तक इंटरनेट से कनेक्ट रखना होगा, जब तक कि अपग्रेड पूरा न हो जाए। हैडली इस ऑनलाइन झटपट सेवा से काफी प्रसन्न हुआ और वह ओलिवर की बातों से भी बहुत आश्वस्त था। हैडली ने ओलिवर द्वारा बताए लिंक पर जाकर 100$ का भुगतान कर दिया और कुछ ही देर में उसके लैपटॉप पर एक संदेश आया—"माइक्रोसॉफ्ट विंडोज वर्जन 10 डाउनलोड हो रहा है! कृपया कोई भी बटन प्रेस न करें।" हैडली ने राहत की साँस ली और खुद के लिए रसोई में एक कप कॉफी बनाने चला गया। हैडली को ताजी पिसी हुई कॉफी बहुत पसंद थी। उसने कुछ कॉफी बीन्स को फिल्टर बास्केट में रखा और कॉफी मशीन में पानी डालकर मशीन चालू कर दी। ताजी कॉफी की महक और इस तथ्य से कि उसका लैपटॉप अब जल्द ही ठीक हो जाएगा, उसके चेहरे पर चैन की मुसकान आ गई।

हैडली ने अपने कंप्यूटर पर ऑपरेटिंग सिस्टम और अन्य ऐप्लिकेशन को कभी भी अपडेट नहीं किया था, क्योंकि वह तकनीकी प्रकारियाओं से ज्यादा परिचित नहीं था। उसे पता नहीं था कि सुरक्षित ब्राउजिंग क्या होती है ? वह विभिन्न साइटों से उभरते किसी भी पॉप-अप को अनुमति दे देता था। सिस्टम में पॉप-अप आने पर हर बार ओ.के. बटन पर क्लिक करके अपने

काम में लग जाना उसे सुविधाजनक लगता था। उसे यह भी पता नहीं था कि इंटरनेट पर जुड़े लैपटॉप को दुर्भावनापूर्ण हमलों से रोकने के लिए सिस्टम पर हमेशा एक व्यक्तिगत फायरवॉल सक्षम करनी चाहिए। हालाँकि उसने सिस्टम पर एक एंटीवायरस सॉफ्टवेयर तो स्थापित किया था, लेकिन उसने इसे लंबे समय तक अपडेट नहीं किया था। और सबसे बुरी बात यह थी कि हैडली को इस बात का कोई अंदाजा नहीं था कि किसी अनापेक्षित इ-मेल में दिए हुए URL पर क्लिक करना बहुत खतरनाक साबित हो सकता है। और हैडली अभी-अभी यही कर चुका था!

हैडली ने अपनी कॉफी कप में डाली और आराम से सोफे पर बैठ गया। उसने टेलीविजन चालू किया और अपना पसंदीदा सीरियल देखने के लिए नेटफ्लिक्स खोला। धीरे-धीरे उसे सोफे पर नींद आ गई और जब उसके लैपटॉप से बीप-बीप की आवाज आने लगी तो वह चौंककर उठ गया। हैडली टेबल पर पड़े लैपटॉप की ओर लपका तो उसने देखा कि स्क्रीन पर 'चेतावनी! आपका सिस्टम ट्रोजन अटैक के तहत है', यह मैसेज ब्लिंक कर रहा था! हैडली यह देखकर चौंक गया, उसने तुरंत कंप्यूटर गीक्स को फोन लगाया और इस बारे में बताया। इस बार भी ओलिवर ने ही फोन उठाया और उसने पूछा कि क्या हैडली ने सिस्टम पर पिछले कुछ दिनों में कोई असामान्य गतिविधि की थी? हैडली ने उसे बताया कि वह तो लैपटॉप पर मुख्यतः इ-मेल की जाँच ही करता है या फिर स्काइप पर अपने बेटे से बात करता है, इसके अलावा तो वह ज्यादा कुछ नहीं करता।

ओलिवर ने उससे पूछा कि क्या वह कभी इंटरनेट पर किसी अश्लील साइट पर गया था? हैडली ने झिझकते हुए जवाब दिया कि हाँ, कुछ दिन पहले उसके लैपटॉप पर न जाने कैसे एक पॉर्न फिल्म चलने लग गई थी और उसने कुछ मिनट के लिए उसे देखा था। ओलिवर ने हैडली को बताया कि उसके सिस्टम की सुरक्षा से समझौता किया गया है और यह हमला एक गंभीर वायरस के तहत था। हैडली शर्मिंदा महसूस कर रहा था और उसने एग्जीक्यूटिव से अनुरोध किया कि वह उसके सिस्टम को साफ कर दे, कहीं

ऐसा न हो कि उसके बेटे को इस बारे में पता चल जाए! ओलिवर, जिसने अब तक हैडली से मित्रता कर ली थी और उसका विश्वास जीत लिया था, ने कहा कि वे बिल्कुल चिंता न करें। उसने हैडली को कहा कि उसे अपने सिस्टम के लिए एक नया एंटीवायरस खरीदना चाहिए, ताकि वह अन्य हमलों से सुरक्षित हो जाए। उसने हैडली से कहा कि उसके पास एक बहुत अच्छा प्रस्ताव है और वह काफी कम कीमत पर एंटीवायरस खरीद सकता है। हैडली चाहता था कि कैसे भी उसका लैपटॉप चल जाए और उस पर किसी पॉर्न फिल्म के निशान भी न रहें। वह ओलिवर के प्रस्ताव को मान गया और उसने एंटीवायरस खरीदने के लिए 500 यू.एस. डॉलर का भुगतान ओलिवर द्वारा बताए गए वेबसाइट के गेटवे से कर दिया। हैडली ने कभी नहीं सोचा था कि वह जल्द ही अब तक के सबसे खतरनाक साइबर अपराध 'रैनसमवेयर अटैक' के भँवर में फँस जाएगा!

अगली सुबह जब हैडली उठा और उसने अपना लैपटॉप चेक किया तो वह अपनी स्क्रीन पर एक पॉप-अप विंडो देखकर चौंक गया, जिसमें लिखा था—"आपका सिस्टम रैनसमवेयर हमले के तहत सीज हो गया है।" उसने माउस को हिलाया तो कुछ सेकंड के बाद स्क्रीन पर एक और डायलॉग बॉक्स पॉप-अप हुआ, जिसमें लिखा था—"चेतावनी! आपके सिस्टम की सुरक्षा से समझौता किया गया है!" लैपटॉप लगातार बीप करने लगा और हैंग हो गया। हैडली ने माउस के बटन को कई बार दबाया और कीबोर्ड की भी हर 'की' को बेतहाशा दबाया, लेकिन कुछ नहीं हुआ। पॉप-अप देखकर वह बहुत परेशान हो गया। हैडली ने कंप्यूटर गीक्स को फिर से फोन करने की कोशिश की और पाया कि वह टोल-फ्री नंबर व्यस्त आ रहा था।

हैडली परेशान था, उसने अपने बेटे जेकोब को फोन किया, लेकिन उसका नंबर पहुँच से बाहर आ रहा था। उसने जेकोब को एक वॉयस नोट भेजा और सारी समस्या के बारे में बताया। करीब एक घंटे के बाद हैडली के मोबाइल पर फिर एक कॉल आया, जिसमें उससे कहा गया कि उन्होंने हैडली के लैपटॉप पर एक ऐसा सॉफ्टवेयर डाल दिया है, जिससे अगर उसने

बताए हुए लिंक पर एक घंटे के भीतर 1000 यू.एस. डॉलर का भुगतान नहीं किया तो उसके लैपटॉप का सारा डाटा डिलीट हो जाएगा। हैडली उलझन में था कि क्या किया जाए? उसने फिर से जेकोब को फोन करने की कोशिश की, लेकिन उसका नंबर अब भी पहुँच से बाहर था।

हैडली के हाथ काँप रहे थे और उसका दिमाग काम नहीं कर रहा था। वह अपने लैपटॉप का डाटा नहीं खो सकता था। हैडली, जो कि उम्र के साथ काफी भुलक्कड़ होता जा रहा था, उसने कुछ गुप्त बैंक खातों के पासवर्ड और लॉकर विवरण को एक नोट फाइल में सिस्टम पर संगृहीत करके रखा था, ताकि समय पर उसे वह जानकारी मिल जाए। अन्य कोई विकल्प न बचे होने पर हैडली ने काँपते हाथों से वेबसाइट के पेमेंट लिंक पर क्लिक किया और 1000$ ट्रांसफर कर दिए। जैसे ही हैडली ने पैसे ट्रांसफर किए, उसके सिस्टम पर एक पॉप-अप आया, जिसमें लिखा था—"आपका सिस्टम अब वायरस से मुक्त कर दिया गया है, आप अपनी फाइलों का उपयोग कर सकते हैं।" हैडली ने राहत की साँस ली और सबसे पहले अपने महत्त्वपूर्ण डाटा और दस्तावेजों को पेन ड्राइव पर बैकअप कर लिया, जो कि उसे बहुत पहले कर लेना चाहिए था। उसने साथ ही अपने ऑनलाइन बैंक खातों के पासवर्ड भी बदल दिए।

~•~

हैडली अकेला ऐसा व्यक्ति नहीं था, जो रैनसमवेयर का शिकार हुआ था। अमेरिका में आए दिन कई लोग रैनसमवेयर के शिकार होते रहते हैं। उन्हें अपने सिस्टम को वायरस मुक्त कराने के लिए काफी बड़ी रकम चुकानी पड़ती है।

कुछ जालसाज तो अमेरिकी लॉ एनफोर्समेंट एजेंसी के अधिकारी बनकर लोगों को कॉल करते हैं और उन्हें डराते हैं कि उनके बैंक खातों से कुछ नशीली दवाओं से जुड़े कारटेलों के साथ अवैध लेन-देन किए गए थे, जबकि उन नागरिकों ने ऐसा कुछ भी नहीं किया होता है! उन्हें ब्लैकमेल किया जाता है और जेल भेजने की धमकी भी दी जाती है। इससे बचने के लिए उन्हें एक

निश्चित धनराशि का भुगतान करना पड़ता है। इनमें से कई मामलों की तो रिपोर्ट भी दर्ज नहीं कराई जाती थी। हैडली और अन्य अमेरिकी नागरिकों को भनक भी नहीं थी कि उन्हें देहरादून में बैठे कुछ भारतीय साइबर अपराधियों द्वारा ही ठगा जा रहा है!

~•~

2021 की एक सुबह एक 20–25 साल का युवक साइबर थाने पहुँचा। चिंतित और घबराए हुए युवक ने कॉन्स्टेबल से कहा कि उसे तुरंत साइबर थाना देहरादून के कमांडिंग ऑफिसर डिप्टी, एस.पी. अंकुश से मिलना है। हालाँकि उसके पास अप्वॉइंटमेंट नहीं था, लेकिन उस युवक के चेहरे पर अधीरता और घबराहट को देखकर कॉन्स्टेबल ने इंटरकॉम पर बात करके उसे डिप्टी एस.पी. के केबिन में भेज दिया।

उस युवक ने खुद का नाम कबीर बताया और अंकुश को एक चौंका देनेवाली खबर सुनाई। उसने बताया कि पटेल नगर क्षेत्र में एक फ्लैट से कॉल सेंटर संचालित किया जा रहा है, जहाँ से हर दिन विदेशी नागरिकों से हजारों डॉलर की लूट हो रही है। अंकुश ने कबीर से कुछ और विवरण देने के लिए कहा और सब-इंस्पेक्टर अर्जुन को बुलाया। कबीर ने बताया कि उसे इस कॉल सेंटर के ऑपरेशन के बारे में एक दोस्त के माध्यम से पता चला, जो वहाँ काम करता था। इससे ज्यादा उसे और कुछ नहीं पता। डिप्टी एस.पी. को तुरंत यह आभास हो गया कि कबीर के पास अधिक जानकारी है, लेकिन वह उसे छुपा रहा है। उसने कबीर का मोबाइल नंबर लिया और उसे फिलहाल जाने के लिए कहा।

अंकुश ने तुरंत सब-इंस्पेक्टर अर्जुन को प्रारंभिक जाँच के लिए पटेल नगर भेजा और चेतावनी दी कि वह गुप्त तरीके से जाँच करे, ताकि वहाँ के स्थानीय निवासियों को इस बात की भनक न पड़े। अर्जुन सादे कपड़ों में वहाँ मुआयना करने गया और कबीर के बताए हुए फ्लैट के बारे में आसपास के कुछ दुकानदारों से पूछताछ की, जिन्होंने उसे बताया कि कॉलेज के कुछ छात्र

इस फ्लैट में रहते हैं, लेकिन उन्होंने अभी तक वहाँ कोई असामान्य गतिविधि नहीं देखी। अधिकतर तो दिन के समय वे छात्र दिखते भी नहीं थे, लेकिन हाँ शाम को उनमें से कुछ लड़के सिगरेट खरीदने नीचे आते हैं। अर्जुन ने मोबाइल से फ्लैट और आसपास के इलाके की कुछ तस्वीरें लीं और वापस थाने आकर अंकुश को सूचित किया। डिप्टी एस.पी. अंकुश इस जानकारी से संतुष्ट नहीं था, उसने अर्जुन को रात में वहाँ दोबारा जाने को कहा।

आधी रात के समय अर्जुन ने फिर से उस क्षेत्र का दौरा किया। वहाँ पहुँचकर दूर से वह यह देखकर हैरान रह गया कि फ्लैट की लाइटें अब जल रही थीं और फ्लैट में लगातार कुछ हलचल हो रही थी। थोड़ा नजदीक जाकर खिड़की से उसे धुँधले तौर पर दिखा कि तीन या चार लड़के हैडसेट पहने हुए कंप्यूटर स्क्रीन के सामने बैठकर कुछ बातें कर रहे थे। अर्जुन ने तुरंत थाने जाकर सारी रिपोर्ट अंकुश को दी। वहाँ निस्संदेह एक कॉल सेंटर चल रहा था।

अगली सुबह पुलिस ने उस क्षेत्र के दूरसंचार सेवा प्रदाताओं से संपर्क किया और वहाँ के मोबाइल टावर से हो रही सभी कॉल्स का ब्योरा देने को कहा। अंकुश ने उस फ्लैट में लगे इंटरनेट कनेक्शन का विवरण भी देने को कहा। जब पुलिस को टेलीकॉम कंपनियों से टावर डंप मिला, तो अंकुश यह देखकर हैरान रह गया कि दो टोल-फ्री नंबरों पर अमेरिका से कॉल आ रही थीं और उस फ्लैट पर हाई स्पीड इंटरनेट निरंतर उपयोग में था। वहाँ के राउटर से लगभग आठ डिवाइस जुड़े हुए थे। डिप्टी एस.पी. अंकुश ने उन टेलीकॉम नंबरों को सर्विलांस पर लगाया और स्थानीय पुलिस स्टेशन से संपर्क कर उन्हें इस कॉल सेंटर के बारे में अवगत कराते हुए उन्हें अलर्ट किया। उसने अपने दो भरोसेमंद पुलिस अधिकारियों की एक टीम बनाई और फ्लैट की रेकी करने को कहा। अंकुश ने कबीर को थाने बुलाकर जब गंभीर रूप से पूछताछ की तो कबीर ने कबूला कि 12वीं कक्षा पास करने के बाद उसने खुद उस कॉल सेंटर में कुछ समय के लिए काम किया था। उसने बताया कि वहाँ काम करनेवाले लड़कों को अमेरिकी लहजे

में बातचीत का प्रशिक्षण दिया जाता था और उन्हें एक स्क्रिप्ट प्रदान की गई थी, जिसे उन्हें अमेरिकी नागरिकों के लिए पढ़ना होता था।

इस बीच अंकुश को दूरसंचार सेवा प्रदाता से कुछ कॉल रिकॉर्डिंग मिल गईं। पुलिस ने कॉल रिकॉर्डिंग का विश्लेषण करने पर पाया कि बातचीत में कुछ गड़बड़ थी और कबीर ने जो भी जानकारी दी थी, वह सही थी। अंकुश ने स्वयं अपनी टीम के साथ उस फ्लैट पर छापा मारने की योजना बनाई, जहाँ पर कॉल सेंटर चल रहा था। अंकुश ने एक दूरसंचार अधिकारी और स्थानीय पुलिस थाना के अधिकारी को भी छापेमारी के लिए अपने साथ शामिल किया। पुलिस टीम शाम सात बजे कथित फ्लैट पर पहुँची। दो कॉन्स्टेबलों ने उस फ्लैट पर जानेवाली सीढ़ी के रास्ते को बंद कर दिया, ताकि कोई वहाँ से भाग न सके। अंकुश और उसकी टीम ने फ्लैट में घुसकर देखा तो पाया कि पाँच लोग हैडफोन लगाकर लैपटॉप के सामने बैठकर कॉल्स कर रहे थे।

पुलिस ने छापामारी के बाद लैपटॉप और अन्य उपकरणों को जब्त कर लिया। वहाँ दीवार पर लटकी अलग-अलग समय दिखाती हुई सात घड़ियाँ भी जब्त की गईं, इनके सेलों को छापेमारी के दौरान दिखाए गए समय को संरक्षित करने के लिए निकाल लिया गया। प्रत्येक एग्जीक्यूटिव के लैपटॉप में एक एक्सेल फाइल भी थी, जिसमें करीब सौ अमेरिकी नागरिकों के नामों एवं उनकी व्यक्तिगत जानकारी की सूची थी। पुलिस ने एग्जीक्यूटिवों से स्क्रिप्ट और अकसर पूछे जानेवाले प्रश्नों की प्रतियाँ भी बरामद कीं। सुबह 9 बजे तक छापेमारी जारी रही। पुलिस द्वारा सभी पाँच एग्जीक्यूटिवों को हिरासत में लेकर साइबर थाना लाया गया। इसके बाद अंकुश ने एक शिकायत तैयार की और संदिग्धों से जब्त हार्डवेयर और सॉफ्टवेयर को विधिवत् मुहरबंद करके लेबल के साथ फॉरेंसिक जाँच पर भेजे जाने के लिए पटेल नगर थाने के अध्यक्ष को सौंप दिया। गिरफ्तार किए गए एग्जीक्यूटिवों ने पुलिस को बताया कि उन्हें किसी भी धोखाधड़ी के बारे में कोई जानकारी नहीं थी। वे तो बस एक बड़े कॉल सेंटर में नौकरी पाने

के लिए प्रशिक्षण ले रहे थे। उनके बयानों के आधार पर पुलिस ने कॉल सेंटर के मालिक सुशील और मैनेजर राजीव को उनके आवास से गिरफ्तार किया। पुलिस द्वारा पूछताछ करने पर राजीव और सुशील दोनों ने कॉल सेंटर घोटाले करने की बात कबूल की और पुलिस को अपनी कहानी बताई।

सुशील और राजीव दोनों लगभग 30-40 साल के थे और बचपन के दोस्त और पड़ोसी थे। निजी कॉलेज से सूचना प्रौद्योगिकी में स्नातक की पढ़ाई पूरी करने के बाद दोनों में से किसी को भी अच्छी नौकरी नहीं मिल पाई थी। उनके माता-पिता ने उनकी पढ़ाई-लिखाई के लिए बैंक से कर्ज लिया हुआ था, जिसे चुकाना उनके लिए मुश्किल होता जा रहा था। निराश होकर उन्होंने देहरादून के आई.टी. पार्क में एक कॉल सेंटर कंपनी को ज्वॉइन किया। उन्हें एक महीने अमेरिकी भाषा का मुखर प्रशिक्षण देने के बाद अमेरिकी ग्राहकों की शिकायतों को सँभालने का काम दिया गया। कुछ वर्षों वहाँ काम करने के बाद सुशील ने अच्छा अनुभव प्राप्त कर लिया था और वह टेलीकॉलर्स के एक समूह का प्रबंधक बन गया था। परंतु वह अपनी नौकरी से ज्यादा खुश नहीं था। उसके साथियों के बीच बहुत प्रतिस्पर्धा थी और काम के मुकाबले वेतन भी कुछ खास नहीं था। दूसरी ओर, राजीव ने नौकरी छोड़ दी थी और फ्रीलांस बनकर काम करने लगा था। उसने वेबसाइट डेवलपमेंट का काम शुरू कर दिया। लेकिन इस काम से वह भी अपनी आवश्यकताओं को पूरा करने के लिए भी पर्याप्त पैसा नहीं कमा पा रहा था।

राजीव अपने एक सहपाठी मनीष के संपर्क में था, जो नोएडा में अपना कॉल सेंटर चलाकर अच्छा पैसा कमा रहा था। उसने एक बार राजीव को नौकरी की पेशकश की थी और उसे एक प्रबंधक के रूप में अपनी कंपनी में शामिल होने के लिए भी कहा था। राजीव ने उसे इस नौकरी के लिए मना कर दिया, क्योंकि वह नौकरी के लिए नोएडा नहीं जाना चाहता था।

एक दिन मनीष ने राजीव को फोन किया और उसे बताया कि उसे एक बड़े बी.पी.ओ. कंपनी का कॉन्ट्रैक्ट मिला है। उसने राजीव से कहा कि अगर

वह अपना कॉल सेंटर खोलता है तो वह उसे कंप्यूटर सेवा प्रदाताओं की कुछ कॉलिंग नौकरियों को आउटसोर्स कर देगा। इस प्रोसेस के ग्राहक यू.एस. से होंगे, जिनको सँभालना उसके लिए काफी आसान होगा, क्योंकि वह अमेरिकी ग्राहकों को पहले भी सँभाल चुका है। राजीव को अपना खुद का कॉल सेंटर खोलने का विचार बहुत अच्छा लगा, लेकिन पर्याप्त पैसे न होने के कारण उसने सुशील को अपने साथ शामिल होने के लिए कहा। उसका दोस्त सुशील शुरू में अनिच्छुक था, लेकिन कुछ अनुनय-विनय पर राजीव के साथ खुद का कॉल सेंटर खोलने के लिए तैयार हो गया। सुशील ने अपनी नौकरी से इस्तीफा दे दिया और कॉल सेंटर शुरू करने के लिए राजीव से जुड़ गया।

कॉल सेंटर खोलने के लिए उन्हें हार्डवेयर स्थापित करना था और कॉलर सीटों को समायोजित करने के लिए एक उचित स्थान की तलाश करनी थी। एक कॉल सेंटर चलाने के लिए ज्यादा बड़े स्थान की आवश्यकता नहीं होती है, इसे एक छोटे से कमरे से भी संचालित किया जा सकता है। बँटवारे के दौरान कई प्रवासियों को सरकार द्वारा 100 वर्ग गज जमीन आवंटित की गई थी, जिसमें देहरादून के पटेल नगर क्षेत्र में पाकिस्तान से आए लोगों ने टिन की छतोंवाले छोटे-छोटे मकान बना लिये थे। कुछ सालों बाद प्रवासियों के इन पुराने घरों को तोड़कर बिल्डरों ने यहाँ फ्लैट बना लिये, इनमें एक फर्निश्ड फ्लोर मालिकों को देकर बाकी फ्लैटों को निवेशकों को बेच दिया जाता, जिन्हें वह छात्रों को किराए पर दे देते।

राजीव और सुशील ने अपना कॉल सेंटर स्थापित करने के लिए पटेल नगर में एक ऐसा ही फ्लैट किराए पर लिया था। हाई-स्पीड वायरलेस इंटरनेट कनेक्शन सेटअप करने के बाद उन्होंने चार लैपटॉप, ब्लूटूथ हेडसेट, टेबल, कुरसियाँ और सात घड़ियाँ खरीदीं, जिसमें से एक भारतीय मानक समय के लिए और बाकी अमेरिका में छह टाइम जोन को दरशाने के लिए थीं। सुशील ने सोशल मीडिया पर अपने नए कॉल सेंटर के लिए एग्जीक्यूटिव का विज्ञापन पोस्ट भी डाले। इस विज्ञापन के माध्यम से देहरादून के आसपास के 18-20 साल की उम्र के लड़कों और लड़कियों

को प्रलोभित किया गया। करीब 50 आवेदकों ने कॉल सेंटर में काम करने के लिए इच्छा प्रकट की। इनमें से उन्होंने पाँच लड़कों को एग्जीक्यूटिव के पद पर नियुक्त कर दिया। इन सभी ने हाल ही में प्रसिद्ध पब्लिक स्कूलों से 12वीं की परीक्षा उत्तीर्ण की थी। इन चुने गए छात्रों में कुछ समानताएँ थीं। वे उन परिवारों से थे, जिनके माता-पिता बच्चों को महानगरों में भेजने के लिए अनिच्छुक थे, क्योंकि उस दोरान कोविड तेजी से फैल रहा था। वे चाहते थे कि उनके बच्चे देहरादून में काम के साथ-साथ पढ़ाई भी करते रहें। वे सभी सभ्य पारिवारिक पृष्ठभूमि से थे और उनके पास अंग्रेजी भाषा में उत्कृष्ट बातचीत का कौशल और प्रवाह था। लड़कों को सुशील द्वारा वॉयस मॉड्यूलेशन और उच्चारण पर दो सप्ताह का प्रशिक्षण दिया गया, जिसके बाद वे अमेरिकी उच्चारण में दक्ष हो गए।

राजीव को मनीष ने एक ऑनलाइन कंप्यूटर की रखरखाव की सेवा प्रदान करनेवाली एक ऐसी वेबसाइट बनाने के लिए कहा, जिसमें अमेरिका के विभिन्न स्थानों के पते दिए गए थे। राजीव ने.जब पूछा कि अमेरिका का पता क्यों देना है, तो मनीष ने कहा कि इससे विदेशी क्लाइंट्स उन्हें संपर्क करने में नहीं हिचकिचाएँगे और कंपनी में उनका विश्वास बना रहेगा। राजीव ने टेलीकॉम कंपनी से दो टोल फ्री नंबर भी प्राप्त किए और उन्हें अपनी वेबसाइट पर अंकित कर दिया। राजीव ने बेवसाइट पर 'सर्च इंजन ऑप्टिमाइजेशन' जैसी सेवा का इस्तेमाल करके अपनी वेबसाइट को सर्च

रिजल्ट पेज पर सबसे ऊपर कर दिया। यह एक 'क्लिकबेट' था, जिससे 'यूजर्स' उनकी वेबसाइट तक पहुँच सके। उनका कॉल सेंटर 'इनबाउंड' और 'आउटबाउंड' दोनों सेवा प्रदान करता था। इसके लिए उन्होंने 'पावर डायलर' नाम का एक सॉफ्टवेयर खरीदा। यह सॉफ्टवेयर स्वचालित रूप से टेलीफोन नंबर डायल करता है। अगर कोई नंबर व्यस्त या पहुँच से बाहर है तो यह सूची से अगला नंबर चुनता है और उसे डायल करता है। उन्होंने ग्राहक सेवा प्रबंधक (Customer Relationship Manager) सॉफ्टवेयर का एक डेस्कटॉप संस्करण भी स्थापित किया, जो ग्राहक के फोन कॉल, रिपोर्टिंग और अन्य सेवाओं से संबंधित जानकारी का प्रबंधन करता था।

कॉल सेंटर स्थापित हो जाने के बाद अब राजीव और सुशील ने अपने युवा एग्जीक्यूटिवों के साथ जल्द ही कॉल सेंटर का संचालन शुरू कर दिया। नोएडा से मनीष ने उन्हें ग्राहकों का एक क्लाइंट डाटाबेस के साथ-साथ संभावित ग्राहकों को पढ़ने के लिए एक स्क्रिप्ट और अकसर पूछे जानेवाले प्रश्नों की एक सूची भेजी। इस सूची को एग्जीक्यूटिवों को दिया गया और उन्हें कहा गया कि उन्हें यह स्क्रिप्ट माइक्रोसॉफ्ट और अन्य एंटीवायरस कंपनी के प्रतिनिधि के रूप में प्रस्तुत करनी है। एक बार जब ग्राहक आश्वस्त हो जाएँगे, तब वे कॉल को नोएडा में मनीष के कॉल सेंटर के तकनीकी विशेषज्ञों को ट्रांसफर कर देंगे। मनीष के प्लान के तहत तकनीकी पुष्टि के बाद कॉल्स को आगे अज्ञात नंबरों पर ट्रांसफर कर दिया जाता, जो ग्राहकों को वायरस एवं मैलवेयर की धमकी देकर पैसे की उगाही करते। राजीव और सुशील को अपना हिस्सा मिलने लगा और वे कुछ पैसे आगे उन एग्जीक्यूटिवों को प्रोत्साहन राशि के रूप में देने लगे, जिन्होंने सफलतापूर्वक ग्राहकों को फँसाया होता था। उन्होंने पुलिस को यह भी बताया कि वे किसी भी अपराध के दोषी नहीं हैं, क्योंकि उनके हिसाब से तो वे देश में विदेशी मुद्रा लाने का काम कर रहे थे।

डिप्टी एस.पी. अंकुश को यह बात भी पता चली कि कबीर भी राजीव की कंपनी में कार्यरत था और अपनी सैलरी को लेकर उसका राजीव से झगड़ा हो गया था, जिसके फलस्वरूप उसने पुलिस के आगे इस फर्जी कॉल सेंटर का पूरा खुलासा कर दिया था।

पुलिस हिरासत में राजीव और सुशील दोनों ने कबूल किया कि शुरू में उन्हें नहीं पता था कि कॉल सेंटर अमेरिका के नागरिकों को धोखा दे रहा है। जब तक उन्हें इस बात का अहसास हुआ, तब तक वे केंद्र से अच्छी-खासी कमाई कर रहे थे और तब वे इस काम को छोड़ नहीं पाए। पुलिस ने पटेल नगर थाना में प्राथमिकी दर्ज की गई और जाँच के दौरान राजीव और सुशील के पास से एक एस.यू.वी., कई कंप्यूटर, ब्रांडेड घड़ियाँ और 4 लाख रुपए से अधिक की नकदी बरामद की।

पुलिस के माँगने पर राजीव और सुशील अपनी कंपनी का रजिस्ट्रेशन विवरण और दूरसंचार विभाग से मिलनेवाला कॉल सेंटर चलाने का लाइसेंस नहीं दे पाए, क्योंकि उन्होंने तो इसे कहीं रजिस्टर ही नहीं किया था। वे ग्राहकों के स्रोत, डाटा और भुगतान में विदेशियों से लिये गए पैसों का विवरण भी

पुलिस को प्रस्तुत करने में विफल रहे। साइबर क्राइम पुलिस स्टेशन में राजीव और सुशील के खिलाफ भारतीय दंड संहिता (आई.पी.सी.) की धारा 420, और आई.टी. अधिनियम की धारा 66डी और 75 के तहत मामला दर्ज किया गया।

मामले की गंभीरता को देखते हुए तत्कालीन डी.जी.पी. अशोक कुमार ने एस.टी.एफ. को पूरे रैकेट का भंडाफोड़ करने के निर्देश दिए और दोषियों के खिलाफ कड़ी कार्यवाही के भी आदेश दिए। सुशील और राजीव के नोएडा और दिल्ली में संपर्क होने से छोटे-छोटे कई ऐसे कॉल सेंटर पाए गए, जो विभिन्न क्षेत्रों में काम कर रहे थे। रोहिणी, शालीमार बाग, राजौरी गार्डन और जनकपुरी क्षेत्र में ऐसे कई सेंटर स्थापित थे। अधिक जाँच के बाद पुलिस को पता चला कि घोटाले का मास्टरमाइंड दुबई में था।

नोएडा में छापेमारी करते समय पुलिस को क्षेत्राधिकार प्रतिबंधों का सामना भी करना पड़ा। उत्तराखंड पुलिस ने दिल्ली और यूपी पुलिस के साथ वरिष्ठ स्तर पर अंतरराज्यीय समन्वय स्थापित किया और उत्तराखंड पुलिस की स्पेशल टास्क फोर्स और साइबर क्राइम सेल द्वारा संयुक्त अभियान चलाया गया, जिसके अंतर्गत दिल्ली से चार संदिग्धों को गिरफ्तार भी किया गया। गिरफ्तार किए गए एग्जीक्यूटिव ने स्वीकार किया कि वे अमेरिका के नागरिकों से संपर्क करते थे और उनके उपकरणों पर रिमोट एक्सेस सॉफ्टवेयर स्थापित कर उनका महत्त्वपूर्ण डाटा लॉक कर देते थे। फिर उनके डाटा को अनलॉक करने के लिए 1000 यू.एस. डॉलर से 5000 यू.एस. डॉलर के बीच भुगतान करने के लिए ब्लैकमेल करते थे। कभी-कभी उन्हें उपहार कार्ड और यहाँ तक कि क्रिप्टो करेंसी के माध्यम से भुगतान करने के लिए भी कहा जाता था। पुलिस ने पाया कि अपराधियों के तीन अलग-अलग बैंक खातों में कुल मिलाकर लगभग 2 करोड़ रुपए थे।

इस प्रकार उत्तराखंड पुलिस ने देश में गैर-कानूनी तरीके से फलते-फूलते बी.पी.ओ. व्यवसाय का परदाफाश किया, जो कि लगभग 300 करोड़ का था।

साइबर टिप : हमेशा अपने कंप्यूटर के ऑपरेटिंग सिस्टम और एंटीवायरस को अप-टू-डेट रखें। अपने सिस्टम पर मैलवेयर डाउनलोड होने से बचने के लिए कभी भी किसी संदिग्ध लिंक पर क्लिक न करें। हमेशा बाहरी हार्ड डिस्क या किसी सुरक्षित क्लाउड स्टोरेज पर नियमित रूप से अपनी महत्त्वपूर्ण फाइलों का बैकअप लेते रहें।

□

8

सेक्सटॉर्शन

पॉर्न देखना इतना रोमांचक भी नहीं है, हो सकता है कि आप सेक्सटॉर्शन का शिकार बन जाएँ और उसी फिल्म में एक किरदार की भूमिका में आप ही नजर आएँ!

35 वर्षीय लकी एक बिजनेसमैन था और देहरादून के समृद्ध इलाकों में से एक, डालनवाला में रहता था। एक समय पर यह इलाका अंग्रेजों के जमाने के निर्माण के लिए प्रसिद्ध हुआ करता था, जहाँ बहुत से सेवानिवृत्त आई.ए.एस., आई.पी.एस. अधिकारी, डॉक्टर और सेना के अफसर रहते थे। डालनवाला में प्रत्येक घर कम-से-कम 2.5 बीघे में बना होता था, जिसमें लीची का बगीचा और एक बड़ा लॉन हुआ करता था। हाल ही में इस इलाके में पुरानी कोठियों की जगह कई फ्लैट बन गए हैं। लकी यहीं एक शानदार परिसर की सातवीं मंजिल पर 4 बी.एच.के. फ्लैट में रहता था। लकी का राजपुर रोड पर एक ब्रांडेड गारमेंट का शोरूम था। उसकी सिमरन के साथ शादी को 10 साल हो चुके थे। तब सिमरन बहुत खूबसूरत युवती थी और वे दोनों कॉलेज में मिले थे। वे शादी से पहले पाँच साल तक रिलेशनशिप में थे। सिमरन के काले लंबे घने बाल थे और वह बहुत आकर्षक दिखती थी। लकी सिमरन से बहुत प्यार करता था।

दुर्भाग्य से, तीन साल पहले सिमरन को स्तन कैंसर हो गया और डॉक्टरों को उसके दाहिने स्तन को ऑपरेशन करके निकलना पड़ा। सर्जरी

के बाद सिमरन के कई रेडियोथेरैपी सत्र हुए, जिसने सिमरन को दुबला-पतला बना दिया था। समय के साथ उसकी हालत में सुधार आया और दो साल तक सब ठीक चला। लेकिन इस जानलेवा बीमारी ने एक बार फिर से दस्तक दी और इस बार सिमरन को कीमोथेरैपी करानी पड़ी। केमिकल के दुष्प्रभाव ने उसकी बची हुई सेहत और सुंदरता उससे खींच ली। उसने अपने खूबसूरत लंबे बाल खो दिए और वह बहुत कमजोर हो गई। फिर उसने लंबे समय के लिए बिस्तर पकड़ लिया था। इन सबके बावजूद लकी उससे बहुत प्यार करता था और उसकी बीमारी के दौरान उसके साथ रहकर उसकी बहुत सेवा करता था।

सिमरन की बीमारी के कारण लकी का पूरा ध्यान उसके इलाज और उसकी देखभाल पर रहता था। वह इस दौरान काफी निराश और उदास भी रहने लगा था। वह सिमरन की बीमारी के कारण उसके साथ शारीरिक संबंध स्थापित नहीं कर पाता था। वह खुद को खुश रखने और डिप्रेशन से दूर रहने के लिए इंटरनेट पर कामुक वीडियो देखा करता। उसने सोशल मीडिया पर भी कुछ लड़कियों को मित्र बना लिया था। चैटिंग और डेटिंग ऐप्स के माध्यम से भी वह कुछ अन्य लड़कियों के संपर्क में रहने लगा था। वह उनको सोशल मीडिया पर फॉलो करता था और अकसर उनकी पोस्ट पर कमेंट करता। उसने अपने शोरूम की पूरी जिम्मेदारी कुछ सेल्समैन को दी हुई थी और खुद अपना पूरा समय सोशल मीडिया पर व्यतीत करता।

फिर अचानक एक दिन लकी को एक अज्ञात नंबर से उसके मोबाइल पर एक व्हाट्सएप वीडियो कॉल आया। उस समय तो उसने कॉल को अस्वीकार कर दिया, लेकिन फिर जब कुछ देर बाद उसे दोबारा उसी नंबर से कॉल आया तो उसने इस बार कॉल को उठा लिया। वीडियो कॉल के दूसरी तरफ तकरीबन 20 साल की एक लड़की थी। उसके घुँघराले लंबे बाल थे और उसने काले रंग का 'लो नेक टॉप' पहना हुआ था। उस लड़की ने लैपिस लाजुली पथरों का एक हार भी पहना था, जो उसकी सुराहीदार गरदन से चिपका हुआ था और वह बहुत खूबसूरत थी। उसका चेहरा काफी जाना-

पहचाना लग रहा था और लकी ने उसे पहचानने की कोशिश की। उसने सोचा कि शायद वह उसके फेसबुक की कोई नई परिचित होगी। वह जो भी थी, उसकी एक झलक ने लकी के दिल की धड़कनों को बढ़ा दिया था।

लकी ने बगल के कमरे में झाँककर देखा कि उसकी पत्नी सिमरन अभी भी सो रही थी। उसकी देखभाल करनेवाली नर्स उस दिन जल्दी चली गई थी। वह सोफे पर बैठ गया और उसने अपने ब्लूटूथ हैडफोन को कानों पर लगाया, ताकि उसकी बातों से उसकी पत्नी जाग न जाए। उसे एकदम से याद आया कि वह लड़की जुनेला थी, जो फेसबुक पर उसकी सबसे नई मित्र थी। लकी ने हाल ही में फेसबुक पर उसकी गोवा बीच की खूबसूरत तस्वीरों पर लाइक और कमेंट किया था।

जुनेला ने लकी को अपना परिचय दिया और बताया कि वह मुंबई में रहती है और एक कॉल सेंटर में काम करती है। उसने लकी से कहा कि उसके फेसबुक पर किए हुए कमेंट उसे बहुत पसंद आए, इसलिए उसने कॉल करने की सोची। जुनेला की आवाज बहुत सुरीली थी और लकी मंत्रमुग्ध होकर उसकी मीठी बातें सुन रहा था। वह खुशी से झूम उठा और उसे बताया कि उसे ऑनलाइन लाइव देखकर वह बहुत उत्साहित है। उसने जुनेला से कहा कि वह बहुत खूबसूरत लग रही है। जुनेला शरमा गई। वे दोनों कुछ देर आपस में बातें करते रहे। फिर अचानक जुनेला ने फोन काट दिया। लकी ने वीडियो कॉल के दौरान जुनेला के पीछे एक आदमी की धुँधली छवि को देखा था। कुछ देर इंतजार करने के बाद लकी ने जुनेला को वापस कॉल करने की कोशिंश की, लेकिन उसने फोन नहीं उठाया। लकी ने अपना फेसबुक खोला और एक बार फिर से जुनेला की पोस्टों को देखने लगा। उसने अपने अंदर एक अजीब सा उत्साह महसूस किया। वह जुनेला की तरफ आकर्षित हो गया था। पूरी रात उसे जुनेला का खयाल आता रहा।

अगले दिन जब लकी अपने शोरूम में बैठा था, जुनेला का फिर से फोन आया। वह अपने शोरूम के कोने में बने एक छोटे से ऑफिस में गया और उसने जुनेला का फोन उठाया। उन्होंने लगभग एक घंटा बातचीत की।

लकी ने उसे अपनी बीमार पत्नी के बारे में बताया और यह भी बताया कि वह कितने कठिन समय से गुजर रहा था। जुनेला ने भी उसे अपने निजी जीवन की कहानी सुनाई और बताया कि हाल ही में उसके प्रेमी के साथ उसका संबंध टूट गया था और वह काफी अकेला महसूस कर रही थी। उसने लकी से कहा कि वह भी किसी अच्छे साथी की तलाश कर रही है। वे दोनों अकसर फोन पर बातें करने लगे और जल्द ही अच्छे मित्र बन गए। एक दिन जुनेला ने लकी से अपने प्रेम का इजहार किया, जिससे उनका संबध और गहरा हो गया। लकी धीरे-धीरे अवसाद से बाहर आने लगा और अब वह काफी खुश रहने लगा था। वह हर समय जुनेला के बारे में सोचने लगा और उसके फोन का बेसब्री से इंतजार करता।

एक दिन जब वे दोनों वीडियो कॉल पर बात कर रहे थे तो जुनेला ने अचानक अपनी जैकेट उतार दिया, जिसे उसने अपने पारदर्शी टॉप के ऊपर पहना हुआ था। लकी यह देखकर चौंक गया और उत्तेजित हो गया, लेकिन उसने खुद को सामान्य दिखाने की कोशिश की और अपनी बातचीत जारी रखी। तभी अचानक कॉल कट गई। लकी का दिल अब बहुत तेजी से धड़क रहा था और उसका दिमाग जुनेला को लेकर बहुत आगे की सोचने लगा था।

कुछ दिनों बाद लकी को एक बार फिर से जुनेला का वीडियो कॉल आया। वे एडल्ट चैट करने लगे और जुनेला ने लकी को अपनी अश्लील तस्वीर और वीडियो बनाने के लिए फुसलाया। वे काफी आगे बढ़ गए और उस दिन उन्होंने साइबर सेक्स भी किया। लकी ने ऐसा जीवन में पहली बार किया था और उसे अनोखा अनुभव हुआ था। उसे यह इंटरनेट पर पॉर्न देखने से काफी बेहतर और रोचक लगा। लकी इस बात से बिल्कुल अनभिज्ञ था कि कॉल के दूसरे छोर पर सब कुछ रिकॉर्ड किया जा रहा था! एक कहावत है कि इंटरनेट न तो कभी भूलता है और न ही कभी माफ करता है! इंटरनेट पर साझा की गई कोई भी चीज कभी नष्ट नहीं होती और किसी-न-किसी रूप में हमेशा के लिए वहीं रहती है।

कुछ दिनों के बाद लकी को उसके व्हाट्सएप पर किसी अज्ञात नंबर से मैसेज आया, जिसमें कुछ वीडियो और फोटो संलग्न थे। लकी ने जब उसने संदेशों को खोला और उनमें भेजी गई वीडियो और फोटो देखी तो वह चौंक गया। उसे अपनी आँखों पर विश्वास नहीं हो रहा था। वीडियो को मॉर्फ किया गया था और लकी को जुनेला के साथ आपत्तिजनक स्थिति में दिखाया गया था। इस वीडियो से स्क्रीनशॉट लेकर लकी को कुछ ऐसी फोटो भी भेजी गई थी, जो बहुत अश्लील थी और उनमें लकी नग्न अवस्था में दिखाई दे रहा था। मोबाइल में यह सब देखकर लकी के दिल की धड़कन बहुत तेज हो गई और उसके हाथ-पैर काँपने लगे। वह बहुत घबरा गया, उसे कुछ समझ नहीं आ रहा था कि यह सब क्या हो गया!

लकी को कुछ देर में यह आभास हुआ कि अब वह जुनेला द्वारा ब्लैकमेल किया जाएगा। उसका सोचना बिल्कुल सही था। जुनेला बहुत होशियार थी और उसने अपने साथियों के साथ मिलकर योजनाबद्ध तरीके से लकी को निशाना बनाया था। वह सोशल मीडिया पर हेराफेरी और चालबाजी करने में माहिर थी। जुनेला और उसके साथी काफी समय से लकी के सोशल मीडिया अकाउंट का पूरा अध्ययन कर रहे थे। दुर्भाग्य से, लकी का फेसबुक और इंस्टाग्राम अकाउंट सार्वजनिक था और उसमें टू-फैक्टर ऑथेंटिकेशन भी नहीं था। जालसाजों ने सोशल इंजीनियरिंग का इस्तेमाल किया। उन्हें पता था कि लकी को फँसाना बहुत आसान है, क्योंकि उन्हें सोशल मीडिया से यह मालूम चल चुका था कि उसकी सेक्स लाइफ सक्रिय नहीं है और वह इंटरनेट पर पॉर्न वीडियोज भी देखा करता था। उन्हें यह भी यकीन था कि लकी कभी पुलिस के पास नहीं जाएगा, क्योंकि उसे अपने सामाजिक सम्मान की काफी चिंता थी। वे लकी के पोस्ट और कमेंट को सोशल मीडिया पर काफी समय से फॉलो कर रहे थे और उन्हें लकी सेक्सटॉर्शन का एक उपयुक्त लक्ष्य लगा था।

लकी 'सेक्सटॉर्शन' का शिकार हो चुका था—एक ऐसा साइबर अपराध, जिसमें पीड़ित को एक वीडियो कॉल आती है और आमतौर पर कॉलर एक आकर्षक लड़की होती है, जो कैमरे पर विभिन्न अश्लील हरकतें करती है। इसके बाद वह कॉल किए गए व्यक्ति को भी कैमरे पर अश्लील हरकतें करने के लिए उकसाती है और फिर इस प्रकरण की रिकॉर्डिंग करके उसे ब्लैकमेल करती है।

लकी को अगले तीन दिनों तक करीब दस अलग-अलग नंबरों से फोन आया, जिसमें उससे फिरौती की माँग की गई और पैसे नहीं देने पर वीडियो को सोशल मीडिया पर वायरल करने और उसके जाननेवालों को भेजने की धमकी दी गई। जालसाजों ने उसके मोबाइल पर मौजूद सभी संपर्कों को पहले ही हासिल कर लिया था। उन्होंने लकी को धमकाया कि वे उसकी वीडियो विभिन्न अश्लील वेबसाइटों और डार्क वेब पर डाल

देंगे। डिजिटल रूप से मिलनेवाली धमकियों ने उसके जीवन में परेशानियाँ खड़ी कर दीं। वह अपनी पत्नी और व्यवसाय दोनों पर बिल्कुल ध्यान नहीं दे पा रहा था। लकी एक अकल्पनीय आघात से गुजर रहा था और उस एक पल की उत्तेजना में की गई हरकतों के लिए उसे पछतावा हो रहा था।

लकी को यह लग रहा था कि उसकी मात्र एक ही गलती थी कि उसने अज्ञात नंबर का वीडियो कॉल उठाया, लेकिन जालसाजों ने उसके लिए तभी जाल बिछा दिया था, जिस दिन वह इंटरनेट पर पॉर्न साइट पर गया था। उसने कभी ध्यान नहीं दिया कि ये असुरक्षित साइटें थीं और इनका वेब एड्रेस HTTPS से नहीं, बल्कि HTTP से शुरू होता था। हैकर ने उसी पल लकी का सारा विवरण हासिल कर लिया था। जब भी हम कोई सुरक्षित साइट खोलते हैं तो एड्रेस बार में एक लॉक आइकन बनकर आता है। जब यह लाल रंग का होता है और इसके ऊपर एक क्रॉस बना होता है और यह दरशाता है कि यह साइट बिल्कुल भी सुरक्षित नहीं है।

जालसाज लगातार लकी से पैसों की माँग करते रहे और उसे धमकाते रहे कि अगर उसने पैसा नहीं दिया तो वे उसके खिलाफ पुलिस में पॉर्न साइट्स पर जाने का केस दर्ज कराएँगे। अगले दिन जालसाजों ने खुद को ही पुलिस बताकर लकी को फोन किया और कहा कि उनके पास लकी की कुछ आपत्तिजनक तस्वीरें और वीडियो हैं, जिसकी वजह से उसे जेल हो सकती है। लकी घबरा गया, उसने खुद को एक जाल में फँसा हुआ पाया। उसने कॉल करनेवालों को समझाने का प्रयास किया, लेकिन उन्हें पैसे के अलावा कुछ नहीं चाहिए था। समस्या समय के साथ तेजी से बढ़ती जा रही थी। लकी को जुनेला सहित हर जगह से धमकाया जा रहा था। जुनेला ने उसे एक लाख रुपए जमा करने के लिए एक इ-वॉलेट नंबर भी भेजा।

दुनिया में कुछ ऐसी चीजें होती हैं, जो हर एक व्यक्ति छिपाना चाहता है, उनमें से ही एक है यौन दुराचार। कोई भी व्यक्ति यह कभी नहीं चाहेगा कि उसकी ऐसी कोई भी भूल किसी के सामने आए! लकी इस बारे में किसी दोस्त से भी बात नहीं कर पा रहा था, क्योंकि ऐसा करने से वह

किसी को चेहरा दिखाने लायक नहीं बचता। वह पुलिस के पास भी नहीं जा सकता था, क्योंकि उसे लगा कि उसकी बदनामी होगी और उसे लोगों के आगे शर्मिंदा होना पड़ेगा। उसे ऐसा लगता था कि अगर वह रिपोर्ट दर्ज कराने गया तो पुलिस उसे एक अपराधी की नजर से देखेगी और वह शर्मसार हो जाएगा। वह कोर्ट-कचहरी के चक्करों से भी बचना चाहता था। लकी ने कुछ वर्ष पहले अपने पिता को एक सिविल मामले में कोर्ट में उलझे हुए देखा था। उसके पिता हमेशा कहते थे कि ईश्वर कभी किसी को कोर्ट, पुलिस स्टेशन या हॉस्पिटल न दिखाए। लकी बहुत मानसिक तनाव से गुजर रहा था और इतना हताश हो गया कि उसने आत्महत्या करने की भी कोशिश की, लेकिन सौभाग्य से वह बच गया था।

अब लकी के पास एक लाख रुपए इ-वॉलेट में जमा करने के अलावा कोई दूसरा चारा नहीं था। पैसे मिलते ही जुनेला ने उससे कहा कि वह निश्चिंत हो जाए, अब वह अपने मोबाइल से उसकी सारी वीडियो और फोटो डिलीट कर देगी। उसने लकी को आश्वासन दिया कि उसके पास अपने फोन के अलावा और कहीं उन वीडियो और फोटो की कॉपी नहीं है। लेकिन जुनेला को एक लाख रुपए देने के बाद भी लकी काफी परेशान था। उसे संदेह था कि जालसाज उससे दोबारा पैसे माँग सकते हैं। उसने सोचा कि अगर उसने पुलिस में रिपोर्ट नहीं कराई तो जालसाज उसे जीवन भर परेशान करते रहेंगे।

लकी का ऐसा सोचना बिल्कुल सही था। कुछ दिनों बाद ही उसके पास किसी हैरी का फोन आया, जिसने स्वयं को फेसबुक का अधिकारी बताया। उसने लकी को कहा कि उसकी एक लड़की के साथ आपत्तिजनक वीडियो फेसबुक के सर्वर पर पड़ी है, जिसे उसने फिलहाल अस्थायी रूप से ब्लॉक कर दिया है। लेकिन लकी को इसे हमेशा के लिए फेसबुक से हटवाने के लिए कुछ शुल्क दोना होगा। अगर वह ऐसा नहीं करता तो 48 घंटों के बाद उसका वीडियो फेसबुक पर वापस दिखाई देगा और फिर लकी इस बारे में कुछ नहीं कर पाएगा। लकी मजबूर था, उसने हैरी

को भी 50,000 रुपयों की पेमेंट कर दी। लकी ने खुद को कभी न खत्म होनेवाले एक्स्टोर्सन के चक्रव्यूह में फँसा हुआ पाया। वह अब अपराधियों की दया पर जी रहा था, जो उससे कभी भी पैसे माँग लेते थे और पैसे न देने पर उन वीडियोज को सोशल मीडिया पर डालने की धमकी देते थे। लकी सेक्सटॉर्शनिस्टों को अभी तक कुल 3 लाख रुपए दे चुका था और अभी भी उस पर और पैसे देने का दबाव बनाया जा रहा था।

लकी इस उत्पीड़न से बहुत तंग आ चुका था, उसके पास इससे बाहर निकालने का कोई दूसरा रास्ता नहीं था और एक दिन उसने हिम्मत जुटाई और फैसला किया कि वह जालसाजों के खिलाफ पुलिस में शिकायत दर्ज कराएगा। उसने इंटरनेट पर सर्च किया कि कैसे बिना थाने जाए साइबर क्राइम की शिकायत दर्ज कराई जा सकती है! वह भारत सरकार के राष्ट्रीय साइबर अपराध रिपोर्टिंग पोर्टल पर पहुँचा। उसने Cybercrime.gov.in वेबसाइट का दौरा किया और एक नए उपयोगकर्ता के तौर पर उसपर अपना विवरण दर्ज किया। उसने 'रिपोर्ट अदर साइबर क्राइम' पर क्लिक किया, जिसके बाद उसने घटना का विवरण और उसे ब्लैकमेल के लिए जुनेला द्वारा इस्तेमाल किए जानेवाला वीडियो भी अपलोड किया। उसने हैरी और अन्य लोगों के नंबर, जो उसे पैसे के लिए लगातार फोन कर रहे थे, उस साइट पर डाले। लकी की शिकायत पोर्टल पर ऑनलाइन दर्ज कर ली गई और उसे एक शिकायत आई.डी. प्राप्त हुई। कुछ ही घंटों के भीतर उसकी शिकायत उत्तराखंड राज्य पुलिस विभाग को भेज दी गई और लकी को स्थानीय थाने से फोन आया कि वह वहाँ आकर इंस्पेक्टर से मिले। लकी पुलिस थाने जाने से घबरा रहा था, लेकिन इंस्पेक्टर ने उसे आश्वासन दिया कि उसकी सारी जानकारी गुप्त रखी जाएगी और उसे घबराने की कोई जरूरत नहीं है, पुलिस उसकी हरसंभव मदद करेगी।

लकी ने हिम्मत जुटाई और वह अगली सुबह थाने पहुँचा। थाना प्रभारी, इंस्पेक्टर रावत ने पहले पॉर्न रिवेंज के कई मामले सुलझाए थे, जिनमें वयस्क और युवाओं को इसका शिकार बनाया जाता था। इन मामलों में कुछ लोगों

की निजी तस्वीरों को इंटरनेट पर पैसे वसूलने के लिए नहीं, बल्कि बदले की भावना से डाला जाता था। लेकिन यह मामला सेक्सटॉर्शन का था, जहाँ पीड़ित की यौन गतिविधियों की आपत्तिजनक तस्वीरों और वीडियो का इस्तेमाल जालसाजों द्वारा पैसे वसूलने के लिए किया जा रहा था। इंस्पेक्टर रावत ने लकी से मामले की पूरी जानकारी ली और उसके मोबाइल से जुनेला के साथ उसकी चैट के स्क्रीनशॉट भी लिये। लकी इंस्पेक्टर को यह सब बताते हुए बहुत शर्मिंदा महसूस कर रहा था। वह इस ब्लैकमेलिंग और अपमान से छुटकारा पाना चाहता था। रावत ने उसे सहज किया और उससे कहा कि वह चिंता न करे, उसने इस मामले की रिपोर्ट करके बिल्कुल ठीक किया है। लकी की पूरी कहानी सुनने के बाद इंस्पेक्टर रावत ने प्राथमिकी दर्ज की और इस मामले की जाँच शुरू कर दी।

इंस्पेक्टर रावत ने जुनेला के व्हाट्सएप अकाउंट के आई.पी. एड्रेस और कॉल्स को ट्रेस करने पर पाया कि इनमें से अधिकतर कॉल हरियाणा के मेवात क्षेत्र से किए गए थे। कुछ कॉल्स राजस्थान के भरतपुर, अलवर और धौलपुर जिले से भी शामिल थे। ये दोनों स्थान हाल ही में यौन शोषण गतिविधियों के गढ़ बन गए हैं। मेवात का नाम सेक्सटॉर्शन के लिए ठीक वैसे जाना जाने लगा था, जैसा जामताड़ा फिशिंग के लिए प्रसिद्ध था। पुलिस ने मनी ट्रेल की जाँच करी और दूरसंचार विभाग को नोटिस भेजा, जिसमें पीड़ित को कॉल किए जानेवाले नंबरों के ग्राहक विवरण और कॉल विवरण रिकॉर्ड माँगे गए। पुलिस के साइबर विशेषज्ञों ने एथिकल हैकिंग का उपयोग करते हुए जुनेला के फोन से जो नंबर प्राप्त हुए, उन पर स्पूफिंग मैसेज भेजे। इनमें से कुछ ने गलती से जवाब दे दिया, जिससे पुलिस को उनका सुराग मिल गया।

आरोपियों को पकड़ने के लिए गृह मंत्रालय के समन्वय से उत्तराखंड की पुलिस ने दूसरे राज्यों की पुलिस के साथ मिलकर संयुक्त साइबर अपराध टीम का गठन किया। पुलिस ने जाल बिछाया और अपराधियों को गिरफ्तार कर लिया। पूछताछ के दौरान गिरोह के सरगना ने कबूल किया

कि वह दो साल से सेक्सटॉर्शन का रैकेट चला रहा था। उसके साथ गैंग में पाँच अन्य सदस्य भी शामिल थे, जिनमें से दो महिलाएँ थीं, जो पुरुषों को वीडियो कॉल के माध्यम से सेक्सुअल कंटेंट दिखाकर फँसाती और फिर उनसे तब तक पैसे वसूलती, जब तक उनका सारा पैसा समाप्त नहीं हो जाता। पुलिस ने सारी कड़ियों को एक साथ जोड़कर इस डिजिटल पहेली को सुलझा दिया और सेक्सटॉर्शन के इस मामले को बेनकाब कर दिया।

पुलिस को मालूम चला कि कुछ मामलों में तो पीड़ितों को किसी स्थान पर लड़कियों के साथ यौन संबंध बनाने के लिए बुलाया जाता और उनके वीडियो बना लिये जाते। यह गिरोह अब तक 100 से अधिक पुरुषों से करीब 50 लाख की वसूली कर चुका था। गिरोह के सदस्यों ने यह भी कबूल किया कि वे अपनी आवाज को बदलने के लिए वॉयस मॉड्युलेशन मशीन का उपयोग भी करते थे। वे पॉर्नोग्राफिक वेबसाइटों से डाटा उठाते थे और उनके शिकार ज्यादातर अविवाहित, अमीर और अश्लील वीडियो देखनेवाले लोग होते थे। जालसाजों ने खुलासा किया कि कई बार उन्होंने खुद को पुलिस अधिकारियों के रूप में भी पेश किया और पीड़ितों को यह कहकर धमकाया कि उनकी अश्लील वीडियो इंटरनेट पर पाई गई है और उनके ऊपर कानूनी कार्यवाही की जाएगी। कोविड-19 लॉकडाउन के दौरान लोग ऑनलाइन रिलेशनशिप की तलाश में थे, जिस कारण से इस तरह के केस काफी बढ़ गए थे। आई.पी.सी. की धारा 292, 354सी, 384,385 और आई.टी. अधिनियम की धारा 66ई के तहत जालसाजों पर मामला दर्ज किया गया। उनके पास से कई अश्लील वीडियो बरामद की गईं, जिसमें लकी की आपत्तिजनक स्थिति वाली वीडियो भी शामिल थी।

उत्तराखंड पुलिस द्वारा समय-समय पर संवेदीकरण कार्यक्रम का संचालन किया जाता है, जिसमें लोगों को बढ़ते हुए साइबर क्राइम के प्रति जागरूक किया जाता है।

साइबर टिप : किसी भी अज्ञात व्यक्ति द्वारा की जानेवाली वीडियो कॉल का जवाब देने से पहले दो बार सोचें। इस बात को समझने की

कोशिश करें कि कोई भी व्यक्ति क्यों आपके साथ यौन संबंध स्थापित करने में रुचि रखेगा? आप किसी से मित्रता करने से पहले उससे व्यक्तिगत रूप से अवश्य मिलें, केवल उस के सोशल मीडिया प्रोफाइल पर भरोसा न करें, लोगों के सोशल मीडिया प्रोफाइल नकली भी हो सकते हैं।

□

9

अपने ही जाल में फँसा फिशिंग माफिया

क्या पुलिस हजारों मील दूर से पेड़ों पर बैठे कुछ उन कम पढ़े-लिखे युवाओं को गिरफ्तार कर पाएगी, जो फिशिंग से बड़े अधिकारियों और डॉक्टरों तक के बैंक खातों को पूरा साफ कर देते हैं?

उत्तर भारत का एक राज्य उत्तर प्रदेश है, जिसमें 75 जिले हैं और उन्हीं में एक जिला बिजनौर भी है। यह मेरठ के उत्तर-पूर्व से तकरीबन 65 किलोमीटर दूर है और मुख्यतः गन्ने उत्पादन एवं व्यापार के लिए प्रसिद्ध है। भुखमरी और काम की अनुपलब्धता के चलते बिजनौर के 20 से 40 आयु वर्ग के बहुत से युवक काम की तलाश में दूसरे शहरों में चले जाते हैं। देहरादून, जो कि बिजनौर से 150 किमी. दूर है, इन प्रवासी कामगारों की पसंदीदा जगहों में से एक है। कई इलेक्ट्रीशियन, प्लंबर, कैब ड्राइवर और मजदूर, जो देहरादून में काम करते हैं, वे ज्यादातर बिजनौर के ही रहनेवाले हैं।

देव, जो 35 वर्ष का था, वह अपनी पत्नी आँचल और 12 साल के बेटे शुभम के साथ बिजनौर से काम की तलाश में देहरादून आकर रहने लगा था। उसने नालापानी चौक के पास एक छोटा सा कमरा किराए पर लिया और रोज सुबह घंटाघर काम की खोज में निकाल जाता था। प्रवासी मजदूर देहरादून में अलग-अलग चौराहों पर सुबह काम की तलाश में जुट जाते हैं। देहरादून में घंटाघर सभी प्रकार के मजदूरों का एक मुख्य केंद्र है, जहाँ पेंटर,

राजमिस्त्री, प्लंबर, बढ़ई और अन्य मजदूर दिहाड़ी पर काम के लिए सुबह मिल जाते हैं। देव बहुत ईमानदार व्यक्ति था और देहरादून आने के बाद उसको पेंटर का काम मिल गया था, जिसे वह बड़ी मेहनत से करता था। एक दिन उसकी मुलाकात एक टैक्सी कंपनी के मालिक सुरजीत सिंह से हुई। उसे देव का ईमानदारी से किया हुआ काम बहुत पसंद आया। वह जानता था कि आजकल ईमानदार व्यक्ति बहुत कम मिलते हैं। सुरजीत सिंह ने देव को सुझाव दिया कि अगर वह ड्राइविंग सीख ले तो उसे वह अपनी टैक्सी कंपनी में नौकरी पर रख लेगा। यह प्रस्ताव सुनकर देव बहुत उत्साहित हुआ और उसने एक महीने के भीतर ही गाड़ी चलाना अच्छे से सीख लिया और जल्द ही अपना ड्राइविंग लाइसेंस भी बनवा लिया। उसने सुरजीत के साथ काम करना शुरू कर दिया। वह समय का पाबंद था और उसमें काम सीखने का जुनून भी था। एक साल तक देव सुरजीत सिंह की गाड़ी चलाता रहा और अपनी सैलरी से कुछ पैसे बचाता रहा। जब उसके पास पर्याप्त बचत हो गई तो उसने बैंक से लोन लेकर खुद की एक टैक्सी खरीद डाली।

एक दिन जब देव देहरादून के जॉलीग्रांट एयरपोर्ट जा रहा था, तभी उसके मोबाइल पर एक कॉल आई। देव ने कॉल को अस्वीकार कर दिया, क्योंकि कैब बुक करनेवाला यात्री हवाई अड्डे पर इंतजार कर रहा था और उसे देर हो रही थी। कुछ सेकंड बाद फिर उसे उसी नंबर से फोन आया। इस बार देव ने कैब को सड़क के किनारे खड़ा किया और कॉल को उठा लिया। फोन करनेवाले ने कहा कि वह स्टेट बैंक का असिस्टेंट मैनेजर है और उससे पूछा कि क्या उसने बैंक से कोई कर्ज लिया है? देव ने उससे कहा कि हाँ, उसने कैब खरीदने के लिए बैंक से लोन लिया था। मेनेजर ने देव को बताया कि उसका के.वाई.सी. का नवीनीकरण नहीं किया गया है, जिसे उसे तुरंत करवाना पड़ेगा। उसने देव से कहा कि आर.बी.आई. का नया आदेश आया है कि अब हर छह माह में के.वाई.सी. करना पड़ता है। देव ने मैनेजर से कहा कि वह बाद में कॉल करेगा, क्योंकि उसे एक पैसेंजर को लेने एयरपोर्ट जाना है और वह पहले ही लेट हो चुका है। मैनेजर ने देव को बताया कि यह अति

आवश्यक कार्य है और यह कहकर डरा दिया कि ऐसा न करने पर उसका बैंक खाता और एटीएम कार्ड दोनों ही ब्लॉक कर दिया जाएगा और फिर वह पैसे निकालने या किसी भी प्रकार का लेन-देन करने में सक्षम नहीं रहेगा। उसने देव को आश्वस्त किया कि के.वाई.सी. को नवीनीकृत करने के लिए कुछ मिनट का ही समय लगेगा और वह इसे ऑनलाइन भी कर सकता है, अगर देव के पास अभी एटीएम कार्ड है तो!

देव ने सोचा कि मैनेजर की बात मानने में ही भलाई है, क्योंकि अगर उसका खाता ब्लॉक हो गया तो बैंक के चक्कर लगाने में उसका बहुत समय नष्ट हो जाएगा। उसने पैसेंजर से कहा कि वह 5 मिनट देरी से पहुँचेगा और मैनेजर से कहा कि वह इस कार्य को जल्द निपटा दे। मैनेजर ने उसके एटीएम का 16 अंक का नंबर माँगा और एक्सपायरी डेट पूछी। देव ने जेब से एटीएम कार्ड निकाला और उसे आवश्यक जानकारी दे दी। मैनेजर ने फिर उसे तीन अंकों का सी.वी.वी. पढ़ने के लिए कहा, जो एटीएम कार्ड के पीछे लिखा था। देव ने उसे सी.वी.वी. नंबर बताया, देव इस तथ्य से अनभिज्ञ था कि यह एक गुप्त नंबर होता है, जिसे किसी के साथ साझा नहीं किया जाना चाहिए। फिर उसने देव का पूरा नाम, पता और वैकल्पिक मोबाइल नंबर भी पूछा। मैनेजर ने उससे कहा कि वह सिस्टम में कार्ड का विवरण दर्ज कर रहा है और वह कुछ समय होल्ड करे। कुछ क्षणों के बाद उसने देव से पूछा कि क्या उसके मोबाइल पर कोई ओ.टी.पी. आया है? देव ने उसे बताया कि उसे कोई ओ.टी.पी. नहीं मिला है। मैनेजर ने देव को प्रतीक्षा करने के लिए कहा, क्योंकि वह फिर से ओ.टी.पी. के लिए अनुरोध कर रहा था। कुछ सेकंड के बाद देव को बैंक से छह अंकों का ओ.टी.पी. मिल गया। उसने मैनेजर को वह ओ.टी.पी. बताया। मैनेजर ने देव को धन्यवाद देते हुए कहा कि उसका के.वाई.सी. का नवीनीकरण अगले दस मिनट में हो जाएगा। अपना कार्ड पॉकेट में डालकर देव ने कैब स्टार्ट की और हवाई अड्डे की ओर चल पड़ा। देव इस बात से पूरी तरह अनभिज्ञ था कि अगले चंद मिनटों में 2000 मील दूर जामताड़ा में बैठे कुछ किशोर युवा उसके बैंक अकाउंट को खाली कर देंगे!

अगली सुबह नाश्ता करने के बाद देव ने अपने मोबाइल को नई बुकिंग के मैसेज देखने के लिए खोला तो वह दंग रह गया! उसके पास बैंक से कुछ मैसेज आए थे, जिनमें लिखा था कि तीन ट्रांसजेक्शन करके उसके खाते से 25,000 रुपए निकाले गए हैं। देव हैरान था, क्योंकि उसने तो अपने खाते से कोई भी लेन-देन नहीं किया था! देव ने यह बात अपनी पत्नी को बताई, जो कि इसे जानकार खुद सदमे में आ गई। देव ने अपने पुराने मालिक सुरजीत को फोन करके इस बारे में बताया, जिसने उसे तुरंत थाने जाकर शिकायत दर्ज करने की सलाह दी। देव और उसकी पत्नी दोनों तुरंत राजपुर रोड स्थित डालनवाला थाने पहुँचे। वे सीधे इनचार्ज के पास गए और उसे अपने बैंक खाते से हुई निकासी के बारे में बताया। इंस्पेक्टर भट्ट, थाना प्रभारी, जो तकरीबन 50 साल के थे, उसने देव और उसकी पत्नी को पानी पीने के लिए कहा, उसके बाद उनकी समस्या को ध्यान से सुना।

इंस्पेक्टर भट्ट ने देव से वह मोबाइल नंबर माँगा, जिससे एस.बी.आई. मैनेजर का उसे फोन आया था। उसने तुरंत व्हाट्सएप के माध्यम से पुलिस के विशेष अभियान समूह और अपने कुछ संपर्कों को यह नंबर भेज दिया।

भट्ट ने उन्हें इस मोबाइल की लोकेशन को पता करने के लिए कहा। 10 मिनट के अंदर भट्ट को मैसेज मिला कि मोबाइल की लोकेशन झारखंड के जामताड़ा में है! 24 घंटे से अधिक का समय बीत चुका था। भट्ट जानता था कि जामताड़ा से पैसे वापस मिल पाना असंभव है, फिर भी उसने देव को समझाया और कहा कि वह रिपोर्ट दर्ज करा दे और उसकी टीम मामले की जाँच करेगी। एक औपचारिक प्राथमिकी दर्ज की गई और साइबर सेल को सूचित किया गया और पुलिस ने मामले की जाँच शुरू कर दी।

यह एक फिशिंग का केस था, जिससे केवल दो मिनट में फ्रॉड हो जाता है। इसे स्थानीय भाषा में 'ततलू कटना' भी कहते हैं। फिशिंग के आरोपी लोगों को 'हिट एंड ट्रायल' कॉल करते हैं और उनको डराकर फँसाने की कोशिश करते हैं। फिर किसी मासूम के फँस जाने पर उसका एटीएम कार्ड नंबर, बैंक खाते और अन्य व्यक्तिगत विवरण को प्राप्त करके उनके खाते से रकम का सफाया कर देते हैं।

आम आदमी, वकील, वैज्ञानिक, अभिनेता, आई.ए.एस., आई.पी.एस., और रक्षा अधिकारी, जो भी यह कॉल उठाता है, वह इस धोखे का शिकार हो सकता है। समाचार-पत्रों की रिपोर्ट के अनुसार, कुछ साल पहले सुपरस्टार अमिताभ बच्चन भी फिशिंग के शिकार हुए थे और उनसे 5 लाख रुपए लूटे गए थे। आज भी फिशिंग साइबर अपराधियों के लिए एक फलता-फूलता व्यवसाय है।

~•~

प्रदीप, जो कि 17 साल का युवक था, कर्मतंद में रहता था। यह झारखंड के जामताड़ा जिले के 150 गाँवों में से एक पिछड़ा क्षेत्र है। गरीबी और बेरोजगारी इस गाँव में रहनेवालों की पहचान बन गई थी। कर्मतंद, जिसकी आबादी लगभग 2 लाख थी, वह भारत के महान् समाज सुधारक ईश्वर चंद्र विद्यासागर का निवास भी रहा है, जो 1872 में यहाँ आए थे और तकरीबन 18 साल तक रहे। यहाँ पर उन्होंने एक स्कूल और डिस्पेंसरी भी खोली थी।

सूचना प्रौद्योगिकी क्षेत्र में आई क्रांति के साथ इस बेल्ट के असंतुष्ट युवा रंक से राजा बनने लग गए। छोटानागपुर पलेट्यू 21वीं सदी की कुख्यात जामताड़ा बेल्ट में तब्दील हो गया। जामताड़ा में ज्यादातर जंगल हैं, लेकिन कुछ कृषि भूमि भी है। यह कुछ साल पहले ट्रेन के यात्रियों को नशीला पदार्थ देकर लूटपाट करने की घटनाओं के लिए भी लोकप्रिय था। इस अपराध को 'जहर खुरानी' के नाम से भी जाना जाता था और देश भर के रेलवे स्टेशनों पर पोस्टर देखे जा सकते थे, जिनमें यात्रियों को ऐसे अपराधियों से सावधान रहने की चेतावनी दी होती थी। हालाँकि प्रदीप के पिता के पास कुछ कृषि योग्य भूमि थी, लेकिन न तो वहाँ कोई बारामासी नदी थी और न ही वहाँ की मिट्टी उपजाऊ थी। इस कारण उनकी भूमि में अधिक उपज नहीं होती थी। वे रिक्शा चलाकर मेहतन मजदूरी करते और गरीबी में जीवन व्यतीत कर रहे थे।

कर्मतंद में कई बाँस के झुरमुट थे, जिनकी छाँव के नीचे गाँव के किशोर एक साथ बैठकर बातें करते थे। प्रदीप एक स्कूल ड्रॉपआउट था और केवल 9वीं कक्षा पढ़ा था। उसे जंगल में घूमने का बहुत शौक था और वह उसका हर कोना अच्छे से जानता था। उसे अकसर वहाँ इतने सारे मोबाइल टावर देखकर आश्चर्य होता था, जो हाल ही में इस क्षेत्र में उभरे थे। वह सोचता था कि इतने सारे युवा जंगल में क्यों हमेशा मोबाइल फोन पर बात करते रहते हैं? उसे लगता था कि वे शायद अपनी गर्लफ्रेंड से छिपकर बात करते होंगे। एक शाम वह जंगल में अपने ही गाँव के युवक रामचंद्र और नारायण से मिला। वे बीयर पी रहे थे और बहुत खुश लग रहे थे, जैसेकि उन्होंने कोई लॉटरी जीती हो! प्रदीप ने उन्हें कुछ कॉल करने और किसी से दो लाख रुपए ठगने के बारे में बात करते हुए सुना। यह जानकर उसे आश्चर्य हुआ और उसने उत्सुकता में उनसे दोस्ती कर ली। वे अकसर जंगल में मिलते और साथ बैठकर बीयर पीते। जल्दी प्रदीप को पता चला कि उन दोनों ने फर्जी कॉल करके बहुत सारा पैसा कमाया था। उसे पैसे कमाने का यह तरीका बहुत आसान लगा। प्रदीप ने उनसे अनुरोध किया कि वे उसे भी अपने गिरोह में शामिल कर लें, क्योंकि उसे भी जल्द पैसे कमाने हैं। उसे अंदाजा भी नहीं था कि वह ऐसे डिजिटल

डकैतों के गिरोह में शामिल होनेवाला था, जो भारत की 'साइबर क्राइम की राजधानी' से फिशिंग को अंजाम देते थे!

नारायण ने प्रदीप को अपने ऑपरेशन मैनेजर सौरभ से मिलवाया। सौरभ की अंडरवर्ल्ड, जनप्रतिनिधियों और स्थानीय पुलिस में अच्छी जान-पहचान थी। प्रदीप को पता चला कि उसके तत्त्वावधान में जामताड़ा से फिशिंग ऑपरेशन चलाए जाते हैं। सौरभ ने प्रदीप का एक संक्षिप्त साक्षात्कार लिया और उसे प्रशिक्षण देने के लिए फ्रेशर के समूह से जोड़ दिया। प्रदीप को फोन पर बोलने का प्रशिक्षण दिया गया, जहाँ उसे कॉल शुरू करने के मूल सिद्धांत, जिसमें बधाई देना, बुनियादी अंग्रेजी के वाक्य, बैंकिंग शब्दावली और आवाज मॉड्यूलेशन सिखाया गया। यहाँ तक कि प्रदीप को लड़की की आवाज में भी बात करना सिखाया गया। प्रदीप बहुत उत्साहित था। जब वह कॉलिंग के लिए पूरी तरह तैयार हो गया तो उसे लोगों के मनोविज्ञान के बारे में बताया गया। उसे सिखाया गया कि कैसे वह बातों-बातों में लोगों से उनके डेबिट/क्रेडिट कार्ड और बैंक खाते का विवरण प्राप्त कर सकता है। प्रदीप को वास्तविक बैंक अधिकारियों की कॉल रिकॉर्डिंग भी सुनाई गई। यह रिकॉर्डिंग सौरभ ने अपने कुछ उन संपर्कों द्वारा हासिल की थी, जो एक कॉल सेंटर के गुणवत्ता मूल्यांकन और प्रशिक्षण केंद्र में काम करते थे। उस केंद्र में ग्राहक की ऐसी कॉल्स को प्रशिक्षण के उद्‍देश्य से रिकॉर्ड किया जाता था। उसे यह भी सिखाया गया कि ग्राहकों को कैसे अपनी बातों के जाल में फँसाकर उन्हें अपने कहे अनुसार कुछ भी करने के लिए राजी किया जा सकता है। प्रदीप से कहा गया कि अगर ग्राहक उसके निर्देशों का पालन नहीं करते तो जरूरत पड़ने पर वह उन ग्राहकों के अंदर भय भी पैदा कर सकता है। वह उन्हें कह सकता है कि उनके खाते बंद हो जाएँगे और उनके कार्ड भी निलंबित कर दिए जाएँगे। प्रदीप को पीड़ितों को कुछ ऐसे मैलवेयर ऐप्लिकेशन के लिंक भेजने के लिए भी प्रशिक्षित किया गया, जो मोबाइल पर इंस्टॉल होने पर जालसाजों को उनका रिमोट एक्सेस प्रदान कर देता था।

प्रदीप को सौरभ द्वारा एक नया आकर्षक टच स्क्रीन मोबाइल और एक

सिम प्रदान किया गया। वह अपने नए काम से बहुत खुश था। उसे फोन नंबरों की एक सूची प्रदान की गई, जिसे सौरभ ने कॉल सेंटर और मोबाइल कंपनियों में अपने संपर्कों के माध्यम से प्राप्त किया था। उसे डार्क वेब और शॉपिंग वेबसाइटों से भी मोबाइल की सूचियाँ निकालकर दी गईं। प्रदीप का काम एक दिन में करीब 150 से 200 कॉल करना था और अगर उसका भाग्य साथ देता तो एक या दो पीड़ितों अवश्य फँस जाते। उसे फिर अपने साथियों के साथ मिलकर उन पीड़ितों के पैसे लूटने होते थे। कुछ साल पहले कर्मतंद में सिर्फ 4-5 घंटे ही बिजली आती थी और इसी समय के दौरान प्रदीप और उसके साथियों को अपने फोन और पावर बैंक को चार्ज करना होता था, जिससे वह दिनभर कॉलिंग कर सकें। फोन पर अच्छे सिग्नल पाने के लिए प्रदीप और उसके साथी कॉल करने के लिए जंगल में पेड़ की शाखाओं पर चढ़कर बैठते थे। वहाँ से वे एक-एक करके सूची में दिए गए नंबरों पर फोन मिलाते। प्रदीप को एस.बी.आई. बैंक के कथित सहायक प्रबंधक का पद दिया गया था।

कुछ ही दिनों की ट्रैनिंग के बाद प्रदीप ने इस काम में निपुणता हासिल कर ली। उसके मालिक ने 'उन्नत प्रशिक्षण' के लिए उसे कोलकाता भेज

दिया। जल्द ही वह एक एक्सपर्ट कॉलर बन गया और कोई भी एक असली बैंक एग्जीक्यूटिव और प्रदीप के बीच अंतर नहीं बता सकता था। उसकी वित्तीय शब्दावली बिल्कुल शुद्ध हो गई थी। प्रदीप निर्दोष लोगों को क्रेडिट या डेबिट कार्ड के निलंबन, के.वाई.सी. विवरण के नवीनीकरण, लॉटरी की जीत, आधार को मोबाइल नंबर से जोड़ने, सिम को 4G से 5G में बदलने आदि का प्रलोभन देकर उन्हें फँसाता था।

प्रदीप और उसके साथी जानते थे कि अज्ञानता और लालच के कारण लोग उनके शिकार बन रहे थे। वे पीड़ितों से तुरंत ओ.टी.पी. हासिल करने के लिए उन पर दबाव बनाते और उन्हें डराते कि अगर उन्होंने ओ.टी.पी. नहीं दिया तो उनका कार्ड निष्क्रिय कर दिया जाएगा। पीड़ितों के पास प्रदीप की बात मानने के अलावा और कोई रास्ता नहीं बचता था। वह अकसर लोगों को धमकाता था कि अगर उन्होंने उसके बताए अनुसार काम नहीं किया तो उसके परिणामस्वरूप उनके खातों को भी अवरुद्ध कर दिया जाएगा। कभी-कभी तो वह महिला की आवाज में अपने पीड़ितों से बात करता, क्योंकि वह जानता था कि जब कोई महिला बात करती है तो लोग ध्यान से सुनते हैं। कभी-कभी पीड़ित यह समझ जाते थे कि प्रदीप उन्हें अपने जाल में फँसाकर लूटने की कोशिश कर रहा है और वह उसे अपनी जानकारी देने से मना कर देते थे। ऐसे में प्रदीप, जो कि अब वैसे तो एक हार्डकोर कॉलर बन गया था, फिर अपना आपा खो बैठता और पीड़ितों को फोन पर गाली तक दे देता था।

फिशिंग के कथित 'ऑपरेशन मैनेजर' सौरभ ने एक और युवक यश को फिशिंग संचालन करने के लिए प्रदीप के साथ जोड़ दिया। यश लैपटॉप की अच्छी जानकारी रखता था और सोशल मीडिया में भी प्रशिक्षित था। वह उनके द्वारा चयनित मोबाइल नंबर से जुड़े सोशल मीडिया अकाउंट की जाँच करता और उससे संबंधित सभी जानकारी एकत्र कर लेता। इस जानकारी को वह प्रदीप के साथ साझा करता, जो बड़ी चतुराई से कॉल के दौरान पीड़ित का विश्वास हासिल करने के लिए उसका इस्तेमाल करता था। वे दोनों एक साथ बैठते और प्रदीप पीड़ित से उसके बैंक खाता और ओ.टी.पी.

की जानकारी माँगता और यश बगल में बैठकर लैपटॉप में उस डाटा को फीड करके तत्काल उस खाते से पैसे ट्रांसफर कर लेता था। पीड़ित अभी इन लोगों से बात ही कर रहे होते थे कि उनके बैंक अकाउंट से पैसे साफ हो जाते थे।

अधिकतर पीड़ितों ने बैंक में निकासी की सीमा भी तय नहीं की होती और उनके खाते में ऑनलाइन ट्रांजेक्शन का विकल्प भी खुला होता है। यह किसी भी खाते को असुरक्षित बना देता है और जालसाजों के लिए ऐसे खातों में साइबर क्राइम करना बहुत आसान हो जाता है। प्रदीप और यश लोगों की इसी अज्ञानता का फायदा उठाकर उनसे ठगी करते थे। यश दूरसंचार कंपनियों, बैंक और अन्य सेवा प्रदाता एजेंसी के ट्विटर अकाउंट को भी स्कैन करता और वहाँ से लोगों द्वारा उठाई गई समस्याओं की जानकारी प्राप्त करके उन शिकायतकर्ताओं का मोबाइल नंबर हासिल कर लेता था। इसके बाद प्रदीप उन नंबरों पर फोन करके खुद को दूरसंचार कंपनी या बैंक का अधिकारी बताकर उन शिकायतकर्ताओं के खातों से पैसे लूट लेता। हर सफल ट्रांजेक्शन के बाद प्रदीप और यश उस सिम कार्ड को नष्ट कर देते थे और अगले प्रकरण के लिए नए सिम कार्ड का प्रयोग करते थे, ठीक उसी तरह जैसे एक नाई एक दाढ़ी बनाने के बाद दोबारा दाढ़ी बनाने के लिए एक नया ब्लेड उस्तरे में डालता है। वे फ्रॉड करने के बाद उस मोबाइल को बंद करके सुरक्षित रूप से किसी ऐसे पेड़ में छिपा देते, जिसकी शाखा टूटने के बाद उसके तने में एक गुहा बन जाती थी।

पीड़ितों के खाते से निकाले गए पैसों को प्रदीप और यश एक ऐसे इ-वॉलेट में ट्रांसफर कर देते थे, जो कि उन्होंने डार्क वेब से खरीदे गए प्री-ऐक्टिवेटेड मोबाइल नंबरों का इस्तेमाल करके खोले होते थे। इन पैसों को उनके अन्य साथियों के इ-वॉलेट में वितरित कर दिया जाता, जो उसे अपने बैंक खातों में ट्रांसफर कर देते और फिर एटीएम से उन पैसों को निकाल लेते थे। इस प्रकार लूट का सारा पैसा नकद या ऑनलाइन खरीदारी में बदल दिया जाता था।

सौरभ ने कुछ किशोरों की एक और टीम बनाई थी, जो उस क्षेत्र पर नजर रखने के लिए ऊँची पानी की टंकियों या पेड़ की शाखाओं पर बैठती थी। जब भी उन्हें कोई पुलिस की गाड़ी उस क्षेत्र की तरफ आती दिखती तो वे कॉल करनेवाले गिरोह के सदस्यों को सतर्क कर देते। फिशिंग करनेवाले युवक तुरंत अपने मोबाइल बंद करके जंगलों में अलग-अलग दिशाओं में भाग जाते। जब पुलिस, जिन्होंने वे मोबाइल नंबर सर्विलांस द्वारा ट्रेस किए होते, उस लोकेशन पर पहुँचती, तो उन्हें वहाँ कोई भी नहीं मिलता। गाँववाले भी इन लोगों के साथ मिले होते थे और पुलिस का कड़ा विरोध करते और कई बार तो पुलिस की जीप को उस इलाके में घुसने ही नहीं देते, जहाँ से जालसाज कॉल करते थे। जब भी पुलिस अपराधियों तक पहुँचने का प्रयत्न करती, वे सड़क पर जाम लगा देते और कभी-कभी तो सड़क पर लेट भी जाते, जिससे आरोपियों को भागने का पर्याप्त समय मिल जाता था।

प्रदीप का पहला फिशिंग शिकार हमारी कहानी का पीड़ित कैब ड्राइवर देव था, जिसे उसने के.वाई.सी. रिन्यू करने के नाम पर उसके डेबिट कार्ड की जानकारी प्राप्त करके उसके खाते से 25,000 रुपए लूटे थे। प्रदीप ने इसके बाद कभी पीछे मुड़कर नहीं देखा और जल्द ही वह फिशिंग समूह का सरदार

बन गया। उसने कई ऐसे युवाओं को अपने गैंग में नियुक्त किया, जो कि या तो स्कूल ड्रापआउट थे या फिर बेरोजगार। धीरे-धीरे वह हर महीने लाखों रुपए कमाने लगा और उसकी जिंदगी बदल गई। उसने भव्य जीवन-शैली जीना शुरू कर दिया। उसका पैतृक मिट्टी का घर, जिसकी छप्पर की छत थी, शीघ्र ही एक कंक्रीट के घर में तब्दील हो गया। प्रदीप ने लूट के पैसों से एल.ई.डी. टीवी, माइक्रोवेव ओवन, रेफ्रिजरेटर और अन्य इलेक्ट्रॉनिक उपकरण भी खरीद लिये। प्रदीप ने एक ठेकेदार को बी.एस.एन.एल. का कर्मचारी बनकर कॉल किया और उससे कहा कि उसके 3G सिम को 4G में बदलना होगा। इस ठेकेदार से उसने 1.8 लाख ठगे और इन पैसों से एक नई बाइक और 1,35,000 रुपयों का एप्पल मोबाइल फोन भी खरीदा।

~•~

इधर इंस्पेक्टर भट्ट ने दूरसंचार कंपनी के नोडल अधिकारी से उस मोबाइल का ग्राहक आवेदन प्रदान फार्म और के.वाई.सी. विवरण माँगा, जिससे जालसाजों ने खुद को स्टेट बैंक का मैनेजर बताकर कैब ड्राइवर देव को फोन किया था। जिस पेमेंट गेटवे का इस्तेमाल करके देव के खाते से पैसे निकाले गए थे, उनको भी नोटिस जारी किया गया। साथ ही इंस्पेक्टर भट्ट ने बैंक नोडल अधिकारियों को नोटिस भेजकर देव के बैंक खाते के लेन-देन का विवरण माँगा। इस सारी जानकारी से भट्ट ने जाँच के दौरान पाया कि जालसाजों द्वारा कई इ-वॉलेट और बैंक खातों का जाल बनाया गया था और इतनी बार पैसा एक खाते से दूसरे खाते में ट्रांसफर किया गया था कि असली लाभार्थी को ढूँढ़ पाना लगभग नामुमकिन था। उसने यह भी पाया कि लूट का पैसा प्राथमिक इ-वॉलेट से चार अन्य इ-वॉलेट में ट्रांसफर किया गया था। अंत में इन पैसों को एक बैंक खाते में जमा करके वहाँ से अलग-अलग तरीखों में पैसे निकाले गए थे। इ-वॉलेट से जुड़े मोबाइल नंबरों के सी.ए.एफ. से पुलिस ने पाया कि सभी सिम, जो कि लेन-देन में इस्तेमाल हुए थे, पश्चिम बंगाल और ओडिशा से खरीदे गए थे। पुलिस टीमों को पश्चिम

बंगाल और उड़ीसा उन लोगों का पता लगाने के लिए भेजा गया, जिनके नाम पर सिम लिये गए थे। पुलिस को तहकीकात से पता चला कि सभी सिम या तो किसी फर्जी नाम से थे या फिर किसी गरीब प्रवासी कामगारों के नाम से लिये गए थे, जिसकी जानकारी स्वयं उन लोगों को नहीं थी।

अब पुलिस ने अपराधियों के महत्त्वपूर्ण डिजिटल सुराग खो दिए थे। इंस्पेक्टर भट्ट बहुत परेशान थे। अब अपराधियों का न तो कोई चेहरा था, न ही उनकी कोई पहचना। अदृश्य चोरों के एक गुमनाम गैंग ने गरीब टैक्सी चालक से पैसों की ठगी की थी। पुलिस के समक्ष आए दिन बढ़ती संख्या में फिशिंग के मामले आ रहे थे। इंस्पेक्टर भट्ट और उसकी टीम ने महसूस किया कि जालसाजों को पकड़ने के लिए कुछ वैकल्पिक तरीका अपनाना होगा। भट्ट ने सोचा कि अगर अपराधियों के मोबाइल से उनकी सटीक लोकेशन का पता चल जाए तो वह उन्हें आसानी से पकड़ सकती है।

पुलिस अधिकारियों ने दूरसंचार कंपनी और तकनीकी विशेषज्ञों के साथ एक बैठक आयोजित की। विशेषज्ञों ने 'सेल टावर ट्राईऐंग्युलेशन' नामक तकनीक का उपयोग करने का सुझाव दिया, जिससे किसी भी सक्रिय मोबाइल की सही लोकेशन निकाली जा सकती है। इस तकनीक से तीन सेल टावरों से डाटा प्राप्त करके तीन चौथाई मील तक की परिशुद्धता को हासिल किया जा सकता था। यह तकनीक उस टाइम गैप का उपयोग करती है, जो एक सिग्नल को फोन से मोबाइल टावर और वहाँ से वापस जाने में लगता है।

पुलिस टीम ने पाया कि जालसाजों ने अपने मोबाइल बंद कर दिए थे और ट्राईऐंग्युलेशन तकनीक तभी काम कर सकती थी, जब मोबाइल चालू हों। भट्ट को अब उन मोबाइल के स्विच ऑन होने का इंतजार करना था। पुलिस द्वारा किसी प्रकार की जानकारी मिलने पर तुरंत कार्यवाही हो सके, इसलिए पुलिस टीम को पश्चिम बंगाल में एक 'सेफ हाउस' पर भेजा गया, जहाँ से जामताड़ा लगभग 30 किलोमीटर दूर था।

दो दिन बाद अचानक इंस्पेक्टर भट्ट को टेलीकॉम कंपनी के एग्जीक्यूटिव इंजीनियर का फोन आया, जिसने बताया कि जालसाजों का एक

मोबाइल पिछली रात को सक्रिय पाया गया था। भट्ट तुरंत उनके कार्यालय मोबाइल की लोकेशन को ट्रैक करने पहुँच गया।

पुलिस को ज्ञात हुआ कि वह मोबाइल जामताड़ा के कर्मतंद गाँव में सक्रिय है। भट्ट साधन संपन्न अधिकारी था और हर राज्य में उसके मुखबिर थे। भट्ट ने उनसे कहा कि वे अपनी आँखें और कान खुले रखें और कर्मतंद गाँव की प्रत्येक संदिग्ध गतिविधि की रिपोर्ट उसे दें। भट्ट ने कर्मतंद में अपराधी के ठिकाने पर छापेमारी की योजना बनाई और अपने वरिष्ट अधिकारियों को इस कार्यवाही के बारे में अवगत कराया। उसने पुलिस हेडक्वॉटर से हवाई यात्रा की विशेष अनुमति ली और काजी नजरुल इस्लाम हवाई अड्डे, दुर्गापुरी पश्चिम बंगाल के लिए हवाई टिकट बनवाई, जो जामताड़ा से 70 किलोमीटर दूर था। इसी बीच भट्ट ने उस एटीएम की भी जानकारी प्राप्त कर ली, जहाँ से आरोपियों ने पैसे निकाले थे। वह एटीएम भी कर्मतंद में ही स्थित था। भट्ट उस रात सो नहीं पाया, उसे अब अपराधी सलाखों के पीछे दिखाई देने लगे थे।

भट्ट और उनकी टीम शाम को अपनी हवाई और कैब की यात्रा को पूरा करके जामताड़ा में अपने 'सेफ हाउस' पहुँचे और पुलिस की उस अग्रिम टीम में शामिल हो गए, जो पश्चिम बंगाल से जामताड़ा पहुँची थी। उन्होंने कर्मतंद में ऑपरेशन टीम द्वारा बताई गई लोकेशन पर छापेमारी की योजना बनाई। 20 अप्रैल 2021 की सुबह 2 बजे कर्मतंद के गाँववालों की नींद पुलिस की गाड़ियों के सायरन से खुल गई। उत्तराखंड पुलिस ने जामताड़ा की स्थानीय पुलिस के साथ कर्मतंद के ठिकाने पर छापा मारा। इस लोकेशन पर कुछ मिट्टी के घरों के बीच एक कंक्रीट का पक्का मकान था। इस घर तक जानेवाली दो कच्ची सड़कें थीं। पुलिस ने पूरे इलाके को घेर लिया और उस घर तक जानेवाले सभी रास्तों को सील कर दिया। वहाँ से पुलिस ने यश नाम के एक युवक और उसके दोस्त को धर दबोचा और जीप में धकेलकर बैठा दिया। आसपास के इलाके से ग्रामीण वहाँ जमा हो गए और नारेबाजी करने लगे। लेकिन पुलिस स्थानीय लोगों से निपटने के लिए पर्याप्त संख्या में तैयार थी। उन्होंने हवा में

बंदूकें लहराकर भीड़ को तितर–बितर कर दिया और जालसाजों को लेकर उस क्षेत्र से बाहर निकलकर सीधे थाने की ओर जीप दौड़ा दी।

12 घंटे की गहन पूछताछ के बाद यश और उसके साथियों की हिम्मत टूट गई और उन्होंने प्रदीप तथा उसके गिरोह के अन्य सदस्यों के नामों का खुलासा कर दिया। मुखबिरों से प्राप्त महत्त्वपूर्ण जानकारी से पुलिस टीम ने अंततः विभिन्न छापों में पाँच व्यक्तियों के गिरोह को गिरफ्तार कर लिया। उनके पास से कई एटीएम कार्ड, चेकबुक, पासबुक, मोबाइल फोन, सिम कार्ड, दुपहिया वाहन, नकद और अन्य वस्तुओं को बरामद किया गया। पुलिस ने पाया कि आरोपी भारत के लगभग सभी राज्यों में कॉल किया करते थे, जिससे स्पष्ट हो गया कि देश भर के पीड़ितों के साथ फिशिंग साइबर क्राइम किया गया था।

पुलिस ने एकत्र किए गए सभी साक्ष्यों को सावधानीपूर्वक सील करके संरक्षित किया। जालसाजों ने जिन मोबाइल फोनों को कॉल करने के बाद स्विच ऑफ कर छिपा दिया था, पुलिस को उनकी अंतिम लोकेशन का भी पता चल गया। फिशिंग टीम इस बात से अंजान थी कि फोन के बंद होने के बाद भी सिम कार्ड अंतिम क्षेत्र की पहचान को बरकरार रखता है। पुलिस ने मोबाइल नेटवर्क कोड के साथ अन्य फंक्शन कोड के संयोजन की जाँच कर

ग्राहक के स्थायी निवास की पहचान की। वे सभी अपराधी कर्मतंद के ही थे। वे सभी रिमांड पर देहरादून लाए गए और उन पर आई.पी.सी. की धारा 420 और आई.टी. ऐक्ट की धारा 66सी के तहत मुकदमा दर्ज किया गया। पुलिस ने इस प्रकार एक फिशिंग करनेवाले साइबर क्राइम गैंग का भंडाफोड़ किया, जिन्होंने देश भर में लोगों से लाखों रुपए लूटे थे।

हालाँकि इस कहानी को लिखते समय तक जामताड़ा से फिशिंग के मामले सामने आ रहे हैं, लेकिन साथ-ही-साथ जामताड़ा की स्थिति में सुधार भी हो रहा है। यहाँ पुराने भवनों का नवीनीकरण किया जा रहा है और युवाओं को साइबर क्राइम रैकेट से बचाने के लिए सामुदायिक पुस्तकालय भी खोला गया है। स्थानीय पुलिस भी अब सक्रिय हो गई है और अपराधियों को पकड़ने के लिए नियमित छापेमारी करती है।

साइबर टिप : कभी भी किसी के साथ अपने ओ.टी.पी. एवं बैंक खातों के लॉगिन क्रेडेंशियल्स को शेयर न करें। अपने बैंक के डेबिट अथवा क्रेडिट कार्ड का नंबर या अन्य संवेदनशील जानकारी किसी से साझा न करें और न ही किसी भी संदिग्ध लिंक पर क्लिक करें।

□

10

हेली की सवारी पड़ी भारी

श्लोक ने कभी नहीं सोचा था कि केदारनाथ के लिए एक हेलिकॉप्टर उड़ान उसे ठगी के चक्रव्यूह में फँसा देगी!

उत्तराखंड की गढ़वाल हिमालयन रेंज में 3,553 मीटर की ऊँचाई पर रुद्रप्रयाग जिले में मंदाकिनी नदी के पास स्थित केदारनाथ मंदिर, भगवान् शिव के 12 ज्योतिर्लिंगों में से सबसे ऊँचा पूजनीय स्थल है। यह उत्तराखंड के चार धामों में से एक है। ऐसा माना जाता है कि इस मंदिर का निर्माण पांडवों ने करवाया था, जिन्होंने भगवान् शिव को प्रसन्न करने के लिए यहाँ तपस्या की थी। सर्दियों में अत्याधिक ठंड पड़ने पर बाबा केदारनाथ की डोली केदारनाथ से ऊखीमठ के ओंकारेश्वर मंदिर में ले जाई जाती है और वहीं पर उनकी पूजा-अर्चना की जाती है। अप्रैल के महीने में जैसे ही बर्फ पिघलती है, बाबा को वापस केदारनाथ धाम लाया जाता है और मंदिर के कपाट दर्शनों के लिए खोल दिए जाते हैं। उस समय देश के कोने-कोने से लाखों तीर्थयात्री भगवान् शिव की पूजा के लिए केदारनाथ धाम आते हैं। केदारनाथ में 2013 में आई आपदा के दौरान भारी क्षति हुई थी, लेकिन मंदिर की संरचना फिर भी बरकरार रही। इसके बाद से इस मंदिर की मान्यता और भी बढ़ गई और तीर्थयात्रियों की संख्या में लगातार वृद्धि हुई। यह किसी ने भी नहीं सोचा होगा कि कुछ साइबर अपराधी तीर्थयात्रियों को भी धोखा देने से नहीं कतराएँगे!

सांगली, जो महाराष्ट्र का एक छोटा सा शहर है, चीनी कारखानों और मसाला व्यापार के लिए जाना जाता है। यह मुंबई से लगभग 400 किलोमीटर की दूरी पर कृष्णा नदी के तट पर स्थित है। पैंसठ वर्षीय श्लोक चित्रे, सांगली में हल्दी का थोक व्यापारी था और जब से उसकी पत्नी की मृत्यु हुई थी, वह ज्यादातर समय वसंतदादा मार्केट यार्ड स्थित अपनी पुश्तैनी दुकान में ही बिताता था। महाराष्ट्र में इस साल हल्दी का उत्पादन 400 फीसदी बढ़ा था। कोविड की मंदी के बाद बाजार में तेजी आई थी और अमेरिका, थाईलैंड, संयुक्त अरब अमीरात और ब्रिटेन जैसे देशों को

मसालों का निर्यात बढ़ने से श्लोक का व्यापार भी काफी फल-फूल रहा था। श्लोक अपने काम की तरक्की से काफी प्रसन्न था और अब वह कुछ दिन अपने व्यापार से विश्राम लेना चाहता था। वह अपने अन्य व्यापारी मित्रों के साथ काफी समय से चार धाम यात्रा की योजना बना रहा था। उसने महसूस किया कि अब वह धीरे-धीरे बूढ़ा हो रहा है और इस यात्रा पर जाने के लिए यही सही समय था। अभी से ही उसके घुटने जवाब देने लगे थे और उसे लगता था कि कुछ वर्षों बाद तो उसे यात्रा करने में और भी शारीरिक कठिनाई होगी।

एक सुबह श्लोक जब विनायक नगर में अपने घर के पास वाले पार्क में मॉर्निंग वॉक करने गया तो उसने बातों-बातों में अपने दोस्तों को मई माह के अंत में चार धाम यात्रा करने की योजना की घोषणा की। यह सुनकर श्लोक के वॉकिंग ग्रुप के सभी व्यापारी बहुत उत्साहित हुए और उन्होंने उससे कहा कि वे भी उसके साथ जरूर चलेंगे, क्योंकि कोविड-19 के कारण वे भी कहीं घूमने नहीं जा सके थे। श्लोक के एक मित्र ने बताया कि काफी समय पहले जब सड़कें नहीं होती थीं तो लोग पैदल और खच्चरों पर यात्रा करके मंदिर जाते थे। तीर्थस्थानों तक जानेवाले यह कच्चे ट्रेक काफी कठिन और जोखिम भरे होते थे। उन दिनों में चार धाम यात्रा को पूरा करने में महीनों लग जाते थे और लोग अपने साथ कच्चा राशन और सूखे खाद्य पदार्थ साथ ले जाते थे। श्लोक ने अपने दोस्तों को बताया कि उनके दादाजी ने 40 वर्ष पूर्व यात्रा पर निकलने से पहले अपने सारे संस्कार और परिवार के लिए सभी अनुष्ठान पूरे कर दिए थे, क्योंकि उन्हें यह नहीं पता था कि वे यात्रा से जीवित भी लौट पाएँगे या नहीं! लेकिन आज का समय बदल चुका है, अब उत्तराखंड में चार धाम के लिए ऑल वेदर रोड बनने से तीर्थस्थलों के दर्शन करना सुगम हो गया है। श्लोक और उनके दोस्तों की सुबह की सैर एक ठोस योजना के साथ समाप्त हुई और उनमें से कई लोगों ने श्लोक के साथ केदारनाथ की यात्रा पर जाने की इच्छा जताई।

श्लोक बहुत उत्साहित था। घर लौटकर उसने अपने देहरादून में रहनेवाले भतीजे निशांत को फोन किया और अपनी केदारनाथ यात्रा की योजना के बारे में बताया। श्लोक ने निशांत से कहा कि वह अगले सप्ताह उसके व्यापारी मित्रों के लिए हरिद्वार से सोनप्रयाग जाने के लिए कैब बुक करा दे, जहाँ से वे सब पैदल ट्रेक करके केदारनाथ बाबा के दर्शन करने चले जाएँगे। निशांत ने अपने अंकल को बताया कि केदारनाथ का ट्रेक अभी भी बहुत कठिन है और गौरीकुंड से लगभग 14 किलोमीटर खड़ी चढ़ाई पड़ती है। उसने उन्हें यह भी समझाया कि वे एक हृदय रोगी हैं और उनका इतनी ऊँचाई पर पैदल जाना उचित नहीं होगा। लेकिन श्लोक ने निशांत की एक नहीं सुनी और अपनी जिद पर कायम रहा। श्लोक को हर हाल में यात्रा पर जाना ही था। वह इस यात्रा के लिए अपना मन बना चुका था। उसने निशांत पर दबाव बनाया और अपने ग्रुप के लिए कैब बुक करने को कहा। निशांत ने उनका दृढ़ निश्चय देखकर एक सुझाव दिया। उसने अपने अंकल को बताया कि उत्तराखंड सरकार ने अब चारधाम यात्रा के लिए हेलिकॉप्टर सेवा भी शुरू की है और वे पैदल जाने के बजाय हेलिकॉप्टर से चले जाएँ। श्लोक को निशांत का यह सुझाव

पसंद आया और वह इस बात पर राजी हो गया। उसने निशांत को हेलिकॉप्टर की टिकटों की उपलब्धता की जानकारी लेने के लिए कहा। इस बीच श्लोक ने अपने दोस्तों से भी हेलिकॉप्टर द्वारा यात्रा करने की सहमाति ले ली। निशांत ने अपने अंकल से कहा कि वह शाम तक उन्हें विस्तृत जानकारी दे देगा।

निशांत ने गूगल पर चार धाम यात्रा करानेवाली हेलिकॉप्टर कंपनियों की खोज की और पाया कि कई वेबसाइट्स पर हेलिकॉप्टर के टिकट बुक किए जा सकते थे। खोज में सबसे ऊपर उसे heliservices.uk.gov.in साइट मिली, जो कि उत्तराखंड सरकार की हेलिकॉप्टर टिकट बुकिंग के लिए आधिकारिक साइट है। निशांत ने कुछ और शोध किया और पाया कि सात विमान कंपनियाँ थीं, जिन्होंने हेलिकॉप्टर द्वारा केदारनाथ जाने के लिए तीन विकल्प दिए हुए थे—पहला, गुप्तकाशी से केदारनाथ; दूसरा, फाटा से केदारनाथ; और तीसरा, सिरसी से केदारनाथ। निशांत ने यह निष्कर्ष निकाला कि उसके अंकल के लिए केदारनाथ जाने की सबसे उपयुक्त हेलिकॉप्टर की सवारी फाटा से होगी, जो कि एक अच्छी सड़क से रुद्रप्रयाग तक जुड़ा हुआ था और वहाँ रहने की भी अच्छी सुविधाएँ हैं। निशांत इस वेबसाइट पर गया तो उसे एक संदेश मिला, जिसमें लिखा था कि यात्रा के लिए पंजीकरण करना अनिवार्य है। उसे यह भी पता चला कि भौतिक पंजीकरण के लिए देहरादून, चमोली और हरिद्वार में सरकार ने कियोस्क स्थापित किए हैं।

निशांत को पंजीकरण पृष्ठ पर यह चेतावनी भी दिखी, जिसमें लिखा था—'धोखाधड़ी से सावधान रहें।' निशांत ने इस चेतावनी पर ज्यादा ध्यान नहीं दिया और पंजीकरण के लिए आगे बढ़ा। उसने पाया कि मई के महीने में केदारनाथ के लिए कोई भी हेलिकॉप्टर टिकट उपलब्ध नहीं था और जून माह के मध्य तक सभी पंजीकरण भी हो चुके थे। उसने अपने चाचा को फोन किया और कहा कि उन्हें अपनी यात्रा कुछ दिन बाद करनी चाहिए, क्योंकि अभी कोई हेलिकॉप्टर की टिकट उपलब्ध नहीं है। श्लोक ने कहा कि यही एक ऐसा समय है, जब सभी व्यापारी काम से छुट्टी लेकर उसके साथ चलने को राजी हैं। एक बार बरसात शुरू हो गई तो उनके लिए यात्रा करना मुश्किल

हो जाएगा। उसने निशांत से कहा कि वह कैसे भी हो, उनके लिए हेलिकॉप्टर टिकटों का बंदोबस्त करे।

निशांत ने अपने चाचा के दृढ़ संकल्प को देखकर उन्हें कहा कि वह सचिवालय में अपने कुछ दोस्तों से संपर्क करने का प्रयास करेगा। उसके अथक प्रयत्न करने के बाद भी कोई समाधान नहीं निकला। चार धाम यात्रा की सभी बुकिंग अब पूरी तरह से ऑनलाइन सरकारी वेबसाइट से ही होती थी। निशांत ने वापस गूगल का सहारा लिया और फिर से टिकट बुकिंग की अन्य साइट्स को खोजना शुरू किया। उसे कहीं-न-कहीं से अपने अंकल के लिए टिकटों को खोजना था, नहीं तो वे उसे नहीं बख्शते।

निशांत को सर्च करने पर एक 'माउंटेन हेली सेवा' की वेबसाइट मिली। इसकी गूगल पर काफी अच्छी रेटिंग थी। यह साइट काफी यूजर फ्रेंडली थी और समीक्षाओं को पढ़ने के बाद निशांत को यह ठीक लगी। उसने बुकिंग साइट की प्रामाणिकता को सत्यापित करने के लिए उस पर दिए गए नंबर पर कॉल किया। दूसरी तरफ से एक महिला ने फोन उठाया और उसने बताया कि 'माउंटेन हेली सेवा' न केवल केदारनाथ, बल्कि बद्रीनाथ और अमरनाथ यात्रा के लिए भी अधिकृत बुकिंग एजेंसी है। उस महिला ने यह भी बताया कि निशांत की बताई हुई तारीखों पर कुछ सीटें उपलब्ध हैं। इसके बाद उसने कॉल को अपने मैनेजर संजय भट्ट को ट्रांसफर कर दिया। संजय ने फोन पर निशांत का 'जय बम बम भोले' के साथ अभिवादन किया और पूछा कि वह उसकी कैसे मदद कर सकता है?

निशांत, जो कि बहुत धार्मिक युवक तो नहीं था, फिर भी इस भक्ति वाले अभिवादन से प्रभावित हो गया। उसे अंदेशा हो गया कि अब उसकी समस्या का समाधान हो जाएगा। निशांत ने भट्ट से टिकटों के बारे में पूछा तो उसने पुष्टि की कि किसी अन्य समूह के द्वारा कल ही कुछ हेलिकॉप्टर टिकटें रद्द की गई हैं और वह उन्हें उसे दे सकता है। भट्ट ने यह भी कहा कि उसे यह टिकटें वरिष्ठ नागरिकों को देने में खुशी होगी। संजय भट्ट ने निशांत को बताया कि पंजीकरण आमतौर पर यात्रा बुकिंग खुलने के एक या दो दिनों

के भीतर ही खत्म हो जाते हैं, लेकिन वह यात्रा बोर्ड के आई.टी. विभाग के संपर्क द्वारा किसी तरह उनका रजिस्ट्रेशन करवा देगा। लेकिन उसे पंजीकरण चार्ज के रूप में टिकट का 20 प्रतिशत अतिरिक्त भुगतान करना पड़ेगा। भट्ट ने निशांत को बताया कि कोविड की वजह से दो सालों से लोग चार धामों के दर्शन नहीं कर पाए थे और इस वर्ष काफी रश चल रहा है। इस वर्ष करीब 13,000 लोग प्रतिदिन केदारनाथ जा रहे थे, जो कि उत्तराखंड सरकार द्वारा निर्धारित की गई सीमा का ऊपरी स्तर था। भट्ट ने यह भी कहा कि सीटों को जल्दी ब्लॉक करने के लिए निशांत को अग्रिम भुगतान करना होगा। निशांत ने भट्ट से कहा कि वह अपने चाचा से बात करके उसे एक घंटे के भीतर सीटों की बुकिंग करवाने की पुष्टि कर देगा और साथ ही यह अनुरोध भी किया कि तब तक वह उन सीटों को किसी और को न दे।

जब निशांत ने अपने अंकल को टिकटें उपलब्ध होने के बारे में बताया तो उनकी खुशी का कोई ठिकाना नहीं रहा। वे अपने मित्रों के साथ केदारनाथ जाने का मौका बिल्कुल भी नहीं छोड़ना चाहते थे। उन्होंने निशांत को एक पल भी बरबाद किए बिना हेलिकॉप्टर टिकटों को बुक करने के लिए कहा।

श्लोक उच्च रक्तचाप और रक्त शुगर से पीड़ित 'कोमांरबिड' रोगी था। कोरोना की पहली लहर के दौरान उसकी हालत मरणासन्न की हो गई थी, लेकिन समय पर चिकित्सा सहायता मिलने से उसकी जान बच गई। यह श्लोक के लिए एक नया जीवन था और वह इस नए जीवन का सदुपयोग केदारनाथ बाबा को धन्यवाद करके पूर्ण करना चाहता था, जिसके लिए वह काफी उत्साहित था। निशांत ने टिकट संबंधी सारा विवरण अपने चाचा को दे दिया और बताया कि टिकट कंपनी से भट्ट कल उन्हें फोन करेगा।

अगले दिन श्लोक ने बेसब्री से भट्ट की कॉल का इंतजार किया। भट्ट ने फोन पर बताया कि प्रति व्यक्ति हेलिकॉप्टर का किराया 4,720 रुपए होगा। भट्ट ने श्लोक को यह भी बताया कि अगर श्लोक द्वारा दौरा रद्द किया गया तो उसे टिकट के पैसे वापस नहीं मिलेंगे। श्लोक को सारी शर्तें मंजूर थीं, उसकी खुशी का कोई ठिकाना ही नहीं था। भट्ट ने श्लोक को

व्हाट्सएप पर हेलिकॉप्टर यात्रा की जानकारी के साथ कुछ उन तीर्थयात्रियों की तस्वीरें भेजीं, जिन्होंने हाल ही में हेलिकॉप्टर से केदारनाथ की यात्रा की थी। श्लोक उन तस्वीरों में बर्फ से ढँकी चोटियों और खूबसूरत वादियों को देखकर काफी प्रभावित हुआ और उसने सोचा कि हेलिकॉप्टर से केदारनाथ की यात्रा करने में बहुत आनंद आएगा। इसी बीच भट्ट ने श्लोक से समूह के सदस्यों का आधार कार्ड, टीकाकरण विवरण और मोबाइल नंबर माँगे। श्लोक ने उससे कहा कि वह सभी जरूरी दस्तावेज उसे कल तक व्हाट्सएप पर भेज देगा।

उसने तुरंत अपने उन 28 दोस्तों का एक व्हाट्सएप ग्रुप बनाया, जो केदारनाथ यात्रा करने के इच्छुक थे और उनके आधार कार्ड और अन्य विवरण माँगे। शाम तक सभी ने जानकारी भेज दी और श्लोक ने अगली सुबह का इंतजार किए बिना रात को ही टिकट बुकिंग कंपनी के मैनेजर भट्ट को पूरी जानकारी भेज दी। अगले दिन श्लोक ने भट्ट को फोन किया और पूछा कि पैसों का भुगतान कैसे करना है? भट्ट ने उन्हें आई.एफ.एस.सी. कोड के साथ एक स्टेट बैंक ऑफ इंडिया का अकाउंट नंबर भेजा। श्लोक ने 28 व्यक्तियों के लिए 1,18,000 रुपए उस एस.बी.आई. खाते में जमा करा दिए और अतिरिक्त रजिस्ट्रेशन के लिए 20 प्रतिशत का भुगतान उसने भट्ट द्वारा दिए गए गूगल-पे नंबर पर कर दिया। भट्ट ने कुछ समय बाद पुष्टि करते हुए कहा कि उनकी हेलिकॉप्टर की टिकटें बुक हो गई हैं और जल्द ही उनके इ-मेल आई.डी. पर भेज दी जाएँगी। यह जानकार श्लोक बहुत प्रसन्न हुआ और उसने राहत की साँस ली।

श्लोक अगले दिन टिकटों का बेसब्री से इंतजार करने लगा, लेकिन उसके मेल अकाउंट में टिकट कंपनी की तरफ से कोई मेल नहीं आया। जब श्लोक ने भट्ट को फोन करके टिकटों के बारे में पूछा तो भट्ट ने उससे कहा कि वैसे तो अब तक कंपनी को टिकट जारी कर देना चाहिए था, लेकिन फिर भी वह एक बार उनसे क्रॉस चेक करके श्लोक को कॉल बैक करेगा। शाम को श्लोक के पास भट्ट का फोन आया। उसने कहा कि श्लोक को बीमा

शुल्क के रूप में 88,000 रुपयों का और भुगतान करना पड़ेगा। श्लोक ने हैरान होकर कहा कि पहले तो उसे इस शुल्क के बारे में सूचित नहीं किया गया था? उसने अपने भतीजे निशांत को देहरादून फोन करके इस बारे में बताया।

निशांत, जो बीमा एजेंट के रूप में काम करता था; उसे आश्चर्य हुआ कि बीमा करने के लिए हेलिकॉप्टर कंपनी द्वारा इतनी बड़ी राशि क्यों माँगी जा रही है? निशांत यह भी जानता था कि कभी भी कोई एयर सर्विस कंपनी यात्रियों से अलग से बीमा राशि नहीं माँगती। निशांत ने संजय भट्ट को फोन किया और पूछा कि उनके अंकल से यह बीमा राशि क्यों माँगी जा रही है? भट्ट ने उसे बताया कि यह हवाई बीमा हेलिकॉप्टर से चार धाम यात्रा करनेवाले वरिष्ठ नागरिकों पर लागू होती है। यह हाल ही में शुरू की गई है, क्योंकि कुछ वरिष्ठ नागरिक दिल का दौरा पड़ने से यात्रा के दौरान मर गए थे और एयर सर्विस कंपनी को उसका मुआवजा देना पड़ा था। निशांत, जो कि भट्ट के इस उत्तर से बिल्कुल संतुष्ट नहीं था, उसने फोन काट दिया और पुष्टि के लिए स्थानीय पुलिस को फोन किया। ड्यूटी पर तैनात अफसर ने निशांत को बताया कि हेलिकॉप्टर कंपनी इस तरह का कोई शुल्क नहीं लेती है, यह कोई धोखाधड़ी का मामला लग रहा है। निशांत ने तुरंत भट्ट को फिर

से कॉल किया, जिसने इस बार उसका फोन नहीं उठाया। निशांत के काफी कोशिश करने के बाद भी भट्ट का नंबर नहीं लगा और कुछ देर बाद वह नंबर स्विच ऑफ भी हो गया। शाम तक भी भट्ट का फोन नहीं लगा। अब निशांत को विश्वास हो गया था कि उसके अंकल के साथ कोई धोखा हुआ है। भारी मन से उसने श्लोक को इस धोखाधड़ी के बारे में बताया।

धोखाधड़ी के बारे में जानकर श्लोक का दिल टूट गया और केदारनाथ के दर्शन करने का उसका सपना अब चकनाचूर होता दिखने लगा। उसने निशांत का फोन काटा और बिस्तर पर निराश होकर चुपचाप बैठ गया। यात्रा के नाम से जो श्लोक में स्फूर्ति और खुशी की लहर आई थी, इस खबर को सुनकर वह अब लुप्त हो गई। श्लोक उस रात को बिल्कुल नहीं सो पाया।

अगले दिन मॉर्निंग वॉक के दौरान श्लोक ने अपने दोस्तों को इस धोखाधड़ी के बारे में बताया। वे सभी बहुत हैरान थे। उन्होंने कभी नहीं सोचा था कि लोग तीर्थयात्रियों को भी ऐसे ठग सकते हैं! महामारी के बाद यात्रा की तरह साइबर घोटाले भी अपनी चरम सीमा पर थे। एक तरफ जहाँ लोगों के मन में महामारी के भय से इन पवित्र स्थानों के लिए आस्था बढ़ गई थी और वे इन मंदिरों के दर्शन करने के लिए आतुर थे, वहीं साइबर ठगों को इन शरीफ तीर्थयात्रियों को लूटने का सुनहरा मौका मिल गया था।

निशांत ने अपने अंकल की ओर से इस ठगी के मामले को साइबर थाना; देहरादून में रिपोर्ट करने का फैसला किया। साइबर थाने में ड्यूटी पर तैनात इंस्पेक्टर विकास ने निशांत से इस मामले की पूरी जानकारी ली। आई.टी. ऐक्ट की धारा 66डी और आई.पी.सी. की धारा 420 के तहत प्राथमिकी दर्ज की गई। यह एक ऐसा ठगी का मामला था, जिसने राज्य की प्रतिष्ठा को दाँव पर लगा दिया था। उत्तराखंड पुलिस इस बात को लेकर काफी संजीदा थी कि लोग असीम आस्था के साथ उत्तराखंड की पावन धरती पर तीर्थयात्रा के लिए आते हैं, लेकिन कुछ जालसाज इन तीर्थयात्रियों के साथ ऑनलाइन अपराध करके राज्य का नाम खराब करते हैं। उत्तराखंड पुलिस के डी.जी.पी. ने आदेश जारी किया कि इस ठगी के दोषियों को जल्द-से-जल्द गिरफ्तार

किया जाए। पुलिस तुरंत हरकत में आ गई और उन्होंने मामले की जाँच शुरू कर दी।

इंस्पेक्टर विकास, जो जाँच अधिकारी थे, उन्होंने पाया कि जालसाज के खाते में श्लोक द्वारा भुगतान किए हुए पैसों को 24 घंटों से ज्यादा का समय बीत गया था और 24 घंटे के बाद पैसे का पता लगाना काफी मुश्किल होता है। अकसर अपराधी ठगी के पैसों को कुछ ऐसे खातों में डाल देते हैं, जो आमतौर पर फर्जी दस्तावेजों से खोले जाते हैं। पुलिस ने जाँच टीमों का गठन किया और इंटरनेट पर सभी हेलिकॉप्टर बुकिंग वेबसाइटों की जाँच शुरू की। यह कोई आसान काम नहीं था। इंटरनेट पर हेलिकॉप्टर बुकिंग से जुड़ी सैकड़ों नकली वेबसाइटें उपलब्ध थीं। पुलिस ने कुछ समय पहले ही सोशल मीडिया प्लेटफॉर्म्स और सर्च इंजन की कई कंपनियों को नोटिस भेजा था कि वे इन वेबसाइटों की पुष्टि करें, लेकिन कंपनियाँ ऐसा करने में विफल रहीं। इससे ऑनलाइन अपराधों को नियंत्रित करना और भी मुश्किल हो गया था। जालसाजों को रोकना बहुत जरूरी था, क्योंकि उत्तराखंड में पर्यटकों का आवागमन बहुत अधिक था और उनमें से ज्यादातर हेलिकॉप्टर सर्विस का ही उपयोग करना चाहते थे। इससे फर्जी बुकिंग की संभावना और भी बढ़ गई थी। पुलिस ने एक दिन के लिए सभी हेलिकॉप्टर बुकिंग को सस्पेंड कर दिया और वेबसाइटों की गतिविधियों का अवलोकन किया। पुलिस ने पाया कि कुछ नकली वेवसाइटों पर अनावश्यक गतिविधि अब भी जारी थीं। 'माउंटेन हेली सर्विसेज' नाम की कंपनी उनमें से एक थी।

इंस्पेक्टर विकास ने 'माउंटेन हेली सर्विसेज' के मैनेजर भट्ट द्वारा इस्तेमाल किए गए मोबाइल नंबर का टेलीकॉम कंपनी से कस्टमर एप्लीकेशन फॉर्म माँगा और पाया कि वह कनेक्शन किसी और की फर्जी आई.डी. पर लिया गया था। विकास ने स्टेट बैंक ऑफ इंडिया को भी नोटिस जारी करके उस खाताधारक का विवरण माँगा, जिसमें श्लोक द्वारा पैसे ट्रांसफर किए गए थे। धोखेबाजों द्वारा इस्तेमाल किए गए एस.बी.आई. खाते के के.वाई.सी. की जाँच से पता चला कि वह खाता पश्चिम बंगाल के किसी

निवासी के नाम पर खोला गया था, जिसकी कुछ समय पहले ही मृत्यु हो चुकी थी। जब इंस्पेक्टर विकास ने खाते से डेबिट और क्रेडिट किए गए पैसों का विवरण देखा तो उसने पाया कि उसमें से 55,000 रुपए किसी इ-वॉलेट अकाउंट में ट्रांसफर किए गए थे। यह इ-वॉलेट एक ऐसे मोबाइल नंबर से जुड़ा था, जो बिहार के नवादा क्षेत्र का था। पुलिस ने इस खाते का विवरण प्राप्त किया और पाया कि इस इ-वॉलेट के माध्यम से पिछले कुछ दिनों में काफी लेन-देन हुआ था। यह पुलिस के लिए एक अहम सुराग था। इसकी आगे की जाँच के लिए इंस्पेक्टर विकास नवादा के लिए रवाना हो गए।

नवादा बिहार का एक दक्षिणी जिला है और झारखंड की सीमा पर लगा हुआ है। यह जामताड़ा से लगभग 200 किलोमीटर की दूरी पर है, जो कभी साइबर क्राइम का प्रमुख अड्डा हुआ करता था। पुलिस और प्रशासन की बढ़ती हुई छापेमारी के दबाव के कारण यहाँ से कई साइबर अपराधी जामताड़ा से यूपी और बिहार जैसे अन्य राज्यों में भाग गए। हाल ही में बिहार के नवादा और उसके पड़ोसी स्थान, जैसे शेखपुरा और नालंदा में साइबर अपराध की गतिविधियों में तेजी से वृद्धि देखी गई है।

इंस्पेक्टर विकास ने नवादा पहुँचकर स्थानीय पुलिस के साथ संपर्क स्थापित किया और इ-वॉलेट से जुड़े मोबाइल नंबर की लोकेशन को ट्रैक करना शुरू किया। स्थानीय खुफिया पुलिस की मदद से पता चला कि यह मोबाइल नंबर एक शांति नाम के युवक द्वारा इस्तेमाल किया जा रहा था, जो कि नवादा में एक सुविधा केंद्र चलाता था, जहाँ ग्रामीणों को आधार कार्ड पर वित्तिय सेवाएँ प्रदान की जाती थीं। महानगरों में काम करनेवाले कई प्रवासी कामगार अपने कमाए हुए पैसों का कुछ हिस्सा अपने मूल स्थानों पर ऑनलाइन माध्यम से भेजते हैं। इन जगहों के ग्रामीण ज्यादा पढ़े-लिखे नहीं होते और अधिकतर इनके बैंक खाते भी नहीं होते हैं। इनके पास सिर्फ आधार कार्ड ही होता है। ऐसे सेवा केंद्र कुछ शुल्क लेकर इ-वॉलेट के माध्यम से बैंक खातों से पैसे ट्रांसफर करते हैं। यह ग्राहकों को आधार कार्ड आधारित भुगतान करने की सुविधा प्रदान करते हैं। शांति भी अपने सेवा केंद्र में कुछ ऐसी ही सुविधा देता था।

पुलिस ने शांति को उसके केंद्र से धर-दबोचा और उससे अपने रजिस्टर में पिछले दिनों की गई लेन-देन की प्रविष्टियाँ दिखाने के लिए कहा। शांति उन 55,000 रुपए की लेन-देन की प्रविष्टि दिखाने में विफल रहा, जो इ-वॉलेट के माध्यम से की गई थीं। उसने कबूल किया कि वह और उसकी साथी नीतू, जो कि उसकी पड़ोसी थी, इस तरह की धोखाधड़ी को अंजाम दे रहे थे। नीतू इ-वॉलेट का इस्तेमाल नकली हेलिकॉप्टर बुकिंग की लेन-देन के लिए किया करती थी और बदले में शांति को प्रत्येक ट्रांजेक्शन के लिए 20 प्रतिशत का मोटा कमीशन दिया करती थी। पुलिस शांति और नीतू दोनों को गिरफ्तार कर नवादा थाना ले गई, जहाँ स्थानीय पुलिस ने पाया कि नीतू पहले से ही साइबर धोखाधड़ी के अन्य मामलों में वांछित थी और कुछ समय से फरार भी थी।

कई बार ऐसा भी होता है कि पुलिस के बीच में ही अपराधियों के मुखबिर होते हैं और जब भी कोई छापेमारी होनेवाली होती है तो उन अपराधियों को अग्रिम जानकारी मिल जाती है और वे फरार हो जाते हैं। इससे पहले भी नवादा पुलिस ने छापेमारी की थी, जिसमें नीतू बचकर भाग गई थी। शांति को मजिस्ट्रेट के सामने पेश किया गया और उसे ट्रांजिट रिमांड पर देहरादून लाया गया और उधर नवादा पुलिस ने नीतू को स्थानीय जेल भेज दिया। पुलिस ने शांति के पास से एक लैपटॉप, कई दस्तावेज और मोबाइल फोन बरामद किए, जिनका इस्तेमाल तीर्थयात्रियों को फँसाने के लिए किया जा रहा था। पुलिस ने एक वाई-फाई राउटर भी बरामद किया, जिसे वे बैटरी से जोड़कर जंगल में किसी पेड़ पर लटका देते थे और इससे विभिन्न उपकरणों को जोड़कर लेन-देन करने के लिए फर्जी कॉल करते थे। शांति को देहरादून में मजिस्ट्रेट के सामने पेश किया गया, जहाँ से उसे न्यायिक हिरासत में भेज दिया गया। उत्तराखंड पुलिस ने आगे की जाँच के लिए नीतू, जो नवादा जेल में बंद थी, को देहरादून लाने के लिए एक वारंट प्राप्त किया। शांति ने रास्ते में ही अन्य साथियों के नाम भी उजागर कर दिए, जो इस कहानी लिखे जाने तक अंडरग्राउंड थे। पुलिस उनका पता लगाने और उन्हें कोर्ट के सामने पेश करने का प्रयास कर रही थी।

पुलिस को अन्य राज्यों, जैसे—यूपी, पंजाब, हरियाणा और दिल्ली से भी इसी तरह के घोटालों की खबरें मिलीं। उत्तराखंड पुलिस ने महामारी के बाद यात्रा वाले सीजन में फर्जी बुकिंग के करीब 30 मामले दर्ज किए थे। उत्तराखंड पुलिस समय-समय पर आम जनता के लिए एडवाइजरी जारी करती रही है कि वे इस तरह की धोखाधड़ी से सावधान रहें। वह जनता से आग्रह भी करती रहती है कि वे यात्रा टिकटों और हेलिकॉप्टर सेवा की बुकिंग के लिए सरकार द्वारा अधिकृत वेबसाइट का ही उपयोग करें। उत्तराखंड डी.जी.पी. ने भी अपने आधिकारिक पेज से तीर्थयात्रियों से आग्रह किया है कि कोई भी बुकिंग करने से पहले वेबसाइट की प्रामाणिकता जाँच लें और आधिकारिक वेबसाइटों का ही उपयोग करें।

कुछ दिनों बाद श्लोक को बाबा केदार का बुलावा आया और इस बार उसने सतर्कतापूर्वक सरकारी वेबसाइट पर ही रजिस्ट्रेशन करवाकर हेलिकॉप्टर की बुकिंग करी। उसे 15 जुलाई, 2022 की टिकटें मिलीं। उसने अबकी बार सभी टिकट अधिकृत वेबसाइट पर ही बुक किए और अपनी केदारनाथ की यात्रा पूर्ण की।

साइबर टिप : इंटरनेट पर किसी भी विज्ञापित लिंक पर क्लिक न करें। कोई भी लेन-देन करने के लिए हमेशा प्रामाणिक वेबसाइटों पर ही जाएँ। वेबसाइट की समीक्षाएँ वास्तविक हैं, यह सुनिश्चित करने के लिए अच्छे से जाँच करें। इस बात की पुष्टि अवश्य करें कि समीक्षाओं में कहीं कुछ शब्दों को दोहराया तो नहीं गया है या फिर समीक्षाओं की भाषा में कोई त्रुटि तो नहीं है।

□

11

करोड़पति बनने का ख्वाब पड़ा महँगा

सुमित ने कभी अपेक्षा भी नहीं की होगी कि ऑनलाइन ट्रेडिंग से जितनी तेजी से उसने मुनाफा कमाया था, वह उतनी ही तेजी से नष्ट हो जाएगा!

पिछले कुछ वर्षों में इंटरनेट प्रौद्योगिकियों के बढ़ने से ऑनलाइन ट्रेडिंग द्वारा स्टॉक, बॉण्ड, म्यूचुअल फंड, क्रिप्टो करेंसी, कमोडिटी और अन्य वित्तीय साधनों के निवेश में वृद्धि देखी गई है। आजकल ऑनलाइन ट्रेडिंग प्लेटफॉर्म या तो मोबाइल पर ऐप्स के माध्यम से ट्रेडिंग की पेशकश करते हैं या उनकी अपनी वेबसाइट होती हैं, जहाँ पर डीमैट अकाउंट खोला जा सकता है और ट्रेडिंग शुरू की जा सकती है। अब निवेशकों को ट्रेडिंग करने के लिए स्टॉक एक्सचेंज में जाने की आवश्यकता नहीं होती, मोबाइल या लैपटॉप पर एक ही बटन के क्लिक करने से स्टॉक खरीदे या बेचे जा सकते हैं। इन ऑनलाइन प्लेटफॉर्म्स पर निवेशक को कई सुविधाएँ, जिसमें निवेश पर सुझाव, पोर्टफोलियो को ट्रैक करना आदि शामिल होती हैं।

आजकल पोर्टफोलियो विविधीकरण के लिए निवेशकों ने कुछ उच्च आर्थिक मूल्य के धातु, जैसे—सोना, चाँदी, प्लेटिनम, पैलेडियम व अन्य में ऑनलाइन माध्यम से निवेश करना शुरू कर दिया है। यह मुद्रास्फीति के खिलाफ निवेशक को सुरक्षित और उनके पोर्टफोलियो को संतुलित रखते हैं। इन कीमती धातुओं को भौतिक रूप में निवेशक को अपने पास रखने की भी आवश्यकता नहीं है, सब ऑनलाइन होता है।

सुमित उत्तराखंड में हरिद्वार के पास एक छोटे से कस्बे ज्वालापुर में रहता था। वह बचपन में पढ़ाई में एक औसत लड़का था, लेकिन हमेशा बहुत अमीर होने के सपने देखता था। उसके परिवार का ज्वालापुर में लकड़ी का कारोबार था, जो उन्हें विरासत में मिला था। उसे कभी भी अपने पारिवारिक व्यवसाय में रुचि नहीं थी और वह इस कारोबार को आगे नहीं बढ़ाना चाहता था। लेकिन दुर्भाग्य से उसकी स्नातक की पढ़ाई पूरी होते ही उसके पिता का दिल का दौरा पड़ने से निधन हो गया और उसे अपने चाचा के साथ पारिवारिक व्यवसाय को सँभालना पड़ा। सुमित को व्यवसाय की पेचीदगियों और संचालन से परिचित होने में कुछ वर्ष लग गए। इस काम में उसके चाचा ने उसका साथ दिया। हालाँकि सुमित काफी अच्छा व्यवसाय करने लगा था, उसे फिर भी स्टॉक्स में निवेश करके अधिक पैसा कमाने की बहुत इच्छा होती थी। उसने शेयर बाजार में वॉरेन बफे की सफलता की कहानियाँ बहुत सुनी थीं। सुमित ने समय के साथ अपने ब्यवसाय से एक

अच्छी पूँजी का निर्माण कर लिया था।

इस पूँजी से सुमित ने स्टॉक मार्केट में निवेश की अपनी यात्रा शुरू की और कुछ ही समय में अच्छे पैसे कमा लिये। उसने फिर फ्यूचर और ऑप्शंस जैसे स्टॉक में लाखों रुपयों का निवेश कर दिया। सुमित ने कभी बाजार का तकनीकी और मौलिक विश्लेषण नहीं किया था और वह केवल 'लालच और भय' के सिद्धांत पर व्यापार करता था। यही एक गलती है, जो ज्यादातर नए निवेशक करते हैं। मार्च 2020 में कोरोना वायरस के कारण लॉकडाउन के डर के बीच सेंसेक्स क्रैश हो गया था। सुमित को भारी नुकसान हुआ और उसने अपने पिता के व्यवसाय और स्टॉक मार्केट से जो भी पूँजी कमाई थी, वह अब डूब चुकी थी। सुमित का करोड़पति बनने का सपना चकनाचूर हो गया था।

एक दिन जब सुमित अपने शोरूम में बैठा था, उसे व्हाट्सएप पर एक संदेश मिला, जिसमें उससे पूछा गया कि क्या वह ऑनलाइन ट्रेडिंग करने में रुचि रखता है? यह संदेश किसी ओलिविया नामक लड़की ने भेजा था, जिसने खुद को सिंगापुर की पी.एल.सी. प्राइवेट लिमिटेड कंपनी की निवेश विश्लेषक बताया। उसने सुमित को बताया कि उसकी कंपनी के नरीमन पॉइंट, मुंबई और एशिया के अन्य कई शहरों में कार्यालय हैं। सुमित जानता था कि मुंबई देश का वित्तीय केंद्र है और नरीमन पॉइंट मुंबई का सबसे महँगा इलाका है, जहाँ कई शीर्ष कंपनियों के मुख्यालय हैं। ओलिविया ने सुमित को आगे बताया कि उनकी कंपनी मुख्य रूप से तीन वस्तुओं—सोना, रेड वाइन और मसाले में ट्रेडिंग करती है। सुमित ने स्टॉक मार्केट में घाटे का सामना करने के बाद पिछले दो वर्षों से कोई ट्रेडिंग नहीं की थी। वह वापस बाजार में निवेश के लिए लौटने की हिम्मत नहीं जुटा पा रहा था। ओलिविया की बात सुनकर अचानक सुमित में निवेश करने की इच्छा फिर से लौट आई। सुमित ने अखबारों और सोशल मीडिया पर ऐसे ऑनलाइन ट्रेडिंग प्लेटफॉर्म के बारे में काफी पढ़ा था।

उसने बताया कि ऑनलाइन ट्रेडिंग करना काफी आसान होता है और

उसे केवल कंपनी के पोर्टल पर जाकर एक अकाउंट बनाना है और ट्रेडिंग शुरू करनी है। सभी के.वाई.सी. और डीमैट प्रक्रियाएँ ऑनलाइन ही हो जाएँगी। सुमित, जो कुछ साल पहले देहरादून में एक दलाल के माध्यम से ट्रेडिंग करता था, उसे यह काफी सुविधाजनक लगा। अब उसे निवेश करने के लिए बार-बार देहरादून के चक्कर लगाने की जरूरत नहीं पड़ेगी। ओलिविया ने सुमित से कहा कि ऑनलाइन ट्रेडिंग बहुत ही सरल है और अगर वह चाहे तो अन्य लोगों की तरह वह भी उनके पोर्टल के माध्यम से इन वस्तुओं का व्यापार करके बहुत पैसा कमा सकता है।

ओलिविया ने सुमित से फोन पर अच्छी दोस्ती कर ली। उसने सुमित को सलाह दी कि उसे किसी भी अंजान कंपनी के साथ ऑनलाइन व्यापार नहीं करना चाहिए, क्योंकि आजकल साइबर चोर बहुत धोखाधड़ी करते हैं। ओलिविया ने सुमित को आश्वस्त किया कि पी.एल.सी. प्राइवेट लिमिटेड कंपनी एक प्रामाणिक कंपनी है, जो कि ऑनलाइन माध्यम से दुनिया भर में अपने हजारों निवेशकों को कीमती धातुओं के व्यापार पर अच्छा रिटर्न दे रही है। सुमित आसानी से अधिक धन कमाने के प्रलोभन में आ गया और उसे लगा कि यह उसके पुराने नुकसान की भरपाई करने का उपयुक्त मौका है। सुमित ने कभी नहीं सोचा था कि कोई उसे यह बताकर कि वह साइबर क्राइम का शिकार हो सकता है, सच में ही साइबर क्राइम का शिकार बना लेगा! ओलिविया द्वारा उसकी तार्किक क्षमता को पूरी तरह से पंगु कर दिया गया था।

सुमित ने ओलिविया के फोन पर मार्गदर्शन से पी.एल.सी. प्राइवेट लिमिटेड की वेबसाइट पर एक ट्रेडिंग खाता खोला। इस खाते के पेज पर हरे और लाल रंग के तीर, लगातार बदलती संख्या और बाजार सूचकांकों में उतार-चढ़ाव के रूप में बाएँ और दाएँ चलती धुरी को देखकर सुमित अभिभूत हो गया। उसने ओलिविया से कहा कि उसे कुछ समझ नहीं आ रहा है! ओलिविया ने सुमित से कहा कि वह चिंता न करे, वह उसे स्वयं ऑनलाइन ट्रेडिंग के संचालन से परिचित कराएगी। ओलिविया ने सुमित से

व्यापार शुरू करने के लिए अपने ट्रेडिंग अकाउंट में कम-से-कम 10,000 रुपए जमा करने को कहा। उसने फोन पर सुमित को पोर्टल पर ट्रेडिंग खाते को रिचार्ज करने का तरीका बताया। सुमित ने क्रमबद्ध तरीके से ओलिविया को फॉलो किया, लेकिन रिचार्ज करते समय उससे एक त्रुटि हो गई और उसके खाते में रिचार्ज विफल हो गया। ओलिविया ने सुमित से कहा कि शायद कंपनी के सर्वर में कुछ गड़बड़ हुई होगी। उसने फिर सुमित को किसी MonkeyQueenInvestments Pvt. Ltd. कंपनी का अकाउंट नंबर और आई.एफ.एस.सी. कोड भेजा और उसमें पैसे ट्रांसफर करने को कहा। उसने सुमित को आश्वासन दिया कि कुछ ही घंटों में उसका पैसा वहाँ से उसके ट्रेडिंग खाते में ट्रांसफर कर दिया जाएगा। सुमित ने ठीक वैसा ही किया, जैसा ओलिविया ने उसे बताया और दो घंटे के अंदर उसके ट्रेडिंग अकाउंट में 10,000 रुपयों का बैलेंस दिखने लगा। ओलिविया ने उसे कहा कि अब वह ऑनलाइन ट्रेडिंग शुरू कर सकता है।

ओलिविया ने सुमित से कहा कि अभी बाजार बहुत अच्छी स्थिति में है और यदि वह अपने खाते में 40,000 रुपए और जमा कर सकता था तो वह वी.आई.पी. ग्राहक बनकर अल्पावधि और दीर्घकालिक पूँजीगत लाभ विवरण, खाता बही, लाभ और हानि विवरण, बाजार समाचार, निवेश सुझावों और शेयरों का प्राथमिकता पर आवंटन जैसी कुछ सुविधाओं का लाभ ले सकता है। साथ ही उसे कंपनी की तरफ से मल्टीबैगर शेयरों में निवेश करने और तेजी से अमीर बनने के टिप्स भी फ्री में मिलेंगे। सुमित ने एक पल के लिए सोचा कि यह सही रहेगा, क्योंकि पहले जब वह ट्रेडिंग करता था तो उसे प्रत्येक रिपोर्ट के लिए अपने दलाल के पास जाना पड़ता था और वह उससे इन रिपोर्ट्स के पैसे भी ले लेता था। लेकिन फिर सुमित ने ओलिविया से कहा कि वह पहली बार ऑनलाइन ट्रेडिंग कर रहा है, इसलिए छोटी राशि से शुरू करना ही बेहतर होगा।

ओलिविया ने सुमित को गोल्ड ई.टी.एफ. में ट्रेडिंग करने की सलाह दी। निवेश करने के कुछ ही घंटों में उसके खाते में 10,855 रुपए दिखाई

दिए। सुमित प्रसन्न था और ओलिविया ने उसे एक और लेन-देन करने के लिए कहा, जिससे उसका पैसा बढ़कर 11,710 रुपए हो गया, सुमित काफी संतुष्ट था और उसने सोचा कि यह त्वरित लाभ कमाने का एक सुविधाजनक तरीका है। सुमित ने लाभ के 50 प्रतिशत ओलिविया को धन्यवाद के रूप में देने चाहे, क्योंकि उसने ऑनलाइन ट्रेडिंग शुरू करने में उसकी मदद की थी। लेकिन जब ओलिविया ने सुमित को बताया कि वह कमीशन के आधार पर काम नहीं करती और उसे कंपनी से 30 लाख रुपए प्रतिमाह वेतन मिलता है तो सुमित की आँखें फटी रह गईं। ओलिविया ने कहा कि वह तो एक दोस्त होने के नाते उसकी मदद कर रही थी, न कि पैसों के लिए। उसने पूरी तरह से सुमित का विश्वास जीत लिया था। उन्होंने इ-मेल आई.डी. का आदान-प्रदान किया और कुछ ही दिनों में उनकी दोस्ती और गहरी हो गई।

कुछ दिनों के बाद ओलिविया ने सुमित को फोन करके बताया कि यह निवेश करने का एक अच्छा समय है और उसे एक अन्य बैंक खाते में 40,000 रुपए जमा करने को कहा। यह खाता कंपनी की वेबसाइट से जुड़ा हुआ था। इस बार बिना सोचे-समझे सुमित ने वैसा ही किया, जैसा ओलिविया ने उससे कहा। सुमित ने पैसे ओलिविया के बताए कुछ स्टॉक में लगा दिए। कुछ घंटों के बाद उसने सुमित को वेबसाइट पर अपने खाते की शेष राशि की जाँच करने के लिए कहा, जो अब बढ़कर 1,00,160 रुपए हो गई थी। सुमित की खुशी का ठिकाना नहीं था। उसने ओलिविया से पूछा कि क्या वह अधिक निवेश कर सकता था, जिस पर ओलिविया ने उससे कुछ पैसे किसी जुबेर के खाते में जमा करने के लिए कहा, जो कंपनी का वित्तीय सलाहकार था। सुमित अभी ट्रेडिंग की होड़ में था और उसने तीन किस्तों में 2.5 लाख रुपए का और निवेश कर दिया। सुमित को कंपनी की वेबसाइट पर अपने ट्रेडिंग अकाउंट पर बैलेंस लगातार बढ़ता हुआ दिखाई दिया। उसके खाते में अब 4 लाख रुपए थे और ओलिविया के द्वारा और ट्रेडिंग कराने से उसका बैलेंस बढ़कर 5,45,000 रुपए दिखने लगा।

इधर ओलिविया के मन में कुछ और ही चल रहा था। वह यह जानती

थी कि सुमित पूरा उसके वश में हो चुका है और वही करेगा, जो वह उससे करने के लिए कहेगी। उसने सुमित से कहा कि अगर उसने अपने ट्रेडिंग खाते में 30 लाख रुपए जमा कर दिए तो वह ऑनलाइन ट्रेडिंग के माध्यम से प्रतिदिन तकरीबन 3–4 लाख रुपए तक कमा सकता है। इतनी मोटी कमाई सुनकर सुमित के कान खड़े हो गए। लेकिन उसके लिए यह संभव नहीं था, क्योंकि उसके पास उस समय निवेश करने के लिए इतनी बड़ी राशि नहीं थी। ओलिविया ने उससे कहा, कोई बात नहीं, अगर वह 30 लाख नहीं निवेश कर सकता तो वह उसका आधा पैसा निवेश करने में उसकी मदद कर सकती है। सुमित को उसका प्रस्ताव काफी आकर्षक लगा, लेकिन फिलहाल उसके पास 15 लाख रुपए भी नहीं थे। ओलिविया ने सुमित से कहा कि वह एक लड़के जॉन को जानती है, जो अपनी न्यूजीलैंड की एक कंपनी एबीसी मार्केट्स की वेबसाइट से कीमती धातु का ऑनलाइन व्यापार करता है और वह सुमित को आगे के निवेश के लिए पैसों की मदद कर सकता है।

सुमित ने जॉन से संपर्क किया तो उसने बताया कि वह कीमती धातु की ट्रेडिंग करता है, जो कि बहुत लाभदायक होती हैं। जॉन ने सुमित को बताया कि उसके साथ काम करनेवाली एक अत्यधिक कुशल प्रोग्रामिंग टीम थी, जो लाभ राशि का 10 प्रतिशत सेवा शुल्क लेकर निवेश किए गए पैसों को तीन गुना कर सकती थी। जॉन के प्रोग्रामर निवेश पोर्टलों में कमियाँ ढूँढ़कर डाटा माइनिंग की मदद से प्राथमिकता वाले स्टॉक को आवंटित करने में सक्षम थे। जॉन ने सुमित को बताया कि उसके पास 6 लाख रुपए का डाटा है, जिससे 10 गुना मुनाफा कमाया जा सकता है, लेकिन सुमित ने मना कर दिया, क्योंकि उसके पास इतने पैसे नहीं थे। जॉन ने उसे एक और प्रस्ताव दिया, जिसके तहत उसके पास एक 3 लाख रुपए का डाटा सेट भी था और अगर सुमित इसमें निवेश करता है तो उसके पैसे तीन गुना हो सकते हैं। सुमित ने जॉन को बताया कि अभी उसके पास केवल 1.5 लाख रुपए हैं, जिन्हें वह निवेश कर सकता है। जॉन ने कहा कि ठीक है, फिलहाल तो

उसके पास 1.5 लाख रुपए का कोई डाटा सेट नहीं है, लेकिन फिर भी वह यह पैसे वेबसाइट पर जमा कर, जब भी इस राशि का कोई डाटा उपलब्ध होगा तो वह सुमित की ओर से निवेश कर देगा। सुमित ने जॉन की एबीसी मार्केट्स कंपनी की वेबसाइट से जुड़े खाते में पैसा ट्रांसफर कर दिया। जॉन ने सुमित को एक मोबाइल नंबर भी दिया, जिससे सुमित को ऑनलाइन ट्रेडिंग के लिए इस्तेमाल करना था। प्रोग्रामर ने वेबसाइट पर कुछ ऐसा प्रयोजन किया कि लेन-देन के समय सुमित ने गलती से बेचने की जगह खरीदने पर क्लिक कर दिया। प्रोग्रामर सुमित से नाराज हो गया और उसने कहा कि तुमने एक बड़ी गलती कर दी है, तुमने अपने पैसे को तिगुना करने का सुनहरा मौका अब खो दिया है और जो तुमने निवेश किया था, वह भी डूब गया है।

जॉन ने सुमित से कहा कि इस गलती के कारण सुमित ने अभी तो सारे पैसे खो दिए हैं, लेकिन वह उसे 6 लाख रुपए निवेश करने का एक दूसरा अवसर दे सकता है, जिससे उसका पैसा 10 गुना बढ़कर 60 लाख रुपए हो सकता है। जॉन ने उसे बताया कि उसकी गलती के कारण हुए नुकसान भरपाई करने का उसके पास अब एकमात्र यही रास्ता है। सुमित अब असमंजस में था। उसने अपने पैसे को तीन गुना करने का मौका गँवा दिया था और साथ ही ओलिविया द्वारा पेश किया पी.एल.सी. वेबसाइट में 15 लाख रुपए निवेश करने का मौका भी खो दिया था। उसने एक प्राइवेट फाइनेंस कंपनी 'राजा फाइनेंस लिमिटेड' से 7 लाख रुपए का कर्ज लिया। ओलिविया ने सुमित से कहा कि उसे पी.एल.सी. वेबसाइट पर पूरी राशि ऑनलाइन ट्रेडिंग खाते में जमा करनी होगी और इसके लिए उसने अपनी जमा सीमा को बढ़ाकर 10 लाख कर दिया और ओलिविया द्वारा भेजे गए खाते में सारे पैसे जमा करा दिए। अब सुमित के निवेश खाते में 12,50,000 थे। ओलिविया ने सुमित से कहा कि उसने भी निवेश खाते में 13,50,000 रुपए जमा किए हैं और उसके पास अब और अधिक पैसे नहीं हैं, इसलिए शेष राशि भी सुमित को ही जमा करना होगा। सुमित ने अपनी पत्नी से 4

लाख रुपए का कर्ज माँगा और आर.टी.जी.एस. का इस्तेमाल कर ट्रेडिंग खाते में जमा कर दिए। ओलिविया ने सुमित को फिर ऑनलाइन ट्रेडिंग कार्यवाही, जिसके बाद सुमित यह देखकर खुशी से उछल पड़ा कि अब उसका ट्रेडिंग खाता 1,85,00,000 रुपए का बैलेंस दिखा रहा था। सुमित ने सोचा कि अब उसके खाते में पैसे हैं तो पहले उस प्राइवेट वित्त कंपनी से लिये गए ऋण का भुगतान करना बेहतर होगा। इसके लिए उसने ओलिविया से अपने निवेश खाते से 10 लाख रुपए निकालने को कहा।

सुमित को जब ओलिविया ने कहा कि ट्रेडिंग खाते से पैसे निकालने में कम-से-कम 60 दिन लगेंगे तो वह हैरान रह गया। अपने पैसे निकालने में इतने दिन! उसने ओलिविया को जोर देकर कहा कि उसे अपना पैसा हर हाल में निकालना है। ओलिविया ने कोई-न-कोई बहाना बनाकर उसे टाल दिया। सुमित समझ गया था कि कुछ गड़बड़ है। कुछ दिनों बाद जब ओलिविया ने उसका फोन उठाना भी बंद कर दिया तो उसने वेबसाइट पर अपना खाता चेक किया पाया कि उसका अकाउंट फ्रीज हो गया था! तभी उसे अहसास हुआ कि ओलिविया ने दोस्ती का नाटक कर उसकी मदद करने की जगह उसके साथ बहुत बड़ी ठगी की है। उसने तुरंत पुलिस में शिकायत दर्ज कराने का फैसला किया।

साइबर क्राइम पुलिस स्टेशन, देहरादून के इंस्पेक्टर रावत ने सुमित की कहानी सुनी और उसे बताया कि उसे ऑनलाइन निवेश से संबंधित कई शिकायतें मिल रही थीं। लोग अपने पैसे दुगुना करना चाहते थे और उन्हें सोशल मीडिया और समाचार-पत्रों पर ऑनलाइन ट्रेडिंग के विज्ञापनों द्वारा लालच दिया गया था। हालाँकि ट्रेडिंग विकल्प की पेशकश करनेवाली कंपनियाँ तो वास्तविक होती थीं, लेकिन साइबर ठग लोगों की इंटरनेट पर व्यक्तिगत जानकारी प्राप्त करके उनको लूट रहे थे। जालसाज निवेशकों से संपर्क करते और उन्हें अपने जाल में फँसा लेते। जब निवेशक अपना पैसा निकालना चाहते तो ऑनलाइन ट्रेडिंग प्लेटफॉर्म में उन्हें ऐसा कोई विकल्प ही नहीं दिखता।

इंस्पेक्टर रावत ने आई.पी.सी. की धारा 420, 406, 120बी और सूचना प्रौद्योगिकी अधिनियम की धारा 66डी की तहत प्राथमिकी दर्ज की, जिसमें धोखाधड़ी, विश्वास का तोड़ना और कंप्यूटर संसाधनों का उपयोग करके व्यक्ति द्वारा धोखाधड़ी शामिल था। रावत ने धोखाधड़ी की जाँच शुरू की। सुमित का मामला कम समय में अत्यधिक उच्च रिटर्न का वादा करनेवाली बिक्री पिच का था। इंस्पेक्टर रावत ने सुमित को बताया कि उसने कंपनी की साख को सत्यापित किए बिना अपना ट्रेडिंग खाता खोलकर बहुत बड़ी गलती की है। सभी असली ऑनलाइन ट्रेडिंग कंपनियों की वेबसाइटों पर सुरक्षा के निहित लॉगिन के लिए टू-फेक्टर-ऑथेंटिकेशन होता है, जिसमें उपयोगकर्ता को एक पिन नंबर के साथ अपना लॉगिन पासवर्ड प्रमाणित करना पड़ता है। कुछ तो बायोमेट्रिक प्रमाणीकरण भी प्रदान करते हैं, जो फिंगरप्रिंट स्कैनिंग या चेहरे की पहचान होता है।

रावत ने अधिक जानकारी देते हुए सुमित को बताया कि इन दिनों TOTP (टाइम बेस्ड वन टाइम पासवर्ड) काफी लोकप्रिय है, जहाँ कुछ मिनटों के बाद ओ.टी.पी. स्वयं ही रद्द हो जाता है, ताकि उसका दुरुपयोग न हो सके। इसके अलावा यदि कोई अलग आई.पी. अड्रेस से खाते में लॉगिन करने की कोशिश करता है तो कुछ विश्वसनीय ट्रेडिंग कंपनियाँ इ-मेल लॉगिन अलर्ट भी जारी करती हैं। सुमित ने इंस्पेक्टर रावत को बताया कि उसके पास लेन-देन के लिए कभी कोई अलर्ट या ओ.टी.पी. नहीं आया। सुमित को इनमें से किसी के बारे में नहीं पता था, क्योंकि उसने पहले कभी ऑनलाइन ट्रेडिंग की ही नहीं थी, वह तो बस अपनी दोस्त ओलिविया के बताए अनुसार सब करता रहा। रावत को यकीन था कि सुमित ने अंजाने में एक फर्जी ऑनलाइन ट्रेडिंग कंपनी में ही अपना ट्रेडिंग अकाउंट बना लिया था, जिसने उसे ठग लिया था।

रावत ने अपने उच्चाधिकारी डिप्टी एस.पी. अंकुश से इस मामले की चर्चा की। अंकुश, जो कि साइबर अपराधियों के मनोविज्ञान का अध्ययन करने में भी रुचि रखता था, उन दिनों कुछ अपराधियों की प्रॉफिलिंग कर रहा था। अंकुश के सामने कई ऐसे मामले थे, जिसमें साइबर अपराधियों ने

अपराध रोमांच के लिए या खुद को पुलिस से भी होशियार साबित करने के लिए किया था। वह जानता था कि यह अपराध किसी भी ऐसे साधारण साइबर हैकर ने नहीं किया था, जो अपराध को अपने मनोरंजन या फिर थोड़ा-बहुत पैसा कमाने के लिए करते हैं। यह साइबर अपराधियों द्वारा किए गए ऐसे गंभीर अपराध का एक उदाहरण था, जो कॉरपोरेट की तरह काम करते हैं और उनके पास सामाजिक इंजीनियरों की टीम होती है, जो हर समय इंटरनेट पर ऐसे लोगों की तलाश में रहते हैं, जिन्हें आसानी से ठगा जा सकता है। सुमित को भी इन अपराधियों ने ऐसे ही ढूँढ़कर फँसाया था।

डिप्टी एस.पी. अंकुश ने बताया कि हैकर्स इन दिनों इंसानों को ही हैक कर लेते हैं, क्योंकि मशीनों के बजाय इंसानों को हैक करना आसान होता है। वे यह काम चार चरणों में हासिल करते हैं। सबसे पहले वे हैक किए जानेवाले व्यक्ति के बारे में इंटरनेट से सारी जानकारी इकट्ठा करते हैं, जैसे—उसका व्यवहार, शौक, व्यक्तिगत विवरण आदि। फिर वे बातचीत करके उस व्यक्ति का विश्वास जीतते हैं, फिर तीसरे चरण में वे उस व्यक्ति को धोखा देकर उसका शोषण करते हैं और अंत में वे उन सभी फर्जी सोशल मीडिया अकाउंट्स को, जिनका इस्तेमाल धोखाधड़ी में हुआ होता है, हटाकर साफ कर देते हैं। जालसाज शिकार को अपने जाल में फँसाने के लिए लालच, भय और जिज्ञासा जैसी विभिन्न मानवीय भावनाओं का उपयोग करते हैं। इस मामले में ओलिविया ने सुमित को तेजी से पैसा कमाने का लालच देकर और खुद को उसका दोस्त और मददगार बनाकर उसे अपनी बातों में फँसाया था।

अंकुश ने सुमित से अपराधियों का पूरा विवरण लिया। उसने यह जाना कि ओलिविया ने फोन पर किस तरह के शब्दों का प्रयोग किया था, किस लहजे में वह बोलती थी, इत्यादि। अंकुश ने फिर अपराध का ध्यानपूर्वक अध्ययन किया। अंकुश जानता था कि अपराधी ने अपने व्यवहार से किसी-न-किसी रूप में अपनी पहचान पीछे छोड़ी होगी, जिससे उसे पकड़ा जा सकेगा।

साथ ही इंस्पेक्टर रावत ने उन सभी बैंकों को नोटिस भेजा, जिनके खातों में सुमित से पैसा जमा करवाया गया था। पुलिस ने पाया कि पैसा कभी भी किसी ट्रेडिंग कंपनी में नहीं गया था, बल्कि धोखेबाजों ने उसे अपने निजी खातों में ट्रांसफर कर दिया था, जहाँ से उसे विभिन्न अकाउंट्स में डाला गया। खातों की एक प्रकार की कड़ी बन गई थी। पुलिस ने बैंक को इन सभी खातों को फ्रीज करने के लिए नोटिस जारी किया।

जाँच के दौरान पुलिस ने चौंकानेवाला खुलासा किया कि लूटे गए पैसे का अंतिम गंतव्य मुंबई में एक खाता था, जिसे एक स्वघोषित फिल्म-निर्माता और वितरक साहनी द्वारा खोला गया था। इस खाते को भोपाल से संचालित किया जा रहा था। साहनी को रिमांड पर लिया गया और उसने कबूला कि वह मनी लॉन्ड्रिंग के खेल में सक्रिय था और मुंबई में कुछ निर्माताओं के संपर्क में भी था। पुलिस ने उसके बैंक खातों की जाँच की तो पता चला कि सिंगापुर की एक फर्म को साहनी के दो चीन की फिल्मों के स्क्रीनिंग अधिकार खरीदने के लिए 100 करोड़ रुपए की बड़ी राशि का भुगतान किया गया था।

जाँच में पुलिस ने यह भी पाया कि जिन फिल्मों के अधिकारों के लिए इतने पैसे दिए गए थे, वे 1970 के दशक की फ्लॉप फिल्में थीं! साहनी इस तरह से ऑनलाइन ट्रेडिंग के नाम पर लूटा हुआ लोगों का पैसा दूसरे देशों में भेजता था। डिप्टी एस.पी. अंकुश ने पुलिस टीम के साथ साहनी को भोपाल में उसके आवास से गिरफ्तार किया। आरोपी से जब्त हेक्टर कार को देहरादून लाने के लिए अंकुश ने खुद 1000 किलोमीटर गाड़ी चलाई। कथित फिल्म-निर्माता साहनी ने पूछताछ के दौरान खुलासा किया कि उसने इस मामले में ओलिविया सहित कुछ विदेशी नागरिकों की भी मदद ली थी। किसी भी कानून प्रवर्तन एजेंसी के लिए बाहर के देशों के संदिग्धों के खिलाफ मामला दर्ज करना बहुत मुश्किल होता है, जो भारतीय धोखेबाजों के साथ मिले हों। कई देश तो पुलिस द्वारा उनके नागरिकों को भेजे गए नोटिसों का जवाब ही नहीं देते, क्योंकि वे नोटिस तो भारतीय कानूनों के अनुसार होते हैं और सभी देश उनको मान्यता नहीं देते।

पकड़े गए संदिग्धों को मजिस्ट्रेट के समक्ष उन सभी सबूतों के साथ पेश किया गया, जो कि पुलिस ने साहनी के भोपाल और मुंबई वाले ठिकानों से छापा मारकर बरामद किए थे। इस कहानी के लिखे जाने तक यह मामला ट्रायल के अंतर्गत था और पुलिस और भी लोगों को पकड़ने के लिए कार्यवाही कर रही थी।

साइबर टिप : कोई भी बड़ा व्यापारिक सौदा ऑनलाइन करने से बचें। जिस ऑनलाइन ट्रेडिंग कंपनी से आप ट्रेडिंग करना चाहते हैं, विभिन्न स्रोतों से उसकी प्रामाणिकता की पुष्टि करें। सोचो, कोई अंजान व्यक्ति आपको बड़ा व्यवसाय करने का अवसर क्यों देगा?

□

12

बैंकर ने ही लूट डाला खाता

जब आपका भरोसेमंद प्राधिकारी ही आपकी संपत्ति हड़प लेता है!

आकाश वन अनुसंधान संस्थान, देहरादून में एक वरिष्ठ शोधकर्ता के रूप में काम करता था। उसने अपनी नौकरी की समयावधि से तीन साल पहले ही सेवानिवृत्ति ले ली थी। आकाश ने जब स्वैच्छिक सेवानिवृत्ति के लिए अर्जी डाली तो सभी हैरान थे कि आखिर वह इतना अच्छा वेतन और समाज में एक सम्मानजनक स्थिति प्रदान करनेवाली नौकरी क्यों छोड़ रहा है ? लेकिन आकाश अच्छी तरह जानता था कि वह क्या कर रहा है ! समय से पहले सेवानिवृत्ति लेने का विचार उसके मस्तिष्क में पिछले कई वर्षों से था और उसने यह फैसला अचानक नहीं लिया था।

आकाश को 12 साल पहले ब्रेन ट्यूमर हो गया था। दिल्ली के अखिल भारतीय आयुर्विज्ञान संस्थान के डॉक्टरों ने जब उसके एम.आर.आई. का अध्ययन किया तो ट्यूमर के आकार को देखकर वे हैरान रह गए! उन्होंने आकाश से कहा कि अगर वह समय पर इलाज के लिए नहीं आता तो इस ट्यूमर के फटने से उसकी मृत्यु हो सकती थी या फिर उसकी ऑप्टिक तंत्रिका पर दबाव बनने के कारण वह जीवन भर के लिए अंधा हो सकता था। यह आकाश का सौभाग्य था कि वह समय से डॉक्टरों के पास चला गया और उसका इलाज हो गया। इस मामले में यह कहावत 'वक्त का एक टाँका

बेवक्त के सौ टाँकों से बेहतर है' बिल्कुल सटीक बैठती है। सफल सर्जरी के बाद डॉक्टरों ने उसे बधाई दी, क्योंकि आकाश के लिए यह पुनर्जन्म की तरह था। जल्द ही सब ठीक हो गया और वह वापस काम पर आ गया। लेकिन इस प्रकरण के बाद आकाश ने अपनी नौकरी से स्वैच्छिक सेवानिवृत्ति ले ली और अपने जीवन को अपनी इच्छा के अनुसार जीने का फैसला किया। अब वह एक आजाद पंछी था।

आकाश को घूमना और प्रकृति के साथ समय बिताना बहुत पसंद था। अपनी सेवानिवृत्ति के तुरंत बाद वह अपनी पत्नी के साथ स्पीति की एक महीने की रोड ट्रिप पर चला गया था। आकाश का हमेशा से मानना था कि केवल मंजिल को पाना ही सब कुछ नहीं, जीवन में उस रास्ते का भी आनंद लेना चाहिए, जो मंजिल तक जाता है। स्पीति, हिमाचल प्रदेश के उत्तर-पूर्व भाग में स्थित एक बेहद खूबसूरत ठंडा रेगिस्तान वाला इलाका है। यहाँ की प्राकृतिक सुंदरता अति लुभावनी और मनमोहक है। यहाँ बौद्धों के कई पुराने मठ भी हैं। आकाश और उसकी पत्नी स्पीति घाटी की यात्रा के दौरान विभिन्न स्थानों पर रहे और उन्होंने वहाँ की प्रकृति की सुंदरता और संस्कृति का अनुभव किया।

दिन-प्रतिदिन बढ़ते प्रदूषण और यातायात दोनों के कारण आकाश और उसकी पत्नी ने फैसला किया कि अब वे कहीं खुले वातावरण में जाकर रहेंगे। यात्रा के लिए प्रस्थान करने से पहले उन्होंने शहर के केंद्र में स्थित अपना विला बेच दिया। उन्होंने शहर के बाहरी इलाके में सहस्त्रधारा के पास अपना बाकी जीवन व्यतीत करने के लिए एक छोटा सा फ्लैट खरीदा। अपने विला को बेच कर और फ्लैट लेने के बाद जो पैसा उसके पास बचा था, उसे आकाश ने अपनी पत्नी के साथ एक संयुक्त सेविंगस बैंक खाते में जमा कर दिया था। यह खाता उसने कई वर्ष पहले खोला था। आकाश ट्रिप पर जाने से पहले इन पैसों को फिक्स डिपॉजिट बनाकर सुरक्षित रखना चाहता था, लेकिन उसके बैंक के अकाउंटेंट, नौटियाल ने उससे कहा कि जल्द ही आर.बी.आई. रेपो रेट में संशोधन होने जा रहा है और बैंकों के ब्याज में बढ़ी हुई दरों की

पेशकश हो सकती है, इसलिए उसे अपना पैसा कहीं भी निवेश करने से पहले कुछ समय इंतजार करना चाहिए।

अपने ट्रिप से वापस आने के बाद आकाश अपने जीवन की नई दिशा में व्यस्त हो गया था और इस बीच अपने बैंक खाते में रखे पैसों को पूरी तरह भूल गया। काफी समय से उसमें कोई लेन-देन नहीं होने के कारण वह खाता निष्क्रिय हो गया था। सेवानिवृत्ति के बाद आकाश ने इसी बैंक में एक नया पेंशन खाता खोला था। उसका कभी पुराने खाते की स्थिति की जाँच करने पर ध्यान नहीं गया। बैंकिंग अधिकारी नौटियाल, जिसने आकाश को बैंकों की ब्याज दरों में वृद्धि तक प्रतीक्षा करने की सलाह दी थी, एक अच्छा इंसान था और हमेशा आकाश को एक स्माइल के साथ बैंकिंग सेवा प्रदान करता था। बैंक कर्मचारी आमतौर पर उन लोगों के साथ और भी मधुर व्यवहार करते हैं, जिनके पास अच्छी रकम होती है और जो उसे बैंक में निवेश कर सकते हैं। आकाश बैंक के इस वी.आई.पी. व्यवहार से काफी खुश था और उसकी नौटियाल के साथ काफी अच्छी दोस्ती भी हो गई थी। बैंक अधिकारी ने अपने कार्यकाल के दौरान उत्तराखंड के गढ़वाल और कुमाऊँ क्षेत्र के लगभग हर शहर और गाँव की यात्रा की थी और अब वह देहरादून में आकर बस गया था। वह आकाश को अपने बैंकिंग अनुभव की कहानियाँ सुनाता था, जहाँ पहाड़ों में पोस्टिंग के दौरान ग्रामीण आभार प्रकट करने के लिए उसके लिए शुद्ध देसी घी लाते थे। नौटियाल ने आकाश को बताया था कि उसने कई बार पदोन्नति से इनकार कर दिया था, क्योंकि उसे पदोन्नति के साथ दूरदराज के स्थानों में ट्रांसफर किया जा रहा था और अब वह कहीं जाना नहीं चाहता था।

नौटियाल का बेटा 10वीं कक्षा में पढ़ता था और जल्द ही उसकी बोर्ड परीक्षाएँ होनेवाली थीं। वह अपने बेटे की स्कूलिंग पूरी होने तक उसके साथ ही रहना चाहता था। नौटियाल ने पदोन्नति से होनेवाले वेतन और अन्य भत्तों में वृद्धि को नजरअंदाज तो कर दिया था, लेकिन जब वह अपने साथियों से अपनी तुलना करता तो खुद को काफी निराश महसूस करता था। उसके कुछ साथी तो शाखा प्रबंधक भी बन गए थे। जब आकाश नौटियाल से मिलने बैंक

जाता तो नौटियाल आकाश को बताया करता कि वह आर्थिक रूप से काफी तनाव में रहता था। उसके किशोर बच्चों की कई माँगें थीं और उन्हें अपने निर्धारित वेतन से पूरा करना उसके लिए काफी मुश्किल पड़ता था। आकाश उसे सलाह देता कि हम सभी इस दुनिया में एक नियति के साथ आते हैं और हमें उस नियति के साथ रहना होता है। जो भी उसे मिल रहा है, वह उसे भगवान् का प्रसाद समझकर बस खुश रहे। नौटियाल आकाश के प्रवचनों पर हँस देता था।

कोविड-19 के प्रकोप के दौरान आकाश फोन पर बैंकिंग के संचालन के लिए नौटियाल की सहायता लेता था। नौटियाल ने आकाश से फोन बैंकिंग सेवा चालू करने के लिए एक स्कैन की गई ऐप्लिकेशन की हस्ताक्षरित प्रति व्हाट्सएप पर मँगा ली थी। आकाश को अब बैंक के छोटे-बड़े काम जैसे—सावधि जमा का नवीनीकरण, आयकर दाखिल करना, बैंक से ब्याज प्रमाण-पत्र प्राप्त करना आदि, के लिए बैंक नहीं जाना पड़ता था। आकाश को नौटियाल पर बहुत विश्वास था। आकाश उस पर काफी भरोसा करने लगा था और यहाँ तक कि वह अपनी निजी जानकारी भी नौटियाल के साथ साझा करने लगा था।

आकाश ने अपने जीवन की सारी बचत बैंक में ही इन्वेस्ट की थी। उसे अधिक धन कमाने की लालसा नहीं थी और वह एक संतुष्ट प्रवृत्ति का इंसान था। इस कारण उसने कभी शेयर मार्केट, म्यूचुअल फंड आदि में निवेश नहीं किया था। वह हमेशा से मानता था कि बैंक ही पैसों के लिए सबसे सुरक्षित जगह होती है, भले ही वहाँ से मिला हुआ ब्याज इन्फ्लेशन को भी नहीं पार कर पाता था। उसने अपना रिटायरमेंट का पैसा बैंक के सावधि जमा खाते में रखा था और उसे जो थोड़ा-बहुत ब्याज मिलता था, वह अपनी पेंशन में जोड़कर घर का खर्च चलाने में काम लाता था।

एक दिन अपने नए फ्लैट में आने के बाद आकाश अपने कागजात छाँट रहा था, तभी उसके हाथ अपने पुराने बैंक खाते की पासबुक लगी। पासबुक को अपडेट किए हुए काफी समय बीत गया था। उसने अपने दोस्त नौटियाल

को बैंक में फोन किया और उस खाते के बारे में बताया। नौटियाल ने उससे कहा कि उसे इसके लिए बैंक आना होगा, क्योंकि पिछले कई दिनों से वह खाता निष्क्रिय दिख रहा है। अगले दिन जब आकाश बैंक गया और उसने अपनी पासबुक अपडेट कार्यवाही तो खाते का बैलेंस देखकर वह दंग रह गया! उसके खाते में पिछले महीने के दौरान भारी लेन-देन हुआ था, जो कि उसने नहीं किया था। विला की बिक्री से जो पैसे उसने उस खाते में रखे थे, वे सब गायब थे! उसके खाते से पिछले तीन महीनों में विभिन्न लेन-देन में करीब 31 लाख रुपए निकाले गए थे। आकाश बहुत परेशान हो गया। इसमें से कोई भी लेन-देन उसने नहीं किया था, न ही उसे कभी बैंक से पैसे निकाले जाने का कोई संदेश मिला था। यह देखकर उसका बैंकर दोस्त नौटियाल भी बहुत चकित हुआ।

आकाश ने बैंक प्रबंधक के पास शिकायत दर्ज कराई, जिसने तुरंत आंतरिक जाँच का आदेश दिया और उसे साइबर पुलिस स्टेशन में रिपोर्ट दर्ज करवाने की सलाह दी। आकाश के खाते से सभी लेन-देन उसकी जानकारी के बिना ऑनलाइन किए गए थे, इसलिए यह साइबर अपराध का मामला बन गया था। इस धोखाधड़ी मामले की जाँच के लिए इंस्पेक्टर त्रिभुवन के नेतृत्व में एक पुलिस दल का गठन किया गया। पुलिस ने पाया कि लेन-देन ऑनलाइन किए गए थे और सामान्य प्रतीत हो रहे थे। हालाँकि आकाश ने कहा कि उसने वे लेन-देन नहीं किए हैं। जब त्रिभुवन ने आकाश के मोबाइल संदेशों का विवरण माँगा तो उसने इस बात की पुष्टि की कि आकाश को इन लेन-देन के लिए बैंक से कोई एस.एम.एस. नहीं मिला था। वह भी हैरान था कि इतनी बड़ी रकम का एस.एम.एस. बैंक से क्यों नहीं आया?

जब इंस्पेक्टर त्रिभुवन ने बैंक से मिलकर आगे पड़ताल की तो यह पता चला कि कुछ समय पहले आकाश के इस खाते के के.वाई.सी. में मोबाइल नंबर में बदलाव किया गया था। किंतु आकाश ने त्रिभुवन को बताया कि वह तो इस खाते को लगभग भूल ही गया था, उसने एस.एम.एस. नंबर बदलने

का ऐसा कोई आवेदन बैंक से नहीं किया। फिर यह कौन कर सकता था? त्रिभुवन ने सोचा कि क्या यह गलती से किया गया या जानबूझकर किया गया था? उसने टेलीकॉम कंपनी से ग्राहक आवेदन-पत्र (सी.ए.एफ.) की माँग की, तो उसने पाया कि उस नए मोबाइल नंबर का कनेक्शन आकाश के नाम से था ही नहीं! ग्राहक आवेदन-पत्र में किसी शंभू का नाम था, जिसका पता बिहार में किसी जगह का था। पुलिस ने जब उस पते को ट्रेस किया तो उन्हें पता चला कि वह एक नकली पता था और शंभू नाम का कोई भी व्यक्ति वहाँ नहीं रहता था।

इंस्पेक्टर त्रिभुवन ने उस मोबाइल नंबर को लोकेशन ट्रेसिंग मोड पर डाल दिया। पुलिस को आश्चर्य हुआ कि ट्रेस किए गए नंबर की दो दिन पहले की आखिरी लोकेशन उसी बैंक की थी, जहाँ से आकाश के खाते से पैसे निकाले गए थे! त्रिभुवन ने बैंक मैनेजर से लेन-देन की तिथि के आगे-पीछे वाले दिनों के बैंक की सीसीटीवी फुटेज माँगी। त्रिभुवन को सीसीटीवी फुटेज में कुछ भी असामान्य नहीं दिखा। पुलिस ने उस आई.पी. एड्रेस को ट्रेस किया, जहाँ से वह ऑनलाइन लेन-देन हुआ था। पुलिस यह जानना चाहती थी कि किस उपकरण का उपयोग करके और कहाँ से बैंक के खाते से ऑनलाइन पैसा निकाला गया है? पुलिस का शक सही था, पैसा उसी बैंक से ही निकाला गया था। आई.पी. नंबरों द्वारा इस बात की पुष्टि हो गई थी। त्रिभुवन को यकीन हो

गया कि उसी बैंक से ही किसी व्यक्ति ने धोखाधड़ी की है।

पुलिस ने बैंक मैनेजर को अपने विश्वास में लिया और उससे पूछा कि क्या उसे अपने किसी कर्मचारी पर संदेह है ? मैनेजर ने कहा कि उसके सारे कर्मचारी बहुत ईमानदार हैं और कोई भी ऐसा काम नहीं कर सकता। वह उन सभी को व्यक्तिगत तौर पर जानता था। उसने त्रिभुवन को बताया कि बैंक भी आजकल अन्य निजी कंपनियों की तरह कर्मचारियों को नौकरी पर रखने से पहले उनकी पृष्ठभूमि की जाँच करते हैं। प्रत्येक कर्मचारी की व्यक्तिगत जानकारी को बैंक का सतर्कता विभाग सत्यापन करता है। मैनेजर को कतई यह मंजूर नहीं था कि बैंक का कोई कर्मचारी इस तरह की धोखाधड़ी कर सकता था। त्रिभुवन ने मैनेजर से कहा कि फिर भी वे कड़ी निगरानी रखें और अगर कोई भी कर्मचारी असामान्य व्यवहार करे तो उसे तुरंत रिपोर्ट करें।

त्रिभुवन अपनी जाँच में बिल्कुल सटीक चल रहा था। अगले दिन बैंक अधिकारी नौटियाल ने अपने मैनेजर को फोन किया और कहा कि उसकी दिल्ली वाली चाची अस्वस्थ हैं और अस्पताल में भरती हैं। वह अगले कुछ दिन तक बैंक नहीं आ पाएगा, क्योंकि वह उनको देखने दिल्ली जा रहा है। इंस्पेक्टर त्रिभुवन ऐसी ही किसी सूचना का इंतजार कर रहा था। उसने तुरंत नौटियाल का फोन सर्विलांस पर डाल दिया। पुलिस ने उसकी गतिविधियों पर नजर रखनी शुरू कर दी और उन्हें पता चला कि पिछले तीन दिनों से उसका आखिरी लोकेशन दिल्ली के करोल बाग के पास कहीं का था!

इस बीच पुलिस ने आकाश के इ-वॉलेट, इ-मेल आई.डी. और बैंक खाते के विवरण की जाँच की। जिस फोन को बैंक के अलर्ट मैसेजेस प्राप्त करने के लिए इस्तेमाल किया जा रहा था, उसके आई.एम.ई.आई. नंबर से मालूम चला कि वह नौटियाल का था। अब सभी सुराग नौटियाल की ओर इशारा कर रहे थे।

आकाश यह जानकर चौंक गया कि उसका अपना बैंकर मित्र नौटियाल उसके साथ ऐसा कर सकता है! उसने कभी नहीं सोचा था कि नौटियाल की दोस्ती और संहानुभूति की कीमत उसे अपने जीवन की बचत के एक हिस्से

से चुकानी पड़ेगी! वह यह जानकर हैरान था कि बैंकर ग्राहकों की लेन-देन, ऋण, लॉकर, निवेश जैसे वित्तीय मुद्दों में मदद करने के साथ उनसे धोखाधड़ी भी कर सकते हैं! कई मामलों में साइबर अपराधियों ने बैंक कर्मचारी होने का दिखावा करके लोगों को ठगने का प्रयास तो किया है, लेकिन अगर बैंक कर्मचारी स्वयं धोखेबाज निकले तो फिर क्या किया जा सकता है?

पुलिस के समक्ष यह बैंक के ही कर्मचारी द्वारा की गई एक व्यावसायिक धोखाधड़ी का मामला था। पिछले कुछ महीनों से निष्क्रिय पड़े आकाश के खाते का इस्तेमाल करके नौटियाल ने इस धोखाधड़ी को अंजाम दिया था। पुलिस को पता चला कि नौटियाल ने चुपके से आकाश के बैंक खाते का एस.एम.एस. अलर्ट नंबर बदल दिया था और कुछ समय से उसके खाते का इस्तेमाल एक ट्रेडिंग प्लेटफॉर्म से ऑनलाइन गोल्ड बॉण्ड खरीदने के लिए कर रहा था। नौटियाल आकाश के खाते से निवेश करके मुनाफा कमाता और फिर उस खाते से मुनाफे के सारे पैसे निकाल लेता था। आकाश को इसकी भनक भी नहीं थी।

नौटियाल ने आकाश के खाते से तकरीबन 30.95 लाख रुपए की राशि निकाली थी। इस लेन-देन में पैसे को निकालने का हर एक अलर्ट मैसेज

नौटियाल द्वारा दिए गए नए नंबर पर ही जाता था। आकाश को इन पैसों की निकासी के बारे में तब तक नहीं पता चला, जब तक वह अपनी पासबुक को अपडेट कराने बैंक नहीं गया।

उत्तराखंड पुलिस ने तुरंत एक स्पेशल टीम को दिल्ली भेजा और नौटियाल को गिरफ्तार कर लिया। वह करोलबाग़ में एक होटल में किराए का कमरा लेकर अपनी प्रेमिका के साथ रह रहा था। करोल बाग मध्य दिल्ली में स्थित है और शहरीकरण के साथ वहाँ के वे विभिन्न हर्बल उद्यान, जिनके नाम पर करोल बाग का नाम रखा गया था, गायब हो गए। पश्चिमी पंजाब और सिंध से आए कई व्यापारी विभाजन के बाद यहाँ आकर बस गए। यह स्थान अब वाणिज्यिक और आवासीय परिसरों का मिश्रण है। दिल्ली के अमीर लोग कारोल बाग के अजमल खान रोड पर खरीदारी के लिए आते हैं और नौटियाल भी अपनी प्रेमिका के साथ वहाँ लूट के पैसों से खरीदारी करने गया था।

पुलिस नौटियाल को रिमांड पर देहरादून लेकर आई। पूछताछ के दौरान उसने खुलासा किया कि उसने उसी बैंक के दो अन्य कर्मचारी जहीर और लविश के साथ मिलकर कुछ निष्क्रिय बैंक खातों का एक डाटाबेस तैयार किया था। वे तीनों मिलकर बैंक के निष्क्रिय खातों को चिह्नित करके उनकी संवेदनशील व्यक्तिगत जानकारी जैसे मोबाइल नंबर आदि को बदल देते थे। फिर वे नेटबैंकिंग की मदद से इन खातों के द्वारा ऑनलाइन लेन-देन करते थे। वे इस पैसे का इस्तेमाल ऑनलाइन ट्रेडिंग के लिए करते और जो भी लाभ होता, उसे आपस में बाँट लेते थे।

नौटियाल से पूछताछ के दौरान प्राप्त की गई सूचना से पुलिस ने नौटियाल के साथी जहीर और लविश को देहरादून के सेलाकुई और विकास नगर इलाकों से गिरफ्तारकर लिया । पुलिस ने आरोपियों के पास से 6 मोबाइल फोन, 1 लैपटॉप, 2 टैब, आधार कार्ड, विभिन्न खातों की पासबुक और अन्य सामान के साथ 10 ड्राइविंग लाइसेंस भी बरामद किए।

प्रसिद्ध अमेरिकी क्रिमिनोलॉजिस्ट डोनाल्ड रे क्रेसी के अनुसार व्यावसायिक धोखाधड़ी के तीन प्रमुख कारण होते हैं—अवसर, प्रेरणा और तर्कसंगत। नौटियाल की 'खाता अधिग्रहण' धोखाधड़ी में भी इनमें से कुछ कारण दिखाई दिए। नौटियाल के पास अवसर था, क्योंकि वह बैंक में एक ऐसे ओहदे पर था, जहाँ उसकी पहुँच बैंक खातों की गुप्त जानकारी तक थी। उसका वेतन उसके साथियों से कम था, यह उसके लिए धोखाधड़ी करने की एक प्रेरणा थी।

नौटियाल ने स्वीकार किया कि उसका यह मानना था कि यह लोगों की गलती थी कि उन्होंने एक लंबे समय तक अपने खातों का संचालन नहीं किया और इसलिए वे ठगे जाने के योग्य थे। उसके मन में पीड़ितों के प्रति कोई सहानुभूति नहीं थी। उसका यह दोहरा व्यक्तित्व पकड़े जाने के बाद लोगों के सामने आया। एक तरफ तो वह ग्राहकों के साथ बहुत अच्छा व्यवहार करता था और दूसरी ओर धोखाधड़ी करने के लिए उन्हीं ग्राहकों को निशाना बनाता था। उसे परिणामों की भी चिंता नहीं थी, वह ग्राहकों द्वारा उस पर किए गए भरोसे के साथ खिलवाड़ करता था। पुलिस को पता चला कि उसने बैंक ऑडिटरों के साथ एक भरोसेमंद संबंध विकसित किया था, जो नौटियाल द्वारा दिए गए दस्तावेजों की जाँच गहराई से नहीं करते थे। इस कारण से उस पर कभी किसी का संदेह नहीं गया और वह कभी पकड़ा नहीं गया। इसके अलावा नौटियाल ने कई ऋण लिये हुए थे। एक बैंक कर्मचारी होने के नाते उसे कम ब्याज दर पर ऋण का लाभ मिलता था, जो कि अन्य बैंक ग्राहकों से लिये जाने वाले शुल्क से एक प्रतिशत कम होता था। उसके वेतन का एक बड़ा हिस्सा ऋणों के किश्तों के रूप में चला जाता था। इन सभी कारणों ने उसे धोखाधड़ी करने के लिए प्रेरित किया।

पुलिस ने बैंक के उच्च अधिकारियों को सलाह दी कि ग्राहकों द्वारा उठाई गई हर अनियमितताओं को गंभीरता से लें और किसी भी खाते में गलत शेष राशि, अस्पष्टीकृत व्यय एवं निष्क्रिय खातों जैसी परिस्थितियों पर सतर्क रहें। इससे संगठनात्मक धोखाधड़ी को नियंत्रित करने में मदद मिलेगी।

अपराधों के प्रति जीरो टॉलरेंस की नीति रखनेवाली उत्तराखंड पुलिस का मानना है कि जब किसी को नागरिक की मेहनत की कमाई की सुरक्षा की जिम्मेदारी सौंपी जाती है तो उसे दृढ़ता से निभाना चाहिए और अगर वही धोखाधड़ी करे तो उन पर कड़ी कानूनी कार्यवाही होनी चाहिए। पुलिस द्वारा समय-समय पर एडवाइजरी भी जारी की जाती है, जिसमें आम जनता को अपने बैंक खातों की गतिविधियों के प्रति सतर्क रहने को कहा जाता है और साथ में उन्हें अपने ऑनलाइन बैंकिंग पासवर्ड को भी नियमित रूप से बदलने

की सलाह दी जाती है। पीड़ित अकसर धोखाधड़ी का एक से अधिक बार शिकार बनते हैं। यह लोगों की जिम्मेदारी है कि वे किसी भी धोखाधड़ी होने के बाद सतर्क रहें, ताकि उनके साथ दोबारा ऐसी ठगी न हो। एक पुरानी कहावत है—'आपने मुझे एक बार मूर्ख बनाया, आपको शर्म आनी चाहिए, पर मुझे दोबारा मूर्ख बनाए जाने पर मुझे शर्म आनी चाहिए'।

साइबर टिप : अपने बैंक स्टेटमेंट की नियमित रूप से समीक्षा करें और सभी अप्रयुक्त बैंक खातों को बंद करा दें। अपने बैंक खातों को ऑनलाइन एक्सेस करते समय हमेशा मल्टी-फैक्टर प्रमाणीकरण का इस्तेमाल करें। वित्तीय संस्थानों के साथ जुड़े अपने के.वाई.सी. को नियमित रूप से अपडेट करें। अपने पता सत्यापन के लिए अपने आधार कार्ड का उपयोग करने से बचें, क्योंकि यह आपकी बायोमेट्रिक जानकारी से जुड़ा होता है। □

13

साइबर गैंगस्टर्स द्वारा उत्पन्न चुनौतियाँ (उपसंहार)

प्रसिद्ध विक्टर ह्यूगो ने एक बार कहा था—"पृथ्वी पर कोई भी ताकत उस विचार को नहीं रोक सकती, जिसका समय आ गया है।" साइबरस्पेस के लिए भी यह कथन सत्य है। यह साइबर इकोसिस्टम 'फिज़िकल स्पेस' से 'आगमेंटेड रियलिटी' तक पहुँच गया है। इस बीच वित्तीय से लेकर गैर-वित्तीय साइबर अपराधों के विभिन्न रूप भी सामने आए हैं, जिनमें से कुछ को इस पुस्तक के विभिन्न प्रकरणों में शामिल किया गया है।

इस पुस्तक में लिखी गई साइबर अपराध की रोमांचक कहानियों को पढ़ने के बाद हमारा मानना है कि पाठकों को पीड़ितों की गाढ़ी कमाई को हड़पने के लिए जालसाजों द्वारा अपनाई जानेवाली विभिन्न तकनीकों और चालों के बारे में पता चल गया होगा। अपराधी पीड़ित की अज्ञानता और भावनाओं का फायदा उठाते हैं और उनके जीवन में भय और लालच लाकर उनके पैसे लूटते हैं। वह निर्दोष महिला, जिसने अपने पति को भी खो दिया था, उसने एक पिल्ले के लिए 66 लाख का भुगतान किया, जिसकी कीमत आमतौर पर कुछ हजार रुपए ही होती है; युवा महिलाओं के रूप में युवाओं और बूढ़ों के लिए समान रूप से जाल बिछाया जाना और उनके साथ 97 लाख की ठगी करना; एक लड़की से 21 लाख की चोरी करवाकर फर्जी लॉटरी के नाम में ठगी करना; साइबर अपराधियों द्वारा किए गए ये सभी और कुछ अन्य अपराध अद्वितीय हैं और अविश्वसनीय मालूम पड़ते हैं।

साइबर अपराधों को बैंकिंग फ्रॉड, मोबाइल आधारित धोखाधड़ी, सोशल मीडिया धोखाधड़ी, कंप्यूटर केंद्रित और महिलाओं तथा बच्चों से संबंधित अपराधों में वर्गीकृत किया जा सकता है। साइबर अपराधों के इन सभी रूपों में एक अंतर्निहित प्रकृति होती है, जिनकी रोकथाम के लिए साइबर स्वच्छता एवं जागरूकता होना सर्वोपरि है। उदाहरण के लिए, जब हम बैंकिंग धोखाधड़ी के बारे में बात करते हैं तो यह याद रखना चाहिए कि बैंकिंग और व्यक्तिगत विवरण गोपनीय होते हैं और इन्हें कभी भी किसी के साथ साझा नहीं किया जाना चाहिए। इसी तरह मोबाइल-आधारित अपराधों में क्यू.आर. कोड स्कैन करना या यू.पी.आई. पिन दर्ज करना केवल पैसे भेजने के लिए होते हैं, न कि प्राप्त करने के लिए। साथ ही लोगों को वास्तविक और नकली एप्लिकेशन/वेबसाइटों के बीच अंतर करने का प्रयास भी करना चाहिए और रिमोट एक्सेस टूल/एप्लिकेशन इंस्टॉल करने से बचना चाहिए।

साइबर इकोसिस्टम के विकास के साथ सोशल मीडिया का इस्तेमाल भी तेजी से बढ़ा है। अंजान लोगों की फ्रेंड रिक्वेस्ट स्वीकार करने या सोशल मीडिया पर अंजान लोगों को फॉलो करने से हमारी खुद की निजता भंग होती है। सेक्सटॉर्शन एक ऐसा उदाहरण है, जहाँ सोशल मीडिया की बहिर्मुखता किसी को मॉर्फ्ड वीडियो/फोटो के माध्यम से ब्लैकमेल के जाल में फँसा सकती है! लोगों को इस बात से अंजान नहीं होना चाहिए कि इंटरनेट पर इस तरह की अश्लील/यौन सामग्री को देखने या डाउनलोड करने से इनसे जुड़े कानूनों द्वारा दंडित किया जा सकता है। डेटिंग ऐप्स/मैट्रिमोनियल वेबसाइट्स या सोशल मीडिया प्रतिरूपण के माध्यम से भी अपराधी साइबर स्टॉकिंग, साइबर बुलिंग और साइबर छेड़छाड़ जैसी धोखाधड़ी करते हैं। महिलाओं को ऐसी किसी भी घटना की रिपोर्ट करने के लिए आधिकारिक सरकारी पोर्टल और महिला सहायता डेस्क का प्रयोग करने से हिचकिचाना नहीं चाहिए। माता-पिता को भी चाहिए कि वे अपने बच्चों द्वारा इंटरनेट पर देखी जा रही सभी सामग्री की जाँच प्रभावी रूप से करें।

1980 के दशक की शुरुआत में इयान मर्फी, साइबर अपराध करने

के लिए दोषी ठहराए जानेवाले पहले व्यक्ति बने। उन्होंने एक अमेरिकी टेलीफोन कंपनी की घड़ी में हेर-फेर किया, जिससे उपयोगकर्ता पीक आवर्स के दौरान भी सस्ती कॉल कर सके! इससे पहले दुनिया के विभिन्न हिस्सों से पासवर्ड हैकिंग और कंप्यूटर वायरस हमलों के कुछ मामूली मामले सामने आए थे। 1994 में जब इंटरनेट को जनता के लिए खोल दिया गया था, तब साइबर अपराध बहुत बढ़ गया। 1990 के दशक के अंत में दक्षिण अफ्रीका के नाइजीरिया और कैमरून जैसे देशों के कुछ मूल निवासियों द्वारा किए गए इ-मेल-आधारित लॉटरी घोटाले काफी प्रचलित हुए।

वर्ष 2000 से देश में एटीएम के बढ़ते उपयोग के चलते क्रेडिट और डेबिट कार्ड की क्लोनिंग जैसे साइबर क्राइम देखने को मिले। उन दिनों लोगों ने खरीदारी और होटल के बिलों के भुगतान के लिए प्लास्टिक मनी का खुलकर इस्तेमाल किया। ग्राहकों द्वारा स्वाइप करने के लिए सौंपे गए कार्ड को क्लोन कर लिया जाता था और कार्डधारकों की जानकारी के बिना उनके खातों से बड़ी रकम निकाल ली जाती थी।

वर्ष 2010 के आसपास नेटिजन्स के जीवन में सोशल मीडिया के आने से साइबर अपराध और बढ़ गया और जालसाजों ने सोशल मीडिया का उपयोग लोगों को बदनाम करने, कानून व्यवस्था की समस्याएँ पैदा करने और सार्वजनिक शांति भंग करने के लिए शुरू कर दिया। सोशल इंजीनियरिंग का इस्तेमाल करके फेसबुक, व्हाट्सएप और अन्य प्लेटफॉर्म के माध्यम से अपराधियों द्वारा निर्दोष लोगों को ठगा जाने लगा।

2013 में एडवर्ड स्नोडेन ने दुनिया के सबसे गोपनीय संगठन, यू.एस.ए. की राष्ट्रीय सुरक्षा एजेंसी के बारे में संवेदनशील जानकारी लीक की थी। अमेरिकी सरकार ने उन पर जासूसी का आरोप लगाया, मगर उसका कहना था कि अमेरिका दुनिया भर के लोगों की इंटरनेट की स्वतंत्रता को नष्ट कर रहा था। स्नोडेन के रहस्योद्घाटन ने दुनिया को दिखा दिया था कि साइबरस्पेस में कुछ भी 100 प्रतिशत सुरक्षित नहीं है। इसके बाद साइबर सुरक्षा का चेहरा बदल गया और लोग अपने डाटा को गोपनीय रखने के लिए सतर्क हो गए।

उन्होंने नियमित रूप से अपने पासवर्ड बदलने शुरू कर दिए और किसी भी वेबसाइट को खोलने से पहले उसकी जाँच करने लगे। इससे इंटरनेट पर अधिकांश ट्रैफिक एन्क्रिप्टेड हो गया और नए साइबर उत्पादों की गोपनीयता भी बढ़ गई। अंतरराष्ट्रीय हैकरों ने भी देश के महत्त्वपूर्ण बुनियादी ढाँचे पर साइबर हमले के प्रयास किए। अब यह कहा जा सकता है कि भविष्य के युद्ध जमीन, पानी या हवा में नहीं, बल्कि साइबरस्पेस में लड़े जाएँगे।

2015 में जियो द्वारा मुफ्त इंटरनेट की पेशकश की गई, जिसके साथ इंटरनेट उपयोगकर्ताओं की संख्या में भारी वृद्धि हुई। भारत में हर घर में इंटरनेट कनेक्शन आ गया और जनता के दैनिक जीवन का हिस्सा बन गया। लेकिन इसके साथ साथ साइबर अपराध में भी तेजी देखी गई। फिर नेट बैंकिंग, पेमेंट गेटवे, एग्रीगेटर्स, यू.पी.आई. पेमेंट मैथड्स और क्रिप्टो करेंसी के लॉञ्च होने के साथ साइबर क्राइम और भी बढ़ गया। मनी लॉन्ड्रिंग और हवाला व्यापारियों ने भी क्रिप्टो करेंसी का उपयोग करना शुरू कर दिया, क्योंकि यह क्रिप्टोग्राफी द्वारा सुरक्षित थी और सरकारी हस्तक्षेप से मुक्त भी थी। मुद्रा का यह नया रूप अनियमित होने के कारण मनी लॉन्ड्रिंग के लिए इस्तेमाल होने लगा।

2015 में छोटानागपुर पठार के कुख्यात जामताड़ा बेल्ट, जो कि झारखंड, बिहार और बंगाल के कुछ हिस्सों में पड़ता है, में साइबर क्राइम तेजी से फैलने लगा। यहाँ अपराधियों ने आसान पैसा कमाने के नए तरीके खोजे। जल्द ही लोग जामताड़ा को साइबर क्राइम की राजधानी के रूप में जानने लगे। यहाँ तक कि यह साइबर अपराधियों के लिए एक प्रशिक्षण केंद्र बन गया और सैकड़ों युवा फिशिंग जैसे साइबर अपराध का प्रशिक्षण लेने लगे। डिजिटल टेक्नोलॉजी के अधिक इस्तेमाल होने से मेवात, दिल्ली एन.सी.आर. और बेंगलुरु क्षेत्रों में भी कई नए साइबर क्राइम के हॉटस्पॉट का जन्म हुआ और साइबर अपराध टेक्नोलॉजी की ओर उन्मुख हो गया।

देश में 5G तकनीक की शुरुआत होने से साइबर अपराध पर भी महत्त्वपूर्ण प्रभाव पड़ेगा। 4G में 1 से 10 एम.बी.पी.एस. की इंटरनेट स्पीड

5G के साथ 1 से 5 जी.बी.पी.एस. तक बढ़ जाएगी, जो कि 100 गुना से अधिक की वृद्धि है। इससे साइबर अपराध जाँचकर्ताओं के लिए नई चुनौतियाँ पेश होंगी। 5G की उपलब्धता के साथ बैंक विकेंद्रीकृत हो जाएँगे और क्रिप्टो करेंसी भी अधिक लोकप्रिय हो जाएगी, जिससे साइबर क्राइम होने की स्थिति में वित्तीय ट्रेल्स का पता लगाना और मुश्किल हो जाएगा। डाटा गति बढ़ने के साथ, इंटरसेप्टेड डाटा भी बड़ी मात्रा में एकत्र किया जाएगा और इसका विश्लेषण करने के लिए आर्टिफिशियल इंटेलिजेंस और मशीन लर्निंग जैसी तकनीकों का उपयोग भी करना पड़ेगा। ऐसी उच्च तकनीकों पर पुलिसकर्मियों को प्रशिक्षित करना भी एक बड़ी चुनौती है।

'इंटरनेट ऑफ थिंग्स तकनीक' रोजमर्रा की वस्तुएँ, जैसे—बिजली के उपकरणों, कारों, घरेलू सुरक्षा प्रणालियों आदि को इंटरनेट से जोड़ने की सुविधा देती है, जिससे लोग इन उपकरणों को बेहतर रूप में नियंत्रित कर सकते हैं। 5G सेवाओं के शुरू होने के साथ इंटरनेट ऑफ थिंग्स डिवाइसेज भी बढ़ेंगी। चूँकि ये उपकरण स्वाभाविक रूप से असुरक्षित होते हैं, हमलावर इन उपकरणों के माध्यम से किसी भी संगठन के नेटवर्क में घुसपैठ करके मैलवेयर और वायरस जैसे सॉफ्टवेयर इंस्टॉल कर सकते हैं। यह बहुत महत्त्वपूर्ण है कि कानून प्रवर्तन एजेंसियाँ और प्रौद्योगिकीविद् इन 5G प्रौद्योगिकी के आने से उत्पन्न चुनौतियों से निपटने के लिए आपस में समन्वय से काम करें।

साइबर अपराध करने के लिए अपराधियों द्वारा डार्कनेट का उपयोग भी बढ़ रहा है। गुमनामी और एन्क्रिप्शन के साथ डार्क वेब द्वारा साइबर ठग डार्क नेट तक अपनी पहचान सुरक्षित रखते हुए आसानी से पहुँच सकते हैं। यहाँ इंटरनेट का 95 प्रतिशत डाटा संगृहीत रहता है, जिसमें सभी पासवर्ड, कॉरपोरेट डाटा, इ-मेल और सोशल मीडिया से संबंधित डाटा होते हैं। इसके गुमनाम होने के कारण अपराधियों, ड्रग पेडलर्स, जबरन वसूली करनेवालों और साइबर जालसाजों द्वारा इसका तेजी से उपयोग किया जा रहा है। ऐसे उपयोगकर्ता डार्क वेब पर जाते हैं, ताकि उन्हें ट्रैक नहीं किया जा सके। डार्क वेब पर अपराधी क्रिप्टो करेंसी का इस्तेमाल करके नकली ड्राइविंग लाइसेंस,

नकली मुद्रा, अवैध हथियार, क्लोन क्रेडिट कार्ड, ड्रग्स और यहाँ तक कि मानव अंग भी खरीद सकते हैं।

5G तकनीक और डार्कनेट से जुड़ी ऊपर बताई गई दो बड़ी चुनौतियों के अलावा पुलिस को साइबर क्राइम में और भी कई चुनौतियों का सामना करना पड़ रहा है। हालाँकि पुलिस लगातार खुद को अपग्रेड करने की कोशिश कर रही है, लेकिन उनके लिए नई तकनीकों और साइबर क्राइम की बढ़ती दर के साथ तालमेल बैठाना काफी कठिन होता है। आज बाजार में आसानी से उपलब्ध फिशिंग और मैलवेयर किट का उपयोग करके नौसिखिए लोग भी साइबर अपराध की दुनिया में प्रवेश कर रहे हैं। जालसाज अपराध की स्थिति के अनुसार खुद को ढाल लेते हैं और बदलती परिस्थितियों में अपराध करने के तौर-तरीकों में भी बदलाव करते रहते हैं। इन दिनों मैलवेयर को ऐसे विकसित किया गया है कि उच्च कोटि के एंटीवायरस सॉफ्टवेयर के लिए भी उसे पहचान पाना कठिन होता है, जिसने साइबर अपराध की रोकथाम को मुश्किल और कुछ मामलों में असंभव तक कर दिया गया है। इन सब नई तकनीकों से पुलिस को सक्षम बनाने के लिए उन्हें प्रशिक्षित करना एक बहुत बड़ी चुनौती है।

पुलिस बल में पुलिसकर्मी विभिन्न पृष्ठभूमि से आए होते हैं और उनमें सभी प्रौद्योगिकी के विशेषज्ञ नहीं होते। इसलिए पुलिस के लिए न केवल नए कौशल सीखना और तकनीकी रूप से उन्नत होना आवश्यक होता है, बल्कि विभिन्न जटिल साइबर मामलों को सुलझाने के लिए निजी और अन्य सरकारी एजेंसियों से तकनीकी विशेषज्ञों का मार्गदर्शन लेना भी आवश्यक हो जाता है।

पुलिस को अपराध को सुलझाने और अपराधियों को दंड दिलाने में कानूनी चुनौतियों का भी सामना करना पड़ता है। फिलहाल आई.टी. अधिनियम के मुताबिक साइबर क्राइम के मामलों की जाँच केवल इंस्पेक्टर या उससे ऊपर के रैंक के अधिकारी द्वारा की जा सकती है। इस बात का भारत सरकार ने संज्ञान लिया है और सब-इंस्पेक्टर और उससे ऊपर के रैंक के अधिकारी को जाँच के लिए अधिकृत करने के लिए आई.टी. कानून

में संशोधन प्रक्रिया चल रही है। साइबर अपराध, भारतीय दंड संहिता और सूचना प्रौद्योगिकी अधिनियम, दोनों के अंतर्गत आता है। आई.टी. अधिनियम, विभिन्न साइबर अपराध जैसे—मैलवेयर हमले, साइबर आतंकवाद, कंप्यूटर वायरस फैलाना, उत्पीड़न, पीछा करना, कॉपीराइट उल्लंघन, मानहानि आदि को दंडनीय अपराध बनाता है। आई.टी. अधिनियम में धारा 43, 66 और 66सी के अंतर्गत तीन साल तक की कैद और विभिन्न साइबर अपराधों के लिए 5 लाख रुपए तक के जुरमाने का प्रावधान है। लेकिन किए गए अपराध की भयावहता की तुलना में तीन साल की सजा बहुत कम है। मौजूदा साइबर कानूनों को और अधिक कठोर बनाने की आवश्यकता है।

पुलिस के सामने जो एक और बड़ी चुनौती है, वह है—साइबर अपराध में मुजरिम का गुमनाम होना और अपराध के अधिकार क्षेत्र का असीमित होना। ज्यादातर समय अपराधी उस राज्य के अधिकार क्षेत्र से बाहर के होते हैं, जहाँ अपराध हुआ होता है। अधिकांश मामलों में जाँच अधिकारी के पास पर्याप्त कानूनी सबूत तो होते हैं, लेकिन साइबर अपराधी को गिरफ्तार करना काफी कठिन काम होता है, क्योंकि अपराधी ने अपराध क्षेत्र से हजारों मील दूर बैठकर अपराध किया होता है। कई साइबर अपराध तो पुलिस में रिपोर्ट भी नहीं किए जाते, जो रिपोर्ट किए जाते हैं और हल किए जाते हैं, उनमें अपराधियों को पकड़ने के लिए अंतरराज्यीय पुलिस और इंटरपोल की मदद से राष्ट्रीय और अंतरराष्ट्रीय स्तर पर समन्वय की आवश्यकता होती है।

साइबर अपराध में खोए पैसे पीड़ित को वापस पाने में भी पुलिस को चुनौतियों का सामना करना पड़ता है। हालाँकि पुलिस जाँच के दौरान सामने आनेवाले खातों को फ्रीज करके खोए हुए पैसे को वापस पाने के लिए हर संभव प्रयास करती है, लेकिन अगर पीड़ित अपराध के चौबीस घंटे के भीतर शिकायत दर्ज करने में विफल रहते हैं तो पीड़ित के पैसे को वापस लाना बहुत मुश्किल होता है। अपराधी अपराध करने के कुछ समय के अंदर ही विभिन्न पेमेंट गेटवेस के द्वारा इन पैसों को अलग-अलग खातों में ट्रांसफर कर देते हैं।

पीड़ित अकसर पुलिस और बैंकों से सवाल करते हैं कि उनके खोए

हुए पैसे वापस लाना इतना कठिन क्यों होता है ? सच तो यह है कि अधिकांश खाते, जिन से धोखाधड़ी हुई होती है, नकली आधार कार्ड या अन्य आई.डी. का उपयोग करके नकली नामों से खोले गए होते हैं। आर.बी.आई. सभी बैंकों के लिए नियामक संस्था है। उसने इस सत्य का संज्ञान लिया है और सभी बैंकों को नए खाते खोलते समय अत्यंत सावधानी बरतने का निर्देश दिया है। हालाँकि सरकारी बैंक तो आर.बी.आई. के दिशा-निर्देशों का पालन करते हैं, लेकिन कई भुगतान गेटवे अधिक व्यापार हासिल करने के लिए अकसर लापरवाही दिखाते हैं, जिसके परिणामस्वरूप वित्तीय धोखाधड़ी होती है, जिसमें पीड़ित को अपना पैसा खोना पड़ता है। हमें उम्मीद है कि स्थिति में जल्द सुधार होगा और साइबर अपराध को रोकने के लिए सभी हितधारक आर.बी.आई. के दिशा-निर्देशों का पालन करेंगे।

भारत सरकार देश में बढ़ते साइबर अपराध को नियंत्रित करने के लिए कोई कसर नहीं छोड़ रही है। ऑनलाइन धोखाधड़ी की रोकथाम के लिए गृह मंत्रालय, भारत सरकार द्वारा एक नागरिक वित्तीय साइबर धोखाधड़ी रिपोर्टिंग और प्रबंधन प्रणाली शुरू की गई है। सरकार द्वारा वित्तीय साइबर अपराध के पीड़ितों को त्वरित राहत प्रदान करने के उद्देश्य से एक इ-सुरक्षा चक्र हेल्पलाइन नंबर 1930 और एक राष्ट्रीय साइबर अपराध रिपोर्टिंग पोर्टल एन.सी.आर.पी. की विधिवत् शुरुआत की गई है।

भारत के माननीय प्रधानमंत्री ने भी प्रौद्योगिकी मिशन और नई चुनौतियों का सामना करने के लिए अत्याधुनिक समाधान के लिए युवाओं की शक्ति का उपयोग करने पर जोर दिया है। पुलिस और कानून प्रवर्तन एजेंसियाँ जनता के बीच साइबर जागरूकता बढ़ाने के लिए प्रतिबद्ध हैं। वे लोगों को साइबर अपराध के विभिन्न रूपों के प्रति संवेदनशील बनाने और सर्वोत्तम साइबर स्वच्छता प्रथाओं को बढ़ावा देने में कार्य कर रही हैं। आज के आर्टिफिशियल इंटेलिजेंस, मशीन लर्निंग और ऑगमेंटेड रियलिटी के युग में यह पुस्तक कानून प्रवर्तन एजेंसियों द्वारा जटिल साइबर मामलों को हल करने के कार्य को उजागर करने का एक सुंदर प्रयास है।

आज सरकार और लोगों द्वारा किए गए साइबर सुरक्षा उपायों के बावजूद साइबर अपराध तेजी से बढ़ रहा है। हाल ही में उत्तराखंड पुलिस द्वारा साइबर अपराधों के दो प्रमुख ऐप—धन दुगुना करना और ऋण प्रदान करना—उजागर हुए। यह आसानी से डाउनलोड किए जा सकनेवाले ऐप्स थे, जिनसे लोगों से लूटे गए धन को क्रिप्टो करेंसी में बदलकर करीब 2,000 करोड़ रुपए से ज्यादा पैसे को देश से बाहर भेजकर मनी लॉन्ड्रिंग की गई। ऐसी घटनाएँ भारत की बढ़ती अर्थव्यवस्था के लिए बहुत हानिकारक हैं।

जालसाजों द्वारा लोगों को इन चीनी ऐप्स को डाउनलोड करने का लालच दिया जाता है और वित्तीय दायित्वों में इस हद तक फँसाया जाता है कि अगर पीड़ित ऋण चुकाने में सक्षम नहीं होते तो उन्हें और उनके संपर्कों को ऋणदाताओं द्वारा शर्मिंदा और परेशान किया जाता है। परेशान होकर कुछ पीड़ित तो आत्महत्या तक कर लेते हैं! लूटा गया धन कुछ अमित्र राष्ट्रों में पहुँच जाता है, जो इसका उपयोग हमारे राष्ट्रीय हितों के विरुद्ध गतिविधियों में करते हैं। यह देखा गया है कि हमारे देश में पहले जिन शिकायतों की प्रतिदिन की संख्या लगभग 1000-1500 होती थी, 2022 में में यह बढ़कर प्रतिदिन 2500 से अधिक हो गई। साइबर से संबंधित अपराध देश भर में दर्ज किए गए कुल अपराधों की संख्या के लगभग आधे होते हैं। उदाहरण के लिए, वर्ष 2022 में ही भारत में लगभग 20 लाख साइबर अपराध की शिकायतें दर्ज की गईं। अभी तक दुनिया भर में साइबर अपराधों से होनेवाली वार्षिक धोखाधड़ी अनुमानित 1 ट्रिलियन डॉलर के क्रम की है!

साइबर अपराध पुलिस और अपराधियों के बीच कभी न खत्म होनेवाला एक ऐसा खेल है, जिसमें दोनों एक-दूसरे से आगे रहना चाहते हैं। पुलिस का ऑनलाइन अपराधियों के साथ मुकाबला दिन-प्रतिदिन कठिन होता जा रहा है, क्योंकि अपराधी रोज नई तकनीकों का उपयोग कर रहे हैं और उधर पुलिस अपने कर्मियों को तकनीकी रूप से उन्नत करने के लिए कड़ी मेहनत कर रही है। हम उम्मीद करते हैं कि इस पुस्तक को पढ़ने के बाद पाठक साइबर अपराधियों की क्षमता और कार्यप्रणाली और साथ ही साइबर

अपराध से निपटने में पुलिस के सामने आनेवाली चुनौतियों के बारे में अधिक जागरूक हो जाएँगे। साइबर अपराध से निपटना एक बहुत बड़ी चुनौती है और साइबर अपराध को रोकने के लिए लोगों को जागरूक होकर सुरक्षा बलों के साथ मिलकर लड़ना होगा।